Julia Just

Tiergestützte Pädagogik und Hortwesen

Julia Just

Tiergestützte Pädagogik und Hortwesen

Ganzheitlich-präventive und integrative Konzeption („DogSupportsChild“) in Sachsen

Tectum Verlag

Julia Just

Tiergestützte Pädagogik und Hortwesen.
Ganzheitlich-präventive und integrative Konzeption
(„DogSupportsChild") in Sachsen

ISBN: 978-3-8288-2568-0

Besuchen Sie uns im Internet
www.tectum-verlag.de

Bibliografische Informationen der Deutschen Nationalbibliothek
Die Deutsche Nationalbibliothek verzeichnet diese Publikation in der Deutschen Nationalbibliografie; detaillierte bibliografische Angaben sind im Internet über http://dnb.ddb.de abrufbar.

In Dankbarkeit für meine Großeltern A. und G. Hackebeil, E. L.
und für meine treue Begleiterin, meine Hündin Lena.

Dresden, Oktober 2009/Oktober 2010

Inhaltsverzeichnis

Einleitung

> *„Tiere reizen zum Lächeln und Lachen, zu Bewegung und Spiel. Aus einem kleinen Stubenhocker kann durch ein Tier auf einen Schlag ein aktives und unternehmungslustiges Kind werden."*
>
> (Greiffenhagen/Buck-Werner 2007, S. 71)

Diese und noch zahlreiche weitere wissenschaftlich belegbaren bio-psycho-sozialen Wirkungen können von Tieren auf Kinder, aber auch auf Menschen jeden Alters, ausgehen. Die tiergestützte Pädagogik macht sich diese hilfreichen, von Tieren ausgehenden Wirkungseffekte, zu Nutze, um gezielt positiv auf die Entwicklung von Kindern und Jugendlichen einzuwirken. Dabei sollen kindliche Fähigkeiten und Fertigkeiten ganzheitlich gefördert werden, um Kindern ein altersgerechtes Aufwachsen zu ermöglichen. Innerhalb einer tiergestützten Pädagogik mit Kindern, um die es in dieser wissenschaftlichen Arbeit auch gehen soll, kann ein Tier an der Seite von Erziehern, Sozial- oder Heilpädagogen in verschiedenen pädagogischen Einrichtungen, durch unterschiedlich eingesetzte tiergestützte methodisch-fachliche Maßnahmen in differenten Angebotsformen, kindliche Erziehungs- und Bildungsprozesse unterstützen.

Die vorliegende Arbeit beginnt mit einer Analyse der Mensch-Tier-Beziehung in ihrem entwicklungsgeschichtlichen Verlauf, die den Leser rein informativ ins Thema einstimmen soll und wichtige Momente der Mensch-Tier-Interaktion von der Frühzeit bis heute in ihren unterschiedlichen Facetten beleuchtet. Zum Ende des ersten Kapitels wird an das Tier als Forschungsobjekt im 20./21. Jahrhundert angeknüpft, bei dem die Erforschung der Mensch-Tier-Interaktion und dessen Auswirkungen auf den Menschen, mit ihren gewonnenen und nutzbaren Ergebnissen für die tiergestützten Interventionsformen, einen zentralen Raum einnehmen.

Neben tiergestützten Aktivitäten und therapeutischen Angeboten, ist die tiergestützte Pädagogik (Punkt 2.2) eine von drei Interventionsformen, die ausgiebig nach ihrer Intention, Zielsetzung und Funktion im zweiten Kapitel der Arbeit untersucht werden soll. Es werden Beispiele für typische tiergestützte pädagogische Angebotsformen beschrieben. Dabei machen die bio-psycho-sozialen Hilfeeffekte von Tieren, neben einem entsprechenden Konzept, die Grundlage einer tiergestützten Pädagogik aus, die sie vor allem in der Arbeit mit Kindern und Jugendlichen (aber auch anderen Adressatengruppen) nutzt.

Der Schwerpunkt des vorliegenden Schriftstückes liegt im vierten und fünften Kapitel der Arbeit (unter Einbezug des Punktes 3.2) auf einer tiergestützten Pädagogik für Hortkinder, bei der die Kind-Tier-Interaktion, in gezielten hundgestützten pädagogischen Maßnahmen mit ihren Auswirkungen auf die kindliche Entwicklung untersucht wird und ein ganzheitlich-präventives und integratives Projektmodell am Beispiel der hundgestützten Praxisarbeit für den Hortbereich entwickelt wird. Dieses, von mir selbstständig entwickelte hundgestützte Projektmodell für die Arbeit mit Kindern (6. bis 11. Lebensjahr) und einem Hund, wurde von mir erstmals im Hort und der heil- sowie sozialpädagogischen Tagesgruppe des Verbundes Sozialpädagogischer Projekte e.V. Dresden initiiert, koordiniert, durchgeführt, evaluiert und über drei Jahre (2006–2009) dokumentiert. Unabhängig davon, fließen in die hier entwickelte Konzeption schließlich eigene Ideen und berufliche Erfahrungen aus der praktischen hundgestützten pädagogischen Arbeit innerhalb des Hortwesens und der erzieherischen Hilfen ein. Durchgeführt wurde die tiergestützte Pädagogik hier vorrangig mit meiner Hündin Lena. Ein besonderer Dank gilt auch dem Hund Flax, welcher Lena mehrere Male bei Krankheit, in den von mir geleiteten tiergestützten Arbeitsgemeinschaften vertrat.

Neben dem Kinder- und Jugendhilfegesetz, dem Sächsischen Gesetz zur Förderung von Kindern in Tageseinrichtungen, dem Tierschutzgesetz der BRD und dem Infektionsschutzgesetz (Punkt 5.4.1 - Hygienemaßnahmen), stellt der Sächsische Bildungsplan für Kindertagesstätten eine wichtige Orientierungsgrundlage für die kindliche Bildung und Erziehung innerhalb einer tiergestützten und allgemeinen Pädagogik im Hortwesen dar.
Das vierte Kapitel untersucht nun die Intention einer ganzheitlichen Erziehung und Bildung von Kindern im Hort auf der Grundlage des Sächsischen Bildungsplanes für Kindertagesstätten. Dabei werden der somatische, soziale, kommunikative, ästhetische, naturwissenschaftliche sowie mathematische Bildungsbereich nach je bereichsspezifischen allgemeinen Erziehungs- und Bildungszielen untersucht, die als Grundlage für eine methodische Verknüpfung mit tiergestützten pädagogischen Maßnahmen genutzt werden. Da sich für alle kindlichen Bildungsbereiche konkrete Beispiele für die Umsetzung in der Praxisarbeit einer hundgestützten Pädagogik im Hort finden lassen, kann ein ganzheitlicher Erziehungs- und Bildungscharakter für eine tiergestützte Pädagogik am Beispiel eines Hundes beansprucht werden. Auf dieser Grundlage wird im fünften Kapitel der vorliegenden wissenschaftlichen Arbeit ein ganzheit-

lich-präventives und integratives Projektmodell für die hundgestützte Praxisarbeit im Hortwesen in Form von Arbeitsgemeinschaften als spezifische Organisationsform entwickelt. Der präventive Charakter des Konzeptes für das Projektmodell ergibt sich, wie im Punkt 5.1 der Arbeit nachvollziehbar, aus den Konsequenzen der allgemeinen schlechten sozioökonomischen Lage der meisten Familien in einigen Stadtteilen der sächsischen Landeshauptstadt Dresdens, deren Kinder Horteinrichtungen besuchen. Der Integrationscharakter basiert auf der Absicht, dem Hortwesen eine hundgestützte Projektarbeit anzubieten, in der Kinder mit und ohne ADHS-Symptomatik zusammen betreut, erzogen und gebildet werden. Die ADHS-Thematik bei Kindern im Hortalter wurde deshalb gewählt, weil dieses Störungsbild in all seinen Facetten, seinen medikamentösen und nichtmedikamentösen Behandlungsformen in den letzten Jahren in der Öffentlichkeit breit diskutiert wurde.
Immerhin sollen 3–6 Prozent aller Kinder in unserer Gesellschaft an ADHS-Symptomen leiden (vgl. Bundesministerium für Gesundheit 2010).
Auch nach eigenen beruflichen Erfahrungen in der erzieherischen Arbeit in den Jahren 2006 bis 2009 hatte ich langfristig mit sieben zu betreuenden und diagnostizierten „ADHS-Fällen" innerhalb der tiergestützten Pädagogik und Förderung zu tun. Ziel der tiergestützten Pädagogik sollte es immer sein, Kinder ohne Integrationshintergrund zusammen mit Integrationskindern zu betreuen, da diese Heranwachsenden nicht immer gleich abgeschottet von ihrer gewohnten Lebenswelt erzogen und gebildet werden sollten (z. B. in Spezialeinrichtungen), in der sie schließlich lernen sollen, sich zurecht zu finden, sich zu integrieren und mit ihren Anforderungen klar zu kommen.
Von Kindern mit Integrationshintergrund geht oftmals ein erhöhter Erziehungsbedarf aus. Daraus entsteht die Notwendigkeit, bestimmte Förderziele für diese Kinder herauszukristallisieren, die in der Praxisumsetzung angestrebt werden sollen, um auch Integrationskindern mit ADHS eine individuell kindgerechte Betreuung, Bildung und Erziehung zu gewähren, ohne dabei die anderen Kinder außer Acht zu lassen. Dies soll erreicht werden durch die Integration von hundgestützten präzisen Förderzielen in der tiergestützten Arbeit (Punkt 5.3/Punkt 5.3.1), die alle Kinder ansprechen, die aber auch ADHS-Kinder fördern.

Des Weiteren wird in Punkt 5.2.1 der Arbeit eine Sammlung hundgestützter pädagogischer Aktivitäten innerhalb der Projektmodellentwicklung entworfen. Ebenso dürfen für die Durchführung einer solchen Projektarbeit in der Praxis bestimmte hygienische und versicherungsschutzrechtliche Fragen nicht außer Acht gelassen werden (Punkt 5.4.1–5.4.2), die sich aus einer tiergestützte Pädagogik mit einem Hund ergeben. Eine hundgestützte Pädagogik stellt im Hort qualitative Anforderungen an das pädagogisch eingesetzte Tier, an die Adressaten der Angebote und die pädagogische Fachkraft selbst. Auch die räumlich-technischen Voraussetzungen für solch eine Arbeit mit Kindern und einem Tier müssen bedacht werden. Diese gerade genannten qualitativen Anforderungen werden in den Abschnitten 5.4.3–5.4.6 betrachtet.

Das sechste Kapitel stellt eine berufspädagogische Erweiterung des Themas der Arbeit dar, in der der Sächsische Lehrplan für die Erzieherausbildung nach einer Integrationsmöglichkeit eines Lehr- und Lernbereichs für eine tiergestützte Pädagogik mit Kindern und Jugendlichen untersucht werden soll. Die Integrationsabsicht und der dazugehörige Integrationsvorschlag werden im Punkt 6.1 der Arbeit, ausgehend von den positiven bio-psycho-sozialen Wirkungen von Tieren auf Kinder und Menschen, allgemein begründet. Die dazugehörigen beruflichen fachlich-methodischen Kompetenzen für einen Erzieher, welcher eine tiergestützte Pädagogik durchführen will, werden analysiert und aufgelistet. Auf dem Integrationsvorschlag eines Lehr- und Lernbereiches zum Thema basierend, wird im Punkt 6.1 ein mittelfristiger Stoffverteilungsplan präsentiert (siehe Anhang), an den im darauf folgendem Abschnitt ein ausführlicher Unterrichtsentwurf, entwickelt unter dem Hilfsinstrument der lerntheoretischen Didaktik nach Schulz, folgt. Die Untersuchung der Sachverhalte der organisatorisch-technischen Rahmenbedingungen, der Lehr- und Lernziele sowie der spezifischen Lerninhalte (verknüpft mit einer methodisch-didaktischer Analyse) finden in den Punkten 6.2.1 bis 6.2.3 des Kapitels Platz. Im Anschluss findet der Leser ein Schlusswort, ein Literaturverzeichnis und einen Anhang vor.

Die maskulinen Personenbezeichnungen innerhalb der Arbeit haben ebenso für das weibliche Geschlecht Gültigkeit.

Viel Spaß beim Lesen!

Julia Just

(Dipl.-Berufspädagogin für die Fachrichtung Sozialpädagogik
und Mitglied im Verein *Tiere helfen Menschen e.V.*)

Kontakt/Fragen/Anregungen unter: julia_just@gmx.de

1 Die Mensch-Tier-Beziehung in ihrem entwicklungsgeschichtlichen Verlauf

Seit es den Menschen auf der Erde gibt, hat er Tiere kultur-, lebensraum- und religionsabhängig mal vergöttert und geliebt sowie als heilig angesehen, aber auch in einigen Zeiten, unter bestimmten Aspekten, durch herabsetzende Bedeutungszuschreibungen, verachtet. Der Status von Tieren in einer Gesellschaft sowie ihre Nutzung waren schon immer von der sozio-kulturellen Entwicklung der menschlichen Gattung abhängig (vgl. Otterstedt 2003, S. 15).

Der Werdegang der menschlichen Evolution ist dicht an die Wechselbeziehung zu Naturzuständen, Pflanzen und Tieren gebunden. In den Zeiten frühmenschlicher Kulturen stehen das Tier wie der Mensch dicht zusammen, denn sie sind beide den existentiell gemeinsam erlebten Berührungspunkten, wie Geburt, Leben, Tod und dem Abhängigsein von der Macht der Natur, ausgeliefert (vgl. Mütherich 2000, S. 22).

Es ist aber auch nicht zu vergessen, dass es, neben wilden Pflanzenarten, auch Tiere waren, die dem Menschen nach der letzten Eiszeit durch ihre Domestikation dazu verhalfen, sesshaft zu werden und die stetig anwachsende Bevölkerung mit Kleidung zu versorgen sowie ihre Ernährung zu sichern (vgl. Uerpmann 2007, S. 55–74).

Auch heute in unserer hochtechnisierten sowie medial durchdrängten Gesellschaft sind es u.a. Tiere, die dem Menschen jeden Alters eine Kontaktaufnahme zur lebendigen Natur ermöglichen und an unsere Verbundenheit eines gemeinsamen natürlichen Ursprungs erinnern (vgl. Greiffenhagen/Buck-Werner 2007, S. 71/vgl. Olbrich 2003, S. 72f.).

Um sich der Entwicklungsgeschichte der Mensch-Tier-Beziehung zu nähern, soll diese im folgenden Text wechselseitig und durch zwei voneinander abhängenden Perspektiven aus betrachtet werden.

Die eine beschäftigt sich mit der Historie der Haustierwerdung, und auf der anderen Seite stehen die soziokulturellen Umgestaltungen im Lauf der Geschichte und die damit zusammenhängende emotive Verbindung zwischen dem Menschen und dem Tier.

1.1 *Vom Jäger und Sammler bis zur Ausbreitung des Haustieres in Europa*

Seit Anfang der Entwicklung des Menschen bis zum Zeitpunkt seiner Sesshaftwerdung, um ca. 12.000 v. Chr. in der neolithischen Revolution[1], stellten die Jagd auf Tiere und das Sammeln von Pflanzen, über tausend von Jahren, seine tägliche Überlebensgrundlage dar. Die Jagd auf wilde Tiere brachte dem Menschen, neben Fleisch zur Nahrungssicherung, ebenso Material zur Arbeitsmittel-, Bekleidungs- und Behausungsherstellung, wozu tierische Sehnen, Knochen und Haut genutzt wurden (vgl. Benecke 1994, S. 59).

Durch Forschung und Beweisstücke aus der Archäologie vermutet man, dass ca. 40.000 v. Chr. die Domestikation von Tieren begann und Menschen sich immer wieder wilde Wolfswelpen von der Jagd mitbrachten, die sie dann pflegten und in ihrer Nähe aufzogen. Aber erst ab ca. 13.000 v. Chr. kann der Hund als domestiziertes Haustier als sicher und wissenschaftlich belegt angesehen werden (vgl. ebd., S. 68).
Tiere wurden in der Frühzeit, aufgrund ihrer Nutzungsmöglichkeiten, z. B. als Fleisch-, Milch- oder Felllieferanten, aber auch als Schutztier (Hund) gezüchtet. Es ist auch anzunehmen, dass die ersten Tiere der Geselligkeit wegen und als Opfertiere für die Götter gehalten wurden (vgl. Benecke 1994, S. 77/vgl. Otterstedt 2003, S. 16).
Durch die Sesshaftwerdung und Züchtung von Haustieren verloren die Menschen ihren ursprünglichen Jäger- und Tiere ihren Beutestatus, was zur Wende in der Mensch-Tier-Beziehung führte (vgl. Mütherich 2000, S. 22).

---

1 Die neolithische Revolution ist als eine Veränderung der grundlegenden Lebensbedingungen des Menschen zu verstehen. Nach der letzten Eiszeit kommt es auf der Erde zu Klimaveränderungen und daraus resultierenden Vegetationsveränderungen. Um sich diesen anzupassen, werden Menschen erstmals in Südwestasien zwischen Mittelmeer und persischen Golf sesshaft. Gleichzeit domestizieren sie Pflanzen und Tiere, was ihnen ein Überleben und eine Nahrungssicherung gewährt. Von der beginnenden neolithischen Revolution zwischen 13.000 und 9.000 v. Chr. in Südwestasien ausgehend, breitete sich langsam durch bäuerliche Kolonialisierung auch die landwirtschaftliche Wirtschaftsweise in Europa aus, wo sich jetzt Bauern aus vorderasiatischen Gebieten ansiedelten. So gelangten Samen von domestizierten Pflanzen und Haustiere wie Schafe, Ziegen oder das Rind nach Europa (vgl. Uerpmann 2007, S. 55–74).

Tiere leben ab da tagtäglich mit Menschen zusammen. Daraus ist zu schlussfolgern, dass beide sich jetzt in einer wechselseitigen Nutzen- und Abhängigkeitskonstellation befinden. Tiere nutzen den Menschen, der abhängig von seinem Fleisch als Nahrungsmittel und von anderen tierischen Rohstoffen ist. Dafür geht der Mensch nun aber die Verpflichtung ein, seine gehaltenen Tiere zu pflegen und zu versorgen. Einige Tierarten werden Arbeitshilfen und Transportmittel auf dem Feld. Ebenso können Tiere Statussymbol sein und Belustigung bieten (vgl. Otterstedt 2003, S. 25).
Sie können aber auch, vor allem Hunde, treuer Begleiter, Beschützer und Freund für den Menschen sein (vgl. Levinson 1962, S. 61).

1.2 Die Veränderungen der Mensch-Tier-Beziehung von der Frühgeschichte bis heute

In frühzeitlichen Kulturen lassen die gemeinsamen Berührungspunkte von Mensch und Tier, wie die Geburt, das Leben, der Tod und das Abhängigsein von der Macht der Natur, ein tiefes Verbundenheitsgefühl zwischen ihnen entstehen. Durch dieses Wissen wollen die Menschen die verletzten und getöteten Seelen der Tiere beruhigen und ihre Taten in der Jagd durch Entschuldungsriten und Beschwörungen kompensieren und sich so mit dem Tierreich aussöhnen. Teilweise scheinen Tiere sogar zu diesen Zeiten eine große mystische Bedeutung zugeschrieben zu bekommen und werden als Vermittlungselement zwischen der Götter- und der Menschenwelt angesehen (vgl. Mütherich 2000, S. 22).

Mit der Entstehung des monotheistischen Glaubens kam es zu einer Entfremdung zwischen Mensch und Tier. Der Status des Tieres, als Vermittler zu den Göttern, ging jetzt durch den Glauben an einen nur einzigen Gott verloren (vgl. Otterstedt 2003, S. 18).

In der Antike nimmt die Stellung des Tieres für den Menschen zwei konträre Positionen ein.

In der traditionellen griechischen Philosophie (wie bei Aristoteles) besteht einerseits ein bedeutender Unterschied zwischen den Menschen und Tieren. Ein Tier wird hier als vernunftloses Wesen, im Vergleich zum Menschen, angesehen, was nicht denken und reflektieren kann (vgl. Otterstedt 2003, S. 20).

Andererseits glauben die Anhänger der Lehren des Pythagoras in der Antike an die Seelenwanderungslehre[2] und verzichten in ihrer Ernährung auf Fleisch (vgl. Mütherich 2000, S. 26/vgl. Otterstedt 2003, S. 19f.).
Im Frühchristentum und Mittelalter wurde der Unterschied zwischen Mensch und Tier so erklärt, dass ein Tier durch eine animalische Benimmweise gekennzeichnet sei, ein Verhalten, das ihm nicht ermögliche, Kontrolle über seine Triebe auszuüben, im Gegensatz zum Menschen. Der Mensch bekam hier eine Höherstellung (als das Tier) als göttliche Schöpfung in der Welt zugesprochen. Dadurch ergab sich ein Herrschaftsanspruch gegenüber der Natur und somit auch gegenüber Tieren (vgl. Otterstedt 2003, S. 21f.).
Auf dieser Grundlage entstand eine gestörte Verbindung zwischen den Verhaltensprozessen und dem natürlichen Zusammenwirken zwischen Mensch und Tier. Dies kann letztlich als ein entscheidender Entwicklungsfaktor in der Trennung zwischen dem Menschen und Tieren genannt werden (vgl. Mütherich 2000, S. 24).

Einige Denker des Mittelalters, wie Franz von Assisi, sprachen Tieren jedoch einen höheren Wert zu und so *„sind sie uns gleichgestellte Werke des allmächtigen Schöpfers, unsere Brüder."* (Otterstedt, 2003, S. 22)
Er geht auch von einem Innehaben einer Wahrnehmungsstruktur bei Tieren aus und war der Überzeugung, *„dass Grausamkeit gegenüber Tieren zu Grausamkeit gegenüber Menschen führen kann."* (Otterstedt 2003, S. 22)

In der Neuzeit entwickeln sich teilweise neue Statuszuschreibungen oder Vorstellungen von Tieren, es bleiben aber auch alte aus dem Mittelalter erhalten.
Descartes sprach Tieren Vernunft, Bewusstsein oder die Fähigkeit zu sprechen ab und setzte sie einer Maschine gleich (vgl. Mütherich 2000, S. 35).
Demnach kann man Tieren, genauso wie einer bloßen Sache gegenüber, auch keine ethischen Verpflichtungen ableiten. Anders dachte in der Renaissance Michel der Montaigne, der als Vater der Tierpsychologie angesehen wird und auch heute noch nützliche Denkweisen für die nonver-

---

2 Leib und Seele sind im Leben des Menschen als zwei trennbare Elemente zu betrachten. Der physische Körper ist dabei vergänglich. Jedoch bleibt die Seele nach dem Tod erhalten und geht unter bestimmten Umständen in eine andere physische Hülle über. Sie kann so in einem anderen Lebewesen weiter leben. Das heißt, dass in einem tierischen Soma eine zuvor menschliche Seele weiter existieren kann (vgl. Kunzmann/Burkhard/Wiedemann 2003, S. 31/S. 43).

bale Begleitung von Kranken und Sterbenden liefert. Dabei ist eine nonverbale Kommunikation die Basis für die Interaktion zwischen Mensch und Tier, welche frei von sozial ausgesprochenen und zugeschriebenen Wertungen ist, die Kranke und Leidende zusätzlich belasten können (vgl. Otterstedt 2003, S. 23).
Er ging davon aus, dass Menschen und Tiere zueinander durchaus eine soziale Beziehung und Bindung aufbauen können, nämlich über den gemeinsamen Weg der nonverbalen Kommunikation (vgl. Mütherich 2000, S. 33).
Im Zusammenhang mit dem Zeitalter der Industrialisierung ändert sich auch die Mensch-Tier-Beziehung fundamental. Diese Zeit steht, von Mitte des 19. Jahrhunderts an, für den Übergang von einer Agrar- in eine Industriegesellschaft. Auch die Art und Weise des Zusammenlebens der Familien untereinander, aber auch das mit Tieren ändert sich erheblich. Angetrieben von einer Vielzahl von neuen Erfindungen (wie z. B. dem mechanischen Webstuhl) wird die Industrie in vielen Ländern Europas angeregt und erweitert. Die sozialen und wirtschaftlichen Lebensbedingungen in den Dörfern werden, durch den Monopolverlust der Kleinbauern und Kleinhandwerker (es gibt jetzt die konkurrierende Großproduktion in Städten), langsam problematisch und veranlassen viele Menschen, vom Land in die Städte zu ziehen, mit der Hoffnung, dort Arbeit zu finden und ein zufriedenes Leben zu führen. Dabei kommt es verstärkt zu einer Trennung des menschlichen Lebens, was nun zunehmend durch die Arbeit in den Fabriken definiert wird, vom Leben mit den Tieren und der Natur auf dem Land (vgl. Duden - Das Neue Lexikon 1996, S. 1589).
Durch die Einführung von vielen Maschinen in der Landwirtschaft entstanden Großmastbetriebe und Tiere wurden in Massen produziert, was die ursprüngliche Tierhaltung, als Lastentier, Nahrungsquelle oder Arbeitshilfe, auf einer begrenzten nachhaltigen und ressourcenbewussten Ebene sprengte. Damit wurde das Tier immer mehr zur bloßen Sache. In dieser Zeit können es sich vor allem wohlhabende Menschen in den Städten leisten (und konnten sich es schon vorher leisten), Tiere als Statussymbol (wie einen Schoßhund oder einen Papagei) zu halten (vgl. Otterstedt 2003, S. 25).
Anfang des 20. Jahrhunderts wird in Deutschland erstmals ein Tierschutzgesetz entworfen (erstes Tierschutzgesetz wurde 1933 im 3. Reich verabschiedet/1972 erstes Tierschutzgesetz der BRD). Damit erhalten Tiere vom Menschen eine moralische Aufwertung und es zeigt ein Bemühen, um die Wichtigkeit, den Erhalt und Schutz von Tieren sowie den

verantwortungsbewussten Umgang mit ihnen, an (vgl. Frömming 2006, S. 103).
Die Gesellschaft ab Mitte des 20. und vor allem des 21. Jahrhunderts ist geprägt von einer fortschreitenden Technisierung, Ökonomisierung sowie einer Globalisierung, mit den Folgen der Änderung der Formen des Zusammenlebens und der Individualisierung von Lebensführung und Lebenslagen (vgl. Thiersch/Grunwald/Köngeter 2002, S. 168).
Dadurch ändert sich auch die Funktion von Tieren, vor allem von Haustieren, für den Menschen und die emotionale Bindung zwischen Mensch und Tier wird in einen anderen Blickwinkel gerückt.
Die Gesellschaft ist durch die rasch wachsende Technisierung, vor allem in der Branche der Telekommunikation, schnelllebiger geworden und die Weitergabe und Verbreitung von Informationen weltweit, z. B. durch das Internet, dauern teilweise nur Sekunden. Menschen gehen Kontakte zu anderen Menschen teilweise nicht mehr in direkten face-to-face-Interaktionen ein. Kommunikationsprozesse geschehen jetzt oft in virtuellen Räumen und der wirkliche aktuelle Bezug/Kontakt zu anderen und die soziale Auseinandersetzung in spezifischen Lebenssituationen, in der vom Menschen soziale Fähigkeiten abverlangt werden, nehmen ab. Auch durch die vielzählige Verwendung von technischen Geräten in fast allen Lebenssituationen und durch das Gebundensein an Computer, nimmt der Kontakt zur Natur mitunter enorm ab (vgl. Kuhlen 2004, S. 26–36).
Der Mensch ist dennoch ein soziales Wesen, der sich durch aktive Auseinandersetzung mit der (sozialen) Umwelt weiterentwickelt und lernt (vgl. Mietzel 2007, S. 81).

Direkte Nähe, Schutz, Geborgenheit, Anerkennung und Kontakt zu anderen Menschen oder Lebewesen sind erhebliche Bedingungen für eine gesunde Entwicklung und ein sich Wohlfühlen vom Kindesalter an bis in spätere Lebensphasen (vgl. Jaszus/Büchin-Wilhelm u.a. 2004, S. 257–264).
Diese Dinge können Menschen in einem Tier, als Gefährte, Zuhörer, Begleiter und „Tröster“, wie z. B. in einem Hund oder einer Katze, finden, der ihnen unter anderem Einsamkeit nimmt, Schutz, Nähe und Geborgenheit gibt (vgl. Nestmann 1994, S. 71).

So erfüllen sich viele Menschen, auch in der Stadt, heute, den Wunsch nach einem Haustier und tagtäglichen unterstützenden Gefährten in ihm. Diese Angelegenheit stellt die Mensch-Tier-Beziehung in eine neue Betrachtungsperspektive und zeigt, dass Tiere oft wertvolle alltägliche und geliebte Begleiter von Menschen sind. Sie haben oft eine große emotionale Bedeutung und Unterstützungsfunktion für Menschen.

Jeder Mensch braucht in seinem Leben soziale Unterstützung durch sein Lebensumfeld, das ihm sozioökonomische und psychosoziale Ressourcen zur Lebensbewältigung gewährt und einen in allen Zeiten, vor allem in Krisen, mit trägt (vgl. Badura/Ferber von 1981, S. 157ff.).

1.3 Tiere als Forschungsobjekt und Erforschung der Mensch-Tier-Beziehung

Im zweiten Drittel des 19. und im Laufe des 20. Jahrhunderts wird das Tier, vor allem in Bereichen der Psychologie und Verhaltensbiologie, als grundlegendes Untersuchungs- und Forschungsobjekt herangezogen, um sich, in vereinfachter Form, Verhaltens- und grundlegenden Lernmustern von Menschen zu nähern, wie es z. B. bei Pawlow in der Theorie der klassischen Konditionierung, als Form des assoziierten Lernens, geschieht oder bei Thorndike, bei der instrumentellen Konditionierung, der z. B. Katzen als Versuchstiere benutzte. Bei der klassischen und instrumentellen Konditionierung treten bestimmte Verhaltensweisen gehäuft bei Lebewesen auf, wenn sie gelernt haben, dass nach ihrer Ausführung eine Belohnung als Konsequenz folgt. Dadurch reguliert ein Lebewesen seine Verhaltensweisen automatisch in seiner Häufigkeit, abhängig von den darauf folgenden Konsequenzen als positive oder negative Verhaltensverstärke (vgl. Mietzel 2007, S. 139–152).

Auch die Forschung sieht, zum qualvollen Nachteil mancher Tiere, in ihnen geeignete Untersuchungsobjekte zum Testen von Schönheitsprodukten und Medikamenten. Gerweck berichtet von ca. 2,7 Millionen Versuchstieren durch die Pharmaindustrie pro Jahr (vgl. Gerweck 1997, S. 76).

Jedoch ist auf der anderen Seite auch zu sagen, dass man heutzutage, ohne die medizinische Forschung mit Tieren, vielen Menschen mit unheilbaren Krankheiten nicht helfen könnte und viele erforschte Medikamente der Gesundheit und Lebenserhaltung von schwer Kranken dienlich sind (vgl. Frömming 2006, S. 111).
Dieses Thema der Tierexperimente stellt für die Moderne der Bioethik ein erhebliches moralisches Dilemma dar, da man heute weiß, dass gerade viele Tiere, genauso wie wir Menschen, schmerzempfindlich sind und

leiden können. Die moralische Verpflichtung gegenüber dem Tier, als fühlendes, sensibles Wesen und eine dadurch abzuleitende Tierschutzethik im Feld der Bioethik, tritt dabei erheblich in den Vordergrund. Dieser Ansatz ist heute in den modernen umweltethischen Konzeptionen des Pathozentrismus (umweltethischer Begründungsansatz) zu finden, der für den Erhalt und Schutz der lebendigen und empfindungsfähigen Lebewesen eintritt (vgl. Geise (Tierschutzbeauftragter der Universität Würzburg) 2009).

Das Tier in der hochtechnisierten und medial künstlich durchdrängten Gesellschaft des 20. und 21. Jahrhunderts ist

> *„nicht nur Nahrungsquelle, Forschungs-, Status- und Sammelobjekt, es wurde auch Partner und Freund. Es ist v.a. das Haustier, welches durch seine psychosozialen (!) Bedeutung das menschliche Bedürfnis nach Kontakt mit der Natur beantwortet."*
>
> (Otterstedt 2003, S. 25; Einfügung: J. J.)

In den 60er Jahren und den darauf folgenden Jahrzehnten des 20. Jahrhunderts registrierten auch einzelne Praktiker, wie Levinson (als Kinderpsychotherapeut und „Vater der tiergestützten Therapie" im Zusammenhang mit einer hundgestützten Begleitung seiner Arbeit bekannt), aus psychologischen, psychiatrischen und pädagogischen Arbeitsfeldern,

> *„daß Tiere in Therapie, Behandlungs- und Beratungsprozessen positive Einflüsse [auf das menschliche Wohlbefinden, die Genesung oder Heilung] zu haben schienen."*
>
> (Nestmann 1994, S. 64; Einfügung: J. J.)

Levinson beobachtete das erste Mal in seiner Praxis, durch seinen Hund Jingle, bei einem verhaltensgestörten, eigentlich kontaktscheuen kleinen Jungen, bei dem zuvor sämtlich getätigte therapeutische Behandlungsversuche gescheitert waren, wie viel einfacher es dem Patienten fällt, zuerst auf den Hund, statt auf ihn, als Therapeut zuzugehen. Levinson setzt ab da an seinen Hund gezielt ein, um sich dem Jungen zu nähern, sein Vertrauen zu gewinnen und ihn dann gezielt behandeln zu können. Der Hund und der kleine Junge bauen, durch ein Streicheln und Spiel, innerhalb einiger Sitzungen einen intensiven Kontakt zueinander auf. Zunächst hält sich Levinson zurück in der Beobachterrolle und beteiligt sich eher sporadisch. Dann intensiviert er sein persönliches Zugehen auf

den Jungen und der kleine Patient wendet sich schließlich auch den Therapeuten zu und schenkt ihm Aufmerksamkeit über das Tier.
Dadurch gelingt es Levinson, das Kind therapeutisch zu behandeln und mehr Einfluss auf ihn nehmen (vgl. Levinson 1962, S. 60f.).

Aufgrund eines zunehmenden wissenschaftlichen Interesses an hilfreichen Unterstützungseffekten von Tieren in therapeutischem Kontext und an der Erforschung der Mensch-Tier-Beziehung, wird in den 70iger Jahren in den USA, unter der Aufsicht von McCulloch, die Delta Society ins Leben gerufen, die ihre Aufgabe darin sah, *„die Qualität der Beziehung zwischen Tierhaltern, Heimtieren und Betreuenden zu ergründen."* (Frömming 2006, S. 12)

Auch in anderen Ländern, wie Großbritannien und Frankreich, gründeten sich nachfolgend verschiedene Gesellschaften zur Erforschung der Mensch-Tier-Beziehung, die sich heute, u.a. im internationalen Dachverband der International Association of Human-Animal Interaction Organisations organisieren, welcher im Rhythmus von drei Jahren zu einen gemeinsamen weltweiten Kongress zur Kooperation in Forschung und zum Austausch neuster Forschungsresultate zusammen kommt (vgl. Frömming 2006, S. 12).
Nach einem in Deutschland zu verzeichnenden Forschungsrückstand (in den 90er Jahren) und einer tief liegenden Entwicklungsstufe, im Bezug auf den Einsatz von Tieren in psychosozialen sowie medizinischen Einrichtungen sowie die Nutzung von hilfreichen Tiereffekten für Klienten und Patienten, holte der deutschsprachige Raum in diesem Forschungsbereich in den letzten 15 Jahren langsam auf. Anzumerken ist jedoch, dass es trotz dieses Forschungsrückstandes im Bereich der tiergestützten Interventionsformen und dem fehlenden Einsatz von Tieren im therapeutischen und sozialen Sektor ein Arbeitsfeld gibt, dass in Deutschland mit Ausnahme schon eine lange Tradition aufweist, nämlich das des therapeutischen Reitens und der Pferdetherapie, indem zahlreiche wissenschaftliche Erscheinungen, Theorieansätze sowie Modelle für die Anwendung in der Praxis existent sind (vgl. Nestmann 1994, S. 65).
Aber bis heute folgten dann, nach vielen zuvor durchgeführten Forschungsarbeiten aus dem angloamerikanischen Bereich, deutsche und österreichische Studien und wissenschaftliche Konzepte im Bereich der tiergestützten Interventionsformen, wie die von Olbrich[3], Vanek-Gullner[4]

3 Studie zum Tierbesuchsdienst mit Hunden in einem Altenheim

und Bergler/Hoff[5], auf die im Verlauf der Arbeit teilweise und besonders im dritten Abschnitt eingegangen wird (vgl. Nestmann 1994, S. 70/vgl. Vanek-Gullner 2007, S. 34/vgl. Bergler/Hoff 2006, S. 9–15).

Das Thema der hilfreichen Tiereffekte (und die Tier-Mensch-Beziehung), vor allem für das alltägliche Leben des Menschen, und der Einsatz von Tieren in pädagogischen und therapeutischen Einrichtungen ist nach wie vor von großer Bedeutung und in den Fokus der Forschung und Praxisarbeit, innerhalb wissenschaftlicher Disziplinen, wie der Sozialpädagogik, Psychologie, Medizin und Pflegewissenschaft gerückt (vgl. Nestmann 1994, S. 64–74).

Somit scheint seit Frühzeiten der menschlichen Entwicklung das Tier nie wirklich richtig aus dem Bezugs- und Lebensfeld des Menschen verschwunden zu sein und je nach lebensweltspezifischen, wissenschafts-, kultur- bzw. religionskontextuellen Zusammenhängen mit dem Menschen eine mehr oder weniger tiefe Verbindung einzugehen.

---

4 Vanek-Gullner entwickelte ein Konzept für die tiergestützte Arbeit in der Heilpädagogik mit Kindern.

5 Studie zur Erforschung des positives Einflusses einer Kind–Hund–Beziehung auf schulisches Leistungs- und Sozialverhalten

2 Formen der tiergestützten Intervention

Im Folgenden werden drei Formen tiergestützter Intervention, die tiergestützten Aktivitäten (AAA)[6], die tiergestützte Pädagogik (AAP)[7] und die tiergestützte Therapie (AAT)[8], im Bezug auf ihre Konzeptionierung, ihre allgemeinen hilfestellenden, pädagogischen und therapeutischen Funktionen, Zielsetzungen und ihre Adressatenbezüge untersucht. Die Konzepte der Formen der tiergestützten Intervention zeichnen sich dadurch aus, dass bei ihnen die *„Strukturierung von Lebens- und Lernfeldern im Mittelpunkt steht."* (Forman 2007, S. 32)
Dabei steht besonders der Effekt der tiergestützten Arbeit, bezogen auf die Lebenswelt und Lebensformen der Adressaten, im Blickfeld. Die Ziele der Arbeit, in denen Tiere Unterstützung bei Therapien, Aktivitäten oder in pädagogischen Handlungsfeldern geben, sind allgemein formuliert und darauf fokussiert, allgemeines Wohlbefinden sowie gesundheitliche Aspekte zu fördern, Prozesse der Fähigkeiten- und Fertigkeitenaneignung bei spezifischen Zielgruppen (mit und ohne geistige, körperliche und seelische Einschränkungen) auszubilden und zu verbessern, damit die individuell zufriedenstellende Teilhabe am Leben sowie die Bewältigung von Lebensanforderungen gesichert und unterstützt wird (vgl. Forman 2007, S. 32).

Um aber gezielt pädagogisch oder therapeutisch mit Kindern, Jugendlichen und Erwachsenen im Feld der tiergestützten Interventionsformen arbeiten zu können, sind auch hier konkrete Voranalysen und die Berücksichtigung der Lebensverhältnisse von Menschen von Bedeutung, ebenfalls ist der aktuelle Stand der kognitiven, somatischen, und psychosozialen Fertigkeiten und Fähigkeiten und deren Umsetzung in Lebensbezügen dieser zu betrachten. Genauso wichtig sind klare personenabhängige Zielformulierungen, eine therapeutische oder pädagogische Qualifikation des Personals, erworbene und ausreichende Kenntnisse in Bereichen der tiergestützten Arbeit, ein speziell trainiertes und geeignetes Tier, ein sicher festgelegter Zeitrahmen für die Mensch-Tier-Begegnungen sowie geeignete Dokumentations- und Evaluationsmethoden zu finden und einzusetzen, um z. B. Verbesserungen im Befinden oder in bestimmten Fähigkeiten beim Adressaten/Patienten, im Vergleich zu

6 AAA: Animal-Assisted-Activities/zu Deutsch tiergestützte Aktivitäten
7 AAP : Animal-Assisted-Pedagogy/zu Deutsch tiergestützte Pädagogik
8 AAT: Animal-Assisted-Therapy/zu Deutsch tiergestützte Therapie

vorher, festzustellen und eventuell, wenn nötig, ergänzende, erweiterte Ziele zu formulieren.
Durch die Begegnung von Mensch und Tier und die Nutzung von Tieren als „Co-Therapeuten“[9] sowie „Co-Pädagogen“[10] wurden vor allem in den letzten zwei bis drei Jahrzehnten Konzeptionen entwickelt, die im aktionsbezogenen, pädagogischen und therapeutischen Kontext ansässig sind. Diese zeichnen sich, wie in den folgenden drei Unterpunkten der Arbeit beschrieben, durch differente Inhalte, Methoden, Zielsetzungen und unterschiedliche Adressatenbezüge aus.
Welche Tiere jeweils wo und wie in verschiedenen tiergestützten Interventionsformen eingesetzt werden können, hängt von verschiedenen Faktoren, wie Interessen der Adressaten und ihren sich aufs Tier wirkenden persönlichen Eigenschaften ab, ihrem gesundheitlichen Zustand (z. B. bei einer Katzenallergie wäre ein Einsatz mit einer Katze nicht sinnvoll), aber auch vom Wesen des Tieres, den räumlich-technischen Rahmenbedingungen, den finanziellen Möglichkeiten einer Einrichtung oder eines Trägers und der Erlaubnis, z. B. einer übergeordneten Institution zur Durchführung von tiergestützten Aktivitäten, tiergestützter Pädagogik und Therapien sowie den entsprechenden Hygienevorschriften und dem Tierschutzgesetz ab.
Folgende Tierarten werden beispielsweise, abhängig von den oben genannten Faktoren, in den drei tiergestützten Interventionsformen eingesetzt: Hunde, Katzen, Kaninchen, Meerschweine, Zierfische, Schafe, Ziegen, Geflügel, Hängebauchschweine, Alpakas, Pferde, Delfine, Insekten, Wölfe und andere.
Vernooji und Schneider weisen darauf hin, dass es zwischen allen drei Bereichen der tiergestützten Interventionen Überschneidungen, bezüglich der Zielsetzungen, geben kann. Soziale und emotionale Entwicklungsfortschritte und eine erweiterte Lernfähigkeit, als allgemeine Ziele der tiergestützten Pädagogik, sind ebenso für die tiergestützte Therapie wichtig. Freude im Umgang mit dem Tier, der Aufbau einer emotionalen Beziehung zwischen Mensch und Tier und das Anstreben von Gesundheit und allgemeinem Wohlbefinden treffen nicht nur für die tiergestützten Aktivitäten, sondern ebenso für die anderen zwei Bereiche zu (vgl. Vernooji/Schneider 2008, S. 48).

9 Tiere, die dem Therapeuten in Behandlungsprozessen von Patienten Unterstützung geben durch physiologische, psychologische und soziale Hilfeeffekte

10 Tiere, die Pädagogen bei der Erziehung, Bildung und Förderung von Kindern oder Jugendlichen (auch bei älteren Menschen möglich) Unterstützung geben durch physiologische, psychologische und soziale Hilfeeffekte

Das Thema der tiergestützten Pädagogik (Punkt 2.2) soll etwas umfangreicher beschrieben und analysiert werden, da der Fokus der Arbeit auch auf dieses gerichtet ist.

2.1 *Tiergestützte Aktivitäten (AAA)*

Zu tiergestützten Aktivitäten (AAA) zählen Programme, in denen Mensch und Tier Kontakt durch Begegnung(en) zueinander aufnehmen. Die Adressaten dieser tiergestützten Interventionsform werden meist durch ehrenamtliche Tierbesitzer, zusammen mit ihren Tieren, in verschiedenen sozialen und medizinischen Einrichtungen besucht. Meist können sich die Adressaten der tiergestützten Aktivitäten selbst keine Haustiere halten. Diese Programme, auch Tierbesuchsdienst genannt, ermöglichen es, z. B. alten Menschen in Alten- und Pflegeheimen, Kranken in Krankenhäusern, aber auch Kindern in Kindergärten, regelmäßig Kontakt zu Tieren, wie u.a Meerschweinchen, Hunden oder Kaninchen, aufzunehmen und *„v.a. eine emotionale Verbundenheit erleben zu können"* (Rauschenfels/Otterstedt 2003, S. 385).
Bei diesen Aktivitäten existiert, anders als bei pädagogischen oder therapeutischen Konzepten, keine spezifische Manifestation, bezüglich spezifischer Zielsetzungen, und die Besuche mit den Tieren müssen weder genau geplant, noch strukturiert, evaluiert oder dokumentiert werden.
Die praktische Gestaltung der tiergestützten Aktivitäten und die Zeiträume zwischen dem Zusammentreffen von Mensch und Tier können variabel gestaltet werden. Einmalige, mehrmalige, unregelmäßige oder regelmäßige Treffen an festen oder unterschiedlichen Orten und festen Zeiten sind dabei möglich. Dies hängt auch immer jeweils von adressatenbezogenen Voraussetzungen (Wünschen, Interessen sowie der physischen und psychischen Konstitution des Adressaten) ab (vgl. Rauschenfels/ Otterstedt 2003, S. 388f.).
In den 80er Jahren des 20. Jahrhunderts sind spezielle Tierbesuchsdienste *„in Anlehnung an Besuchsdienste v.a. in Altenheimen"* (ebd., S. 385) entstanden. Diese Besuchsdienste mit Tieren werden in verschiedenen medizinischen, rehabilitativen und sozialen Einrichtungen, wie z. B. in Krankenhäusern, Kindergärten oder Rehabilitationskliniken, durchgeführt (vgl. Rauschenfels/Otterstedt 2003, S. 385).
Auch Initiativen, wie ein durchs Land reisender Tierstreichelzoo, der verschiedene Schulen besucht, zählen in diese Kategorie. Jedoch kann so ein Streichelzoo auch im Bereich der tiergestützten Pädagogik ansässig sein. Hierbei hängt es immer von der individuellen Zielsetzung bestimm-

ter Programme ab und ob dahinter ein spezielles Konzept steht, Dokumentationen und Evaluationen gemacht werden oder nicht, bzw. ob es einen festen Zeitrahmen für die Mensch-Tier-Begegnungen gibt. Dies alles ist ausschlaggebend dafür, in welchen Bereich der oben genannten Interventionsformen die tiergestützten Angebote einzuordnen sind.
Die Delta Society definiert die Animal-Assisted-Activities (zu Deutsch: die tiergestützten Aktivitäten) folgendermaßen:

> *„AAA provides opportunities for motivational, educational, recreational, and/or therapeutic benefits to enhance quality of life. AAA are delivered in a variety of environments by specially trained professionals, paraprofessionals, and/or volunteers, in association that meet specific criteria."*
>
> (Delta Society 2009)

Die Autorinnen Vernooij und Schneider übersetzten diese Begriffsdefinition ins Deutsche:

> *„Animal-Assisted-Activities bieten Möglichkeiten der Unterstützung bezogen auf motivationale, erzieherische, rehabilitative und/oder therapeutische Prozesse um dadurch die Lebensqualität der Betroffenen zu verbessern; durchgeführt von mehr oder weniger qualifizierten Personen, assistiert von Tieren mit spezifischen Merkmalen."*
>
> (Vernooij/Schneider 2008, S. 30)

Der Fokus der Arbeit liegt hier in der spontanen Begegnung zwischen Tieren und Menschen, mit den Einflussmöglichkeiten der Entspannung im Umgang mit dem Tier sowie physisches und psychisches Wohlbefinden bei Menschen jeden Alters zu fördern, z. B. Abwechslung in den so manchmal tristen Alltag von, z. B. Heimbewohnern zu bringen, sie von persönlichen Leiden, durch die Hinwendung zum Tier, abzulenken und somit Raum für Freude und Selbstwirksamkeitserfahrungen zu schaffen und eventuell für Aktivitäten zu motivieren. Die Begegnung von Mensch und Tier kann dem Menschen Impulse schenken, seine Alltagbewältigung kompetenter, strukturierter und zufriedener zu erleben und zu gestalten (vgl. Forman 2007, S. 40/vgl. Otterstedt 2001, S. 31).

2.2 Tiergestützte Pädagogik (AAP)

Die tiergestützte Pädagogik kann als eine Maßnahme verstanden werden, in der meist Kinder und Jugendliche (sie ist aber auch mit Erwach-

senen und älteren Menschen möglich), mit Hilfe eines Tieres, wie z. B. einem Hund, positiv in ihrer emotionalen sowie sozialen Entwicklung beeinflusst werden und Lernfortschritte erzielen können (vgl. Vernooij/ Schneider 2008, S. 47).
Hauptziel dieser Form der tiergestützten Intervention ist die Unterstützung und Anregung von Entwicklungs- und die Initiierung von Lernprozessen, mit Hilfe des Mediums Tier (vgl. Agsten 2009, S. 26).
Dabei sollen, z. B. neben dem Ziel des Wissenserwerbs, im Bezug des artgerechten Umgangs mit Tieren, auch kognitive, sensomotorische und psychosoziale Befähigungen, die situativ in der pädagogischen Arbeit mit Unterstützung des Tieres erlernt bzw. erweitert worden sind, im Klienten habitualisiert werden und kontextbezogen (wenn notwendig, mit Hilfe von initiierten Reflexionsprozessen durch Pädagogen) in andere Lebensbereiche, in Form von alltäglichen Lebensbewältigungsstrategien, übertragen und dort angewendet werden. Die speziellen kognitiven, sensomotorischen oder psychosozialen Fähigkeiten und Fertigkeiten, welche durch die tiergestützte Pädagogik gefördert, weiter ausgebildet und unterstützt werden sollen, sind z. B. der Erwerb von mehr Selbstsicherheit, Eigen- bzw. Selbstständigkeit beim Klienten, initiiert über den verantwortungsbewussten Umgang und die Versorgung des Tieres. Auch die Motorik kann durch gezielte Spiele und gemeinsame Bewegungen mit dem Tier und dem richtigen Führen eines Hundes an der Leine verbessert werden. Tiere sollen auch die Kommunikation zwischen Kindern fördern und Erlebtes mit dem Tier kann zu regem Gesprächsstoff, innerhalb von Gruppen oder Familien, werden. Gerade Kindern, Jugendlichen in schwierigen pubertären Phasen, aber auch Personen jeden Alters, die z. B. schwere Schicksalsschläge hinter sich haben, kann die emotionale und körperliche Zuwendung durch ein Tier helfen, neues Selbstbewusstsein aufzubauen, sich geliebt zu fühlen und durch die positiven Reaktionen, z. B. eines Hundes, bezogen auf menschliche Handlungen Selbstwirksamkeit zu erfahren (vgl. Nestmann 1994, S. 71).
Tierkontakte insgesamt können Menschen behilflich sein, negativen Entwicklungsfaktoren, wie z. B. einem sozialen Rückzug nach einem schlimmen Lebensereignis, wie einem Unfall oder intra- und interpersonellen Spannungen, entgegen zu wirken. Ebenso hemmen sie eine psychosoziale Verkümmerung beim Menschen durch die aktivierende Beschäftigung mit dem tierischen Freund (vgl. Schwarzkopf/Olbrich 2003, S. 258).
Tierkontakte, innerhalb einer tiergestützten Pädagogik, können sich, z. B. günstig auf menschliche Lernprozesse im Kindes- und Jugendalter auswirken, aber auch insgesamt auf die kognitive und psychosoziale Entwicklung (vgl. ebd., S. 258f.).

Im Bezug auf Haustiere ist aber zu betonen, dass nicht nur der Besitz eines Tieres für die positive Entwicklung entscheidend ist, sondern die regelmäßige und intensive Beschäftigung sowie Interaktion mit dem Tier. Auch das Mitgefühl, welches sich im Kind für den „tierischen Freund" aufbaut und ob es sich regelmäßig um ein Tier kümmert, ist dabei wichtig (vgl. Bergler/Hoff 2006, S. 10f.).

Kontakte mit Tieren können für ein Kind in verschiedenen Lebenssituationen eine soziale und emotionale Stütze sein, indem z. B. ein Hund bei Schulproblemen oder bei Auseinandersetzung mit Mitmenschen als ein zuverlässiger und treuer Freund wahrgenommen wird. Im Streicheln und Spiel, z. B. mit einem Hund in der tiergestützten pädagogischen Arbeit, kann gezielt das natürliche Bedürfnis eines Kindes nach Berührung, Schutz und Zärtlichkeit befriedigt werden (vgl. Nestmann 1994, S. 71.).

Es lernt, z. B. bei einer Spielstunde mit dem Tier, die Verhaltensweisen und natürlichen artgerechten Grenzen von ihm kennen und wird automatisch durch das Tier und durch angeregte Reflexionsprozesse durch den Pädagogen angehalten, die Grenzen des Tieres zu akzeptieren und es so zu nehmen wie es ist.
Dass sich auch eine intensive Beziehung und Beschäftigung zu und mit einem Hund günstig auf Schulleistungen, Lernprozesse, schulbezogene Anpassungsmechanismen sowie soziale Kompetenzen, wie Kommunikations- und Konfliktfähigkeit im Kind auswirken und dass die Aggressionshemmung im Umgang mit Mitschülern größer ist, wiesen Bergler und Hoff in einer 2006 veröffentlichten Studie zur Kind-Tier-Beziehung nach (vgl. Bergler/Hoff 2006, S. 9–15).
Die Forschungsarbeit dazu beschäftigte sich mit den Faktoren eines

> *„positiven Einflusses eines Hundes auf die Entwicklung und Förderung schulrelevanter Leistungs- und Sozialkompetenzen von 13 bis 15-Jährigen [männlich] unter besonderer Berücksichtigung der Beziehungsqualität zwischen Kind und Hund."*
>
> (ebd., S. 7; Einfügung: J.J.)

Tiere werden in verschiedenen erzieherischen und bildungsbezogenen Bereichen, als „Co-Pädagogen" eingesetzt und folgend sollen exemplarisch einige wichtige Formen und Anwendungsorte der tiergestützten Pädagogik benannt und kurz beschrieben werden.
Tiere können in Schulen als Schulhund eingesetzt werden, der den Unterricht einiger Klassen begleitet sowie Lern-, Anschauungs- und Beob-

achtungsobjekt in Fächern, wie Biologie sein kann oder die Motivation und Bewegungsfreude von Schülern im Sportunterricht anregt. Jedoch können dem Einsatz von Hunden oder anderen Tieren in Schulen erst klare qualitative und professionelle Merkmale im Bereich der tiergestützten Pädagogik zugeschrieben werden, wenn das Tier nicht nur spontan und wahllos eingesetzt wird, sondern sein Einsatz eine Funktion hat, er gezielt nach klaren Zielvorstellungen und einem konzeptionellen Rahmen erfolgt, die Arbeit mit Kind und Tier dokumentiert und evaluiert wird, Pädagoge und begleitendes Tier eine spezielle Schulung oder genügend Kenntnisse im tiergestützten Arbeitsbereich vorweisen, spezielle Hygienevorschriften und das Wohlergehen des Tieres beachtet werden. Ist das nicht der Fall, ist bei den Kind-Tier-Begegnungen eher von einer tiergestützten Aktivität (AAA) zu sprechen als von einer tiergestützten Pädagogik (AAP).
Eine Telefonbefragung der Forschungsgruppe „Tiere in der Pädagogik", ansässig in der Friedrich-Alexander Universität in Erlangen–Nürnberg, ermittelte, dass im Jahr 2007 bereits 109 Schulhunde in Deutschland tätig waren und 60% von ihnen *„eine Ausbildung als Therapiehund, Begleithund oder sogar beides"* (Volk. (Referentin Kongress Mensch und Tier) 2007, zit. in: Agsten 2009, S. 35) hatten.
Im Bereich der praktisch-pädagogischen tiergestützten Intervention ist schließlich auch das Konzept von Vanek-Gullner im heilpädagogischen Bereich zu nennen. Der Name des wissenschaftlichen Konzepts TGHP (Abkürzung) impliziert eine tiergestützte Heilpädagogik für verhaltensauffällige Kinder. Vanek-Gullner entwickelte eine evaluierte wissenschaftliche Methode zur tiergestützten Arbeit an einer Schule für sehbehinderte Kinder in Wien, durch die Mithilfe und Begleitung ihres Hundes Luki. Seit 2005 wird in diesem Rahmen in Österreich, auf der Grundlage des TGHP-Konzepts, eine Weiterbildung für Fachkräfte des pädagogischen, therapeutischen und pflegerischen Bereichs angeboten (vgl. Vanek-Gullner 2007, S. 34).

Auch der pädagogische Einsatz von Tieren in der forensischen Sozialisation ist möglich. Seit dem Jahr 1975 wird dies auch in der JVA Vechta in Deutschland umgesetzt. Durch Engagement eines Mitarbeiters begannen hier Häftlinge mit der liebevollen Zucht und Pflege von Tauben. Sie bauten allein einen Taubenschlag aus und aus dieser Aktion ist bis heute in der Einrichtung ein umfangreiches Projekt entstanden, in dem Schafe, Enten, Ziegen und Hühner von Insassen der JVA betreut und versorgt werden. In einer Haftanstalt in Florida trainieren junge Männer im offenen Gefängnisvollzug junge Hunde im Grundgehorsam, damit sie später

von ihnen zu Blindenhunden ausgebildet werden können. Die Beziehung zu Tieren kann ihnen helfen, zu lernen Verantwortung für sich und andere zu übernehmen und den Weg in die Gesellschaft zurück zu finden, negative Erfahrungen zu verarbeiten und sich nach und nach wieder ins gesellschaftliche Leben zu integrieren (vgl. Gusella 2003, S. 435ff.).
Seit Anfang 2010 gibt es solch eine Art Blindenhundausbildung auch im Frauengefängnis Chemnitz (Sachsen), die hier von Insassinnen ausgeführt wird und auch Schritt für Schritt auf andere Vollzugsanstalten ausgeweitet werden soll (vgl. Deider (Sächsische Zeitung) vom 04.05.2010).
Auch in Kindertagesstätten, Kinderheimen oder der offenen Kinder- und Jugendarbeit und der Jugendsozialarbeit werden Kindern und Jugendlichen oft tiergestützte pädagogische Angebote gemacht.
Es werden z. B. Ferienausflüge oder regelmäßige wöchentliche Besuche zu Jugend- und Kinderbauernhöfen von bestimmten Einrichtungen aus für Kinder und Jugendliche geplant. Einige Aktivspielplätze, Kinder- und Jugendfarmen sowie Kinderbauernhöfe sind speziell eine für die tiergestützte Pädagogik ausgerichtete Einrichtungen. Ein Beispiel dafür ist das Projekt „Spielwiese“ des Kinderland Sachsen e.V. in Dresden-Weißig, was im Feld der offenen Kinder- und Jugendarbeit tiergestützte pädagogische Angebote für Kinder, Jugendliche und bestimmte Einrichtungen in Kooperation (z. B. zu Projekttagen oder Projektwochen) offen hält. Hier besuchen Kinder und Jugendliche Tiere, wie Hängebauchschweine, Pferde sowie Schafe und es sind nicht die Tiere, die mit ihren Besitzern die Kinder und Jugendlichen, wie in Besuchsdiensten aufsuchen, sondern die Adressaten der Angebote kommen hier zu den Vierbeinern. Der Verein hält hier auch Großtiere, wie Pferde oder Kühe, zu denen Kinder in einer Großstadt normalerweise wenig Kontakt hätten. Im oben genannten Projekt „Spielwiese“ werden verschiedene Tierarten gehalten, die unter pädagogischer Anleitung und Aufsicht von Kindern betreut und versorgt werden können. Kinder kümmern sich hier um die Pflege der Tiere, beschäftigen sich mit ihnen oder können ganz praktisch helfen, für sie Behausungen zu bauen oder sie sauber zu halten (vgl. Kinderland Sachsen e.V. Projekt „Spielwiese“ 2009).

In den Jahren 2007 bis 2008 arbeitete ich hundgestützt in der aufsuchenden Streetworkarbeit (ehrenamtlich und noch als damalige Studentin in einem Praktikum), zweimal monatlich, in einem Verein in der Jugendhilfelandschaft Dresdens, eingesetzt als Unterstützung zur Erreichung von pädagogischen Betreuungs- und Erziehungszielen bei Kindern und Jugendlichen.

Außerdem setzte ich in den Jahren 2006 bis 2008, ehrenamtlich und dreimal wöchentlich, meine Hündin zum Training des artgerechten Umgangs mit einem Tier, zur Unterstützung der Konfliktschlichtung und zur Förderung eines positiven Gruppenklimas in einem Kinder- und Jugendtreff sowie in einer sozialpädagogischen Tagesgruppe zur tiergestützten pädagogischen Einzelbetreuung ein (vgl. u.a. Bastian/Allgemeiner Sozialdienst der Landeshauptstadt Dresden 2006, S. 2f.).

Pädagogisch tiergestützte Arbeit kann, z. B. auch in Form von Arbeitsgemeinschaften in Kindergärten oder Horten stattfinden, indem Kinder sich, z. B., dauerhaft um die Pflege von einrichtungseigenen Tieren kümmern oder sich zu festen, mehrmals wöchentlich, stattfindenden Terminen, im artgerechten Umgang mit einem Hund üben, das Tier in seinem Verhalten beobachten oder es regelmäßig ausführen können. Dabei stehen verschiedene pädagogische Zielsetzungen im Mittelpunkt, die Kindern und Jugendlichen Freude und Wohlbefinden, Gesundheits- sowie bereichsspezifische Entwicklungsförderung ermöglichen sollen (vgl. Agsten 2009, S. 26).
Im nächsten Punkt soll die Interventionsform der tiergestützten Therapie (AAT) erläutert werden.

2.3 *Tiergestützte Therapie (AAT)*

> *„Das richtige Tier im richtigen Moment kann Verkrampfungen lösen und den Blutdruck stabilisieren, Trübsinn vertreiben und Aggressionen abbauen. Langsam lernt auch die Schulmedizin, dass Wesen mit Flossen, Pfoten und Schnäbeln keine Konkurrenz, sondern Helfer sind."*
>
> (Tügel 2001, S. 87)

Der Neuropsychologe David Nathason therapiert, mit Hilfe von sechs Delfinen, im Dolphin Cove in Key Largo, Florida, Kinder mit schweren Behinderungen. Bei vielen kleinen Patienten lassen sich durch die sanfte tiergestützte Therapie im Wasser enorme therapeutische Fortschritte erreichen, z. B. das Erhöhen von Aufmerksamkeitsprozessen, Entkrampfungen spastischer Arme, Beine und Hände oder das Herausbringen erster klar gesprochener Worte (vgl. Tügel 2001, S. 96).
In vielen therapeutischen Arbeitsfeldern, wie der Physio-, Ergo-, Psycho- oder Logopädie, profitiert man von den oftmals positiven Wirkungsmechanismen, die aus der Interaktion zwischen Mensch und Tier resultieren. Diese Wirkungseffekte können Menschen jeden Alters nutzen und

auf sie wird umfassend im dritten Punkt des Buches eingegangen. Der Einsatz des Tieres, in Bezug auf die Tierart, seine Größe und sein Wesen als „Co-Therapeut", sollte sich stets an den Bedürfnissen der Behandlungsbedürftigen orientieren (vgl. Forman 2007, S. 32f.).

Der international anerkannte Name für die deutsche Übersetzung der tiergestützten Therapie lautet Animal-Assisted-Therapy (AAT) und wurde von der Delta Society festgelegt.

> *„AAT ist eine zielgerichtete Intervention, bei der ein Tier, welches spezifische Merkmale aufweist, integraler Bestandteil des Behandlungsprozesses ist. AAT ist gerichtet und/oder gebunden an qualifizierte Experten der Gesundheits- und Sozialdienste mit spezifischer Ausbildung, die das Tier in ihrem Berufs-/ Praxisfeld einsetzen. AAT wurde entwickelt zur Förderung des Fortschrittes bzw. zur Verbesserung der körperlichen, sozialen [,] emotionalen und gegebenfalls kognitiven Funktionen des Klienten/Patienten. AAT bietet eine Fülle von unterschiedlichen Einsatzsituationen/Einsatzmöglichkeiten und kann mit Einzelpersonen oder mit Gruppen durchgeführt werden. Der Behandlungsprozess ist zu dokumentieren und zu überprüfen."*

(Vernooji/Schneider 2008, S. 31)

Tiergestützte Therapien orientieren sich entweder an körperorientierten und/oder psychotherapeutischen Ansätzen. Auch die eingesetzten Therapietiere, wie z. B. Hunde, bekommen durch ihre Begleitung einer therapeutischen Behandlung bzw. durch ihren Einsatz in bio-psycho-sozialen Wirkungsfeldern immer eine spezifische und deutliche Funktion zugeschrieben (vgl. Forman 2007, S. 33f.).
Auch in der Arbeit des Kinderpsychotherapeuten Levinson, der in den 60er Jahren seinen Hund Jingle erfolgreich als „Eisbrecher" gegen die anfänglichen Blockaden, den Trotz, die Skepsis oder sogar gegen die Feindseligkeit so mancher Kinder in seiner Psychotherapie einsetzte, zeigte sich die Auflockerung der Therapieatmosphäre sowie das Vertrauen, das die Kinder zu sich selbst über das Tier fanden und schließlich auch zum Therapeuten (vgl. Levinson 1962, S. 60f.).
Auch die Psychiatrie des Stadtkrankenhauses in Görlitz (Sachsen) und die Kinderpsychiatrie Großschweidnitz setzen seit mehreren Jahren, in Zusammenarbeit mit dem therapeutischen Reitverein Görlitz, die Hippotherapie und das therapeutische Reiten in der Behandlung von psychiatrischen und psychosomatischen Störungsbildern ein, um Patienten gezielt zur Wiederaufnahme der Beteiligung am Leben zu aktivieren und

sie über Pferde für eigene Körperwahrnehmungen zu sensibilisieren (vgl. Wagner (Therapeutischer Reitverein e.V. Görlitz) 2009).
Im körperorientierten Sinne und in der praktischen Anwendung kann therapeutisches Reiten bei Erkrankungen des Zentralnervensystems große Effekte beim Muskelaufbau oder bei der Stabilisierung des Gleichgewichtssinnes vorweisen (vgl. Forman 2007, S. 35).

Es ist zu erwähnen, dass vor allem auch in der gesamttherapeutischen Arbeit mit Jugendlichen und Kindern die enorme Hilfestellung von Hunden gern genutzt wird, weil sie ein Kind durch ihre Körpersprache, viel eher als der Therapeut es kann, erreichen. Dies zeigt sich auch besonders deutlich in der Arbeit mit in sich zurückgezogenen Kindern. Durch das Liebkosen, das Streicheln oder Berühren des Tieres kann sich ein Kind aufgehoben, beschützt und geborgen fühlen. So hat es keinen Druck, sich unbedingt sprachlich äußern zu müssen. Das Tier akzeptiert das Kind so, wie es ist, es fühlt sich angenommen und ist vielleicht eher in der Lage, Kontaktscheu und soziale Ängste zu kompensieren (vgl. Frick-Tanner/ Tanner-Frick 2003, S. 13)

3 Alltäglicher und pädagogischer Nutzen der Mensch-Tier-Beziehung

Das Zusammenleben mit Tieren, ihr bloßes „Dasein", ihre Begleitung bei Lebensbewältigungsprozessen, ihr Anregen von Lernprozessen im Menschen, die Beschäftigung, Pflege und das Spiel mit ihnen, mögliche praktisch-technische Hilfeleistungen, wie z. B. das Bewachen von Haus und Grundstück, oder die Hilfe eines Blindenhundes im täglichen Straßenverkehr, können nachweislich einen praktisch-alltäglichen, therapeutischen und pädagogischen Nutzen für jedes Lebensalter haben.
Tiere als alltägliche, therapeutische und pädagogische Helfer können sich positiv auf das Wohlbefinden, auf Heilungs-, Lern- und Entwicklungsprozesse auswirken, indem sie Menschen durch ein multifunktionales, sich wechselseitig bedingendes Wirkungsgefüge auf bio-psychosozialer Ebene unterstützen (vgl. Nestmann 1994, S. 71f.).
Das Augenmerk in diesem Kapitel soll hier allgemein, vor allem auf alltägliche bio-psycho-soziale, aber auch auf daraus abzuleitende und nutzbare pädagogisch-psychologische Wirkmechanismen von Tieren gelegt werden, die die Entwicklungs- und Lernfähigkeit von Kindern speziell im Hortalter, am Beispiel eines Hundes, beeinflussen können (siehe Punkt 3.2). Dabei sollen nutzbare Tierwirkungen beschrieben werden, um dem Leser einen allgemeinen Überblick über die möglichen Auswirkungen von Mensch-Tier-Interaktionen zu geben. Dabei soll das bio-psycho-soziale Wirkungspanorama nach Nestmann, mit der Theorie des Social-Support-Konzepts verknüpft werden und überlegt werden, inwieweit dieses auch als theoretische Grundlage zur Einbettung von Tiereffekten brauchbar ist, die der pädagogischen Arbeit mit Kindern nutzen können.
Dabei darf nicht vergessen werden, dass sich die physiologischen/physischen, die psychologischen/psychischen Wirkungen und sozialen Effekte der Mensch-Tier-Beziehung in der Praxis niemals voneinander isoliert und als miteinander zusammenhängend, sich überschneidend und wechselseitig bedingend betrachtet werden müssen (vgl. Nestmann 1994, S. 70).
Nicht zu vergessen ist auch die praktische sowie technische Nutzung von Tieren in alltäglichen Lebensbewältigungs- und Arbeitsprozessen, aber auch der Einsatz und Nutzen von Tieren im Alltag verschiedener Berufsgruppen, die im Punkt 3.1.4 des Buches beschrieben werden soll.

3.1 *Theoretische Einbettung nutzbarer alltäglicher und pädagogischer Tiereffekte*

> *„Lebensalterspezifische Bedürfniskonstellationen bestimmen die Bedeutsamkeit von Mensch-Tier-Beziehungen und damit auch die präventiven, heilenden und rehabilitativen Potentiale von Haustieren für unsere Gesundheit und unser Wohlbefinden."*
>
> (Nestmann 1994, S. 74)

Bedürfnisse und Ziele in der allgemeinen Alltagspraxis von Menschen unterschiedlichen Alters definieren sich teilweise anders, als Ziele für die pädagogische Arbeit mit Kindern, Jugendlichen oder Erwachsenen. Jedoch können sich in beiden Ebenen der Zielorientierungen Gemeinsamkeiten bzw. Überschneidungspunkte finden lassen.
Allgemeine, bei jedem Menschen auffindbare und auch für die tiergestützte pädagogische Arbeit mit Kindern nutzbare Grundbedürfnisse/ Ziele/innere Voraussetzungen, im Rahmen eines positiven Menschenbildes, sind folgende:
Jeder Mensch strebt nach körperlicher, geistiger und seelischer Gesundheit und Wohlbefinden.
Jeder Mensch strebt nach einer Befriedigung biologischer Grundbedürfnisse, wie Hygiene, Ernährung und einem Wohnraum in einer Lebenswelt, in der er sich wohl fühlt (vgl. Hurrelmann 1994, zit. in: Jaszus/ Büchin-Wilhelm 2004, S. 256).
Jeder Mensch strebt nach Selbstbestimmung, sozialer Anerkennung und Integration. Jeder Mensch strebt nach Harmonie und einer positiven Zukunft (vgl. Hekele 2005, S. 21).

Dabei ist anzumerken, dass jeder im Laufe seines Lebens auf innere und soziale Konflikte trifft, die ihm eine Chance eröffnen können, sich neu im Leben zu orientieren, seine psychosozialen und körperlichen Fähigkeiten und Fertigkeiten zu erweitern, zu festigen, neue dazu zu lernen und nach einer kompromissorientierten Lösung für alle Beteiligten zu suchen.

Außerdem strebt, nach Hekele, jedes menschliche Individuum nach einer zufriedenstellenden Lebensbewältigung (vgl. Hekele 2005, S. 21).
Zudem hat jeder Mensch ein natürliches Interesse an der Auseinandersetzung mit seiner Umwelt (vgl. Mietzel 2007, S. 80f.).
Jeder Mensch möchte sich weiterentwickeln und selbstverwirklichen (vgl. Jaszus/Büchin-Wilhelm 2004, S. 261).

„[J]eder Mensch hat ein positives Interesse an sich selbst, an einem gelungenen sozialen Miteinander und insgesamt an einer sinnhaften und sinngebenden Lebensgestaltung."

(Hekele 2005, S. 21; Anpassung: J. J.)

Diese allgemein definierten Voraussetzungen und menschlichen Grundbedürfnisse bilden die Basis für einen achtungsvollen alltäglichen Umgang untereinander, aber auch für die pädagogische Arbeit mit Menschen jeden Alters. Tiere können Menschen bei der Bestrebung, diese Grundbedürfnisse zu befriedigen und bestimmte Ziele zu erreichen, durch ihre bio-psycho-sozialen Wirkungsmechanismen, innerhalb der Mensch-Tier-Beziehung, unterstützen.

Welche genaueren physiologischen, psychologischen und sozialen Hilfeeffekte von Tieren auf den Menschen ausgehen können, sollen spezifisch in den nachfolgenden Punkten dieses Kapitels erläutert werden.

Diese hilfreichen Wirkungsmechanismen von Tieren auf den Menschen nutzt man für die pädagogische Arbeit mit Kindern und Jugendlichen, indem man, im Rahmen einer tiergestützten Pädagogik oder Aktivität, die Begleitung und Hilfe eines Tieres, gezielt, mit in den pädagogischen Alltag von Einrichtungen einbaut, um altersspezifische soziale Entwicklungs- und Lernziele bei bestimmten Adressatengruppen zu erreichen.

Durch die Beteiligung von Tieren, wie z. B. Hunden, an alltäglichen Aktivitäten eines Kindes, wie Spielen und Lernen, Zuhause oder vielleicht in einem Hort, kann eine vertraute und kontinuierliche Beziehung zwischen Tier und Mensch entstehen. Dabei kann ein Tier mit Auswirkung auf den Menschen unbeabsichtigte sowie gesundheitsfördernde Effekte entfalten (vgl. Nestmann 1994, S. 72).

Hierbei beruht die Beziehung zu einem Tier auf *„Wechselseitigkeit der Unterstützerrolle der Beteiligten"* (ebd., S. 72).

Das bedingungslose Angenommenwerden durch ein Tier, egal ob man groß, klein, dick, dünn, behindert oder gesund ist, kann in einem Menschen ein positives Selbstbild fördern und mehr Sicherheit im Umgang mit sich selbst hervorbringen (vgl. ebd., S. 72).

Tiere können ebenso *„hilfreiche Funktion[en] und Wirkung[en] in [alltäglichen, aber auch spezifisch] belastenden sowie unbelasteten Lebenssituationen"* (ebd., Seite 72; Einfügungen: J. J.) entfalten.

Nach Nestmann reichen eindimensionale Begründungsansätze, wie psycho-physiologische Modelle oder klassisch-therapeutische Theorien, keineswegs aus, um diese alltäglichen (und die daraus abzuleitenden und für die Praxis der Pädagogik) nutzbaren Wirkungen im Geflecht der Mensch-Tier-, speziell Kind-Tier-Beziehung zu erklären. Das führt zu dem Vorschlag der *„Orientierung an Theorieansätzen und Modellen der sozialen Unterstützungsforschung, die sich mit diesen alltäglichen Hilfeprozessen befasst."* (ebd., S. 72)

Dabei liefert die Social-Support-Theorie Anknüpfpunkte dafür, alltägliche hilfreiche Wirkungen einer Mensch-Tier-Interaktion zu erklären und besser zu verstehen.

Alltag ist alles das, was sich an Ereignissen, Aufgaben und Erlebnissen Tag für Tag über ganze Lebensabschnitte in immer wiederkehrender Art und Weise in einem ähnlichen Rhythmus wiederholt. Alltäglichkeit kann sich auf Abläufe des privaten, aber auch auf einen sozialisierungsfördernden institutionellen Hintergrund, wie Schule, Kindergarten, Hort oder Arbeitsstelle, beziehen.

Social-Support kann anderseits als *„Informationen, die dem einzelnen zu verstehen geben, dass er umsorgt, geliebt und geachtet wird und daß er Teil eines sozialen Netzwerkes gegenseitiger Hilfe und Verpflichtung ist"* (Cobb 1976, zit. in: Badura/von Ferber 1981, S. 22), definiert werden.

Dabei können drei verschiedene Arten sozialer Hilfe unterschieden werden, einmal die emotionale, soziale Unterstützung und des Weiteren die Netzwerkunterstützung. Diese können sich auf zwischenmenschliche Momente der Sinngebung und auf eine materiell-technische Unterstützung beziehen. Diese Hilfekategorien können Menschen helfen, ihr Leben zufriedenstellend zu bewältigen, unerwartete Krisen besser zu überwinden und mit den Folgen von Veränderungen im persönlichen Bereich besser umzugehen (vgl. Badura/von Ferber 1981, S. 22f.).

Um die Social-Support-Theorie mit ihrer Leitidee und den oben genannten Bedürfnissen, Voraussetzungen und Zielen eines jeden menschlichen Lebens in jeder Altersstufe zusammen zu bringen, eignen sich diese Arten von sozialer, emotionaler und Netzwerkunterstützung (bezieht sich auf zwischenmenschliche Momente der Sinngebung und eine materiell-technische Unterstützung) hervorragend, um die Bedürfnismomente und Lebensziele, im Sinne eines allgemein positiven Menschenbildes, zu befriedigen und zu erreichen.

Dabei können im alltäglichen Sinne Tiere als informelle Helfer, neben Freunden, Familienangehörigen oder Arbeitskollegen, eine emotionale, soziale, physische und allgemein praktische Unterstützungsfunktion einnehmen. Genauso können sie auch gezielt, als pädagogische und therapeutische Begleiter, je nach speziellen Bedürfnisrahmen der Adressaten und innerhalb eines geeigneten Settings, in professionellen Unterstützungssystemen eingesetzt werden, um Gesundheit sowie Wohlgefühl, eine Verbindung zur Natur, Entwicklungs- und Bildungsprozesse (im Feld der Pädagogik) bei Menschen zu fördern, die allgemeine Lebensge-

staltungskompetenz anzuregen, Ressourcen im Menschen zu aktivieren, Krankheiten zu vermeiden oder um Krankheit und Behinderungen in ihren Folgen effektiver zu bewältigen (vgl. Nestmann 1994, S. 70ff.).
Dass Tiere im Alltag, aber auch bei gezielt angesetzten pädagogischen und therapeutischen Arbeitsprozessen, Pädagogen, Therapeuten und spezifischen Adressatengruppen helfen können, diese oben genannten Dinge zu erreichen, wurde mehrfach durch Forschungsergebnisse von Vertretern, wie Levinson, den Corsons, Friedmann, Messent, Olbrich, Bergler und Hoff u.a. gesichert, auf die in den folgenden Punkten eingegangen werden soll.

3.1.1 Physische/physiologische Effekte

Durch die Mensch-Tier-Interaktion, wie Körperkontakt und Streicheln sowie durch die bloße Anwesenheit eines Tieres, können Risikofaktoren, die das Herz-Kreislaufsystem belasten, wie zu hoher Blutdruck, minimiert werden (vgl. Nestmann 1994, S. 71).
Dabei ist vor allem die Senkung des Blutdruckes zu nennen, die mit einer sinkenden Herzfrequenz und generellen Stabilisierung des Herz-Kreislaufsystems einhergehen. Dies wies schon Levinson durch eine Untersuchung an Kindern nach, die vor einem Lehrer in einem Raum aus einem Märchenbuch vorlesen sollten. War kein Hund anwesend oder wussten die Kinder nicht, dass er anwesend war, stieg ihr Blutdruck während der Stresssituation hoch an und blieb auch eine ganze Zeit danach so hoch. Wussten sie, dass sich ein Hund mit im Raum befindet oder sahen sie ihn mit eigenen Augen, waren ihre Blutdruckwerte deutlich tiefer (vgl. Levinson 1969/Levinson 1972, zit. in: Nestmann 1994, S. 66/71).
Otterstedt weist in ihrer Veröffentlichung „Tiere als therapeutische Begleiter" auf eine jüngere amerikanische Studie der Pharmakologin Karen Allen hin, die die Auswirkungen von Katzen und Hunden auf stressbedingte Hypertonie erforscht hat. Dabei wurden 48 Frauen und Männer, die den Beruf eines Börsenmaklers hatten, untersucht. Alle gingen ihren beruflichen Verpflichtungen von zu Hause aus nach. Alle waren, wegen ihrer schon zuvor diagnostizierten Hypertonie, in ärztlicher Behandlung. Die Hälfte ihrer Probanden schaffte sich zu Haus ein Hund oder eine Katze an, die Kontrollgruppe besaß keines. Bei den Tierbesitzern besserte sich die Blutdrucksymptomatik nach einem halben Jahr signifikant durch viel niedrigere Werte, bei der Untersuchungsgruppe ohne Haustier zeigten sich kaum Veränderungen (vgl. Otterstedt 2001, S. 28).

Zu den nachgewiesenen hilfreichen und gesundheitsfördernden physiologischen Tiereffekten zählen auch mögliche positive biochemische Veränderungen und hormonelle Prozesse im menschlichen Körper. Wenn z. B. ein Kind Freude am ausgelassenen Spiel mit einem Hund hat und dabei lacht, kann das die Stimmung anheben, das Immunsystem stabilisieren sowie Schmerzzustände im Körper verringern. Wissenschaftler der Universität in Warwick in Großbritannien fanden durch Untersuchungen an Speichelproben von Schülern heraus, dass haustierbesitzende Kinder ein stabileres Immunsystem haben und sie im Durchschnitt 18 Tage weniger im Jahr wegen Krankheit in der Schule fehlen, als Kinder, die kein Haustier besitzen (vgl. Austein 2002, S. 167/vgl. Nestmann 1994, S. 71).
Durch Körperkontakt, wie z. B. durch das Streicheln einer Katze, oder durch die bloße Anwesenheit eines Tieres entkrampfen sich nachweislich die Muskeln im Organismus bei Mensch und Tier und Stress wird abgebaut (vgl. Greiffenhagen 1991, S. 124/vgl. Ryder 1973, zit. in: Nestmann 1994, S. 68).

Tiere, wie z. B. Hunde, können das menschliche Gesundheitsverhalten enorm verbessern, denn durch das Spazierengehen mit dem Hund bewegt man sich an der Luft, die Sauerstoffzufuhr im Körper wird verbessert, man trainiert durch Bewegung seine Muskulatur und es kommt zu einer allgemeinen Aktivierung der Motorik im Körper. Zudem wird oftmals im Beisein eines Vierbeiners mehr Wert auf die Verringerung des Nikotins- sowie Alkoholkonsums gelegt. Durch Bewegung kann man ebenso Übergewicht entgegen wirken (vgl. Nestmann 1994, S. 71).

Zum Beispiel fördern bei Tierbesuchsdiensten in Pflege- und Altenheimen tierische Begleiter die Beweglichkeit der oft körperlich eingeschränkten Bewohner. Scharf weist darauf hin, egal ob Heimbewohner im Rollstuhl sitzen oder am Stock gehen, Tiere schaffen es oft, sie körperlich zu aktivieren. Dabei werden die alten Menschen mit ihrer Gehhilfe schneller, wenn sie das lieb gewonnene Tier sehen, um ihm eine Belohnung aus ihrem Zimmer zu holen und es nicht zu verpassen (vgl. Scharf 2007, S. 20).
Außerdem ist noch zu erwähnen, dass Tiere beim Menschen eine geordnetere Tagesstruktur anregen.

> *„Mit einem Sinn für geordnete, regelmäßige Tagesabläufe, pünktliche Pflege- und Fütterungszeiten hilft das Tier, einen langen und langweiligen Tag in sinnvolle Einheiten zu gliedern."*
>
> (Greiffenhagen 1991, S. 124)

Ein geordneter Tagesablauf ist für jeden Menschen wichtig, aber besonders auch für Alte und Kranke.
Vor allem bei alten Menschen kann eine notwendige hygienische Versorgung und Pflege eines Tieres ebenfalls zu einer Anregung des gesamten eigenen physiologischen und psychosozialen Aktivitätspotentials führen und dazu beitragen, dass man soziale Isolation durchbricht und durch die Handlungskompetenz, die man durch ein Tier erfährt, zu mehr Selbstsicherheit gelangt, wodurch man weniger Schwierigkeiten hat, mit anderen Menschen in Kontakt zu treten (vgl. Greiffenhagen 1991, S. 118).
Diese Effekte zeigten sich u.a. bei einem alten Mann, der die Aufgabe bekam, ein Tier über längere Zeit zu versorgen. Er nahm am JACOBIS-Programm der Universität Melbourne teil, in dem die Universität mit Tierschutz- und Veterinärmedizinerverbänden in einer Studie einen Hund, namens Honey, auf Altenpflegestationen einsetzte (vgl. Cusack/ Smith 1984, zit. in: Greiffenhagen 1991, S. 116–120).
Hier sieht man, dass Tiereffekte, die sich auf die menschliche Physis auswirken, eng mit psychologischen und sozialen Wirkungen verwoben sind und sich wechselseitig bedingen (vgl. Nestmann 1994, S. 64–74).
Zum Beispiel kann auch der Appetit durch eine Vorfreude auf das Tier, durch die Ausschüttung von Botenstoffen im Gehirn und durch eine motivierte aktivierende Atmung, angeregt werden (z. B. innerhalb eines Besuchsdienstes im Altersheim). Auch bei körperlichen Einschränkungen und Erkrankungen kann ein Tier, im Sinne der Social-Support-Theorie, unterstützen, schneller zu genesen, da auch der Wunsch für ein baldiges Zusammentreffen mit einem Tier fit sowie aktiver zu sein und der Glaube daran Selbstheilungskräfte im Körper anregen kann (vgl. Otterstedt 2001, S. 31).

3.1.2 Psychische/psychologische Effekte

Die Einflüsse von Tieren auf die Psyche des Menschen stehen ebenso wieder mit sozialen und körperlichen Wirkungsmechanismen in einer Wechselbeziehung und sind als sehr komplex zu betrachten (vgl. Nestmann 1994, S. 64–74).

Schon Freud und C.G. Jung, als Pioniere der psychotherapeutischen Behandlung, haben ebenfalls hilfreiche Tiereffekte bei ihren Patienten in der Praxis bemerkt, denn sie nahmen ihre beiden Hunde mit zu Patientengesprächen (vgl. Frick-Tanner/Tanner-Frick 2003, S. 133).
Im Folgenden sollen die wichtigsten psychologischen Tiereffekte beschrieben und gesammelt werden: Haustiere fördern das emotionale Wohlbefinden. Denn bei ihnen muss sich ein Mensch nicht verstellen und ist somit entspannter, denn er wird so angenommen, wie er ist, egal ob dick, dünn, krank, behindert, arm oder reich, und kann, z. B. durch einen Hund, jahrelange kontinuierliche Zuneigung erfahren. Menschen können Trost in Tieren finden, wenn sie traurig sind sowie Ablenkung von quälenden Gedanken, Krankheitssymptomen und Erinnerungen. Haustiere können Menschen Geselligkeit schenken, Nähe und Berührungen, die gut tun (vgl. Nestmann 1994, S. 70f.).
Tiere können uns Gefühle von Wichtigkeit, Attraktivität sowie Unersetzlichkeit schenken, indem Menschen Verantwortung für die Pflege bzw. Versorgung der Tiere übernehmen. Dadurch erfahren Menschen eine eigene Aufwertung, weil sie von den Tieren tagtäglich gebraucht werden, sie sind für eine Sache verantwortlich und üben sich in alltäglicher Handlungskompetenz (vgl. ebd., S. 70).
Die Freude der Tiere und die konstante Wertschätzung verstärken dabei noch die Selbstwirksamkeitserfahrungen. Diese können wiederum zu einem positiven Selbstbild, Selbstsicherheit und einem verbesserten Selbstwertgefühl beitragen. Olbrich erlangte in einer Besuchsstudie mit Hunden in einem Altenheim gleiche Ergebnisse. Dabei verweist er auf stabile soziale, aber auch auf wichtige psychologische Wirkungen hin und beschreibt, dass der Kontakt zu Tieren und die Interaktion der alten Menschen mit ihnen zu mehr Selbstständigkeit (im Sinne von Handlungs- und Bewältigungskompetenz) sowie einer größeren Selbstsicherheit führen (vgl. Olbrich 1989, zit. in: Nestmann 1994, S. 70).

Auch stellte Davis im Jahr 1987 fest, dass es bei Jugendlichen einen großen Zusammenhang zwischen einer intensiven Verbindung zwischen einem Hund und einem positiven Selbstbild gibt (vgl. Davis 1987, zit. in: Endenburg 2003, S. 122).
Auch durch Probleme in der Erziehung eines Tieres können Menschen dazu angehalten werden, lebensnützliche und übertragbare Bewältigungsstrategien mit Kreativität zu entwickeln und diese umzusetzen. Kann der Mensch ein Erziehungsproblem eines Hundes oder einer Katze beseitigen, fühlt er sich kompetenter, er traut sich schließlich mehr zu. Mit der Zeit aktiviert er in sich eingeschlossene Ressourcen zur Freiset-

zung und muss konsequent in seinem eigenen Verhalten gegenüber dem Tier sein. Das alles gibt einem Menschen das Gefühl von Kontrolle über seine Umwelt und seine eigene Person. Ein Haustier, z. B. ein Hund, kann ebenso das Gefühl sich sicher und entspannter zu fühlen, stärken und Angst nehmen, indem er den Menschen beschützt oder das Grundstück bewacht (vgl. Nestmann 1994, S. 71).

Sebkova berichtete Ende der 70er Jahre im Rahmen einer Dissertation in Großbritannien von einem angstreduzierenden Zustand beim Menschen durch die Wirkung von Hunden (vgl. Sebkova 1977 zit. in: Greiffenhagen 1991, S. 43).

Tiere leisten ebenso Erinnerungsarbeit an Ereignisse und Erlebnisse mit Tieren im Leben von alten und dementiellen Personen. Damit werden bei ihnen mentale Fähigkeiten angeregt. Dies kann, zum Beispiel, durch einen regelmäßigen Tierbesuchsdienst in Altenheimen erreicht werden (vgl. Scharf 2007, S. 17).

Nicht alle Menschen werden, aufgrund ihrer inneren und äußeren Eigenschaften, wie ihrer Hautfarbe, Religionszugehörigkeit oder Behinderung von anderen Menschen oder Gruppen angenommen und finden sich deplaciert in einer Gruppe wieder. Tiere können das Gefühl sozialer Integration erfahrbar machen. Treue Haustiere und Assistenztiere für behinderte Personen, die sie so akzeptieren, wie sie sind, ermöglichen, z. B. Menschen mit körperlichen und seelischen Einschränkungen, Erfahrungen der Nähe, der Geborgenheit, der Übereinstimmung und des Nicht-allein-sein-müssen zu machen. Sie helfen ihnen, wieder ein Stück mehr ins Leben zurück-zufinden, mit ihrer Hilfe den Alltag besser bewältigen zu können und sich dadurch integrierter und kompetenter zu fühlen (vgl. Hornsby 2000, S. 4–96).

Ein Tier kann durch sein stilles Zuhören, dem Erlauben einer affektiven Entladung und des ungehemmten emotiven Ausdrucks (z. B. einfach mal weinen zu können) helfen, Regressions-, Projektions- und Entlastungshilfen für Menschen bereit zu stellen (vgl. Nestmann 1994, S. 71).

Entlastung von inneren Spannungen und Aggressionen können vor allem bei aggressiven und hyperaktiven Kindern durch ausgeglichene Berührungen und Kommandoarbeit mit Hunden unter Verwendung eines sensiblen Sprachgebrauches erreicht werden (vgl. Vanek-Gullner 2007, S. 54–59).

Eine im Jahr 2006 veröffentlichte Forschungsarbeit von Bergler und Hoff beschäftigte sich mit den Faktoren eines günstigen Einflusses eines Hundes bezüglich schulbezogener Lern- und Sozialkompetenzen unter Beachtung der Qualität einer Hund-Kind-Beziehung. Dabei stellten sie durch Befragungen von Müttern fest, dass Kinder mit einer intensiven

Beziehung zu ihrem Hund, im Vergleich zu denjenigen mit einer weniger intensiven Verbindung zum Tier, aggressionsgehemmter und sozial kompetenter im Schulalltag reagierten, ausgeglichener waren, eine höhere Anpassungsfähigkeit im schulischen Rahmen sowie ein größeres Verantwortungsbewusstsein und Selbstbewusstsein aufwiesen (vgl. Bergler/Hoff 2006, S. 11).
Letztlich kann auch angenommen werden, dass Tiere (durch die Vermittlung des Gefühls des Gebrauchtwerdens, durch die emotionale Zuwendung, ihre mögliche Identifikationsfähigkeit, z. B. bei psychosozialen Schwierigkeiten, die Geduld und Akzeptanz, die sie einer Person entgegenbringen, durch die Förderung einer Tagesstruktur, ihre Aktivitäts- und Kontaktförderungsfunktion) einem Menschen, der z. B. unter Depressionen leidet, einen Lebenssinn geben und somit auch antidepressiv und antisuizidal wirken (vgl. Nestmann 1994, S. 71).
Diese psychologischen Wirkungen von Tieren ermöglichen, zusammen mit anderen sozialen und physiologischen Effekten, dass der psychosoziale, kognitive, sensomotorische und insgesamt somatische Entwicklungszustand und die Gesunderhaltung von Menschen jeden Alters gefördert werden.

3.1.3 Soziale Effekte

Was hier ebenso wieder ein Ziel der Social-Support-Theorie benennt, nämlich die soziale und emotionale Unterstützung von Menschen durch Fremdhilfen, wie hier z. B. durch Tiere, zeigt erneut auf, dass sich diese theoretische Folie zur Erklärung hilfreicher Tiereffekte im sozialen Bereich eignet.
Auch Endenburg formulierte im Jahr 2003: *„Die soziale Unterstützung durch Tiere ist unumstritten."* (Endenburg 2003, S. 123)
Die Form der tierischen Unterstützung zeigt im Gegensatz zu menschlichen sozialen Unterstützungshandlungen durchaus einige Vorteile. Menschen neigen gehäuft dazu, sich gegenseitig zu bewerten und zu kritisieren, Tiere dagegen zeigen dem Menschen gegenüber oft bedingungslose Akzeptanz auf. Übermäßige Kritik und Beurteilung, vor allem ungerechte und negativ konstituierte, können, zum Beispiel für Kinder, bedrohlich wirken und sie selbst verunsichern. Egal, wie sie sind, sozial zugeschriebene Eigenschaften und Bewertungen mit oft daraus resultierenden Abwertungen durch Mitmenschen, egal, ob sie gute Schüler, schlechte Schüler, ob sie aufgeschlossen oder ängstlich, sprachbegabt oder sprachbehindert, hässlich, dick oder dünn sind, erfahren sie durch

Tiere nicht. Sie werden durch sie bedingungslos angenommen und geliebt und dies zeichnet die Güte sowie Freude aus, die von Tieren auf Kinder ausgehen kann. Jedoch kann ein Tier keinen Menschen als Bezugsperson ersetzen, denn sie können uns emotional nicht, doch aber wirklich instrumentell unterstützen (vgl. Endenburg 2003, S. 124).
Das Psychologenehepaar Corson wies in einer Studie mit 50 Patienten in einer psychiatrischen Klinik mit Hunden und Katzen nach, dass Tiere eine Art soziale „Katalysatorfunktion“ besitzen und helfen können, auf diesem Weg mit anderen Menschen in Kontakt zu kommen und mit ihnen zu kommunizieren. Diese Studie führten die Corsons zusammen mit Medizinern, Therapeuten und Pflegern durch. Im Mittelpunkt der Studie, im Bezug auf die Wirkung von Tieren, standen solche Patienten, bei denen bisherige Behandlungsversuche verschiedenster Art versagt hatten. In der Studie wurden bei fünf Personen ihre Beobachtungen sehr genau auf Video dokumentiert. Auch fünf Interviewstudien wurden in diesem Rahmen durchgeführt. Bei den Patienten zeigten 47 von 50 eine erhebliche Besserung im Aktivitätsniveau, Sprachvermögen und Sozialverhalten. Tiere fördern die Kontaktfähigkeit von Menschen und über sie kann man auch oftmals schneller Kontakt zu Personen aufnehmen, die sehr ängstlich, schüchtern und zurückgezogen sind. Für viele Patienten mit psychiatrischen Störungen wurde ein Tier zum positiven Drehpunkt ihrer Situation nach einem langen Zustand ihrer oft schlechten gesundheitlichen Verfassung. Ein 19-jähriger unter Psychosen leidender, zurückgezogener, in seiner Reaktionszeit verlangsamter und sehr kranker junger Mann, Sonny, der ständig im Bett lag, bekam regelmäßige Gesellschaft von einem Hund in der psychiatrischen Klinik, in der die Corsons forschten und sein Zustand besserte sich schon nach kurzer Zeit. Sonny hatte Probleme, mit anderen zu kommunizieren und über Menschen zu sprechen. Wenn man Sonny in einer ersten Sitzung eine Frage stellte, worin Menschen im Mittelpunkt standen, brauchte er um die acht Sekunden, bis er mit einer Antwort reagierte, bei tierbezogenen Fragen nur zwei. Nach fünf Sitzungen glichen sich die Reaktionszeiten annähernd an. Er sprach auch fließender und benutzte mit der Zeit mehr Wörter in seinen Sätzen, um sich auszudrücken. In der ersten Sitzung waren es circa 3–4 pro Satz und in der fünften bis zu 40. Er war insgesamt kontaktfreudiger, offener und vor allem im Beisein des Hundes fröhlicher geworden (vgl. Corson S. A./Corson, E. u.a. 1975/1977 zit. in: Greifenhagen 1991, S. 172–177).
Zudem kann die Anwesenheit eines Tieres selbst einen sozialen Kontakt an sich darstellen. Viele alleinlebende Menschen fühlen sich nicht so

einsam, wenn ein Tier mit ihnen lebt, das ihnen zuhört oder einfach nur da ist (vgl. Nestmann 1994, S. 71).
Dass Haustiere, wie z. B. Hunde, nicht nur bei kranken Menschen, sondern auch allgemein eine sozialitäts- und kommunikationsfördernde Wirkung haben, besagt auch eine zweiteilige britische Studie aus den 80er Jahren durch den Briten Messent, in der Spaziergänger im Hyde Park in London mit einem Hund als Untersuchungsobjekte viel öfter angesprochen wurden und zwischen ihnen und z. B. anderen Hundebesitzern mehr Kommunikation stattfand, als bei den selben Personen ohne Hund. Zuerst wurden sieben Personen mit Hund auf ihren vorgeschriebenen Ausführrunden mit dem Tier beobachtet. Alle Reaktionen anderer Passanten, auf die die Hundebesitzer trafen, wurden festgehalten. Dies geschah auch mit einer Vergleichsgruppe ohne Hund. Die Probanden wurden mit einem Hund an der Leine häufiger registriert (22%) und wurden teilweise öfter angesprochen. Von Passanten ohne einen Hund an der Leine wurden von anderen Spaziergängern nur 2% registriert. Im zweiten Teil der Kontaktstudie nahmen 40 Spaziergänger mit ihren Hunden teil. Bei 88 registrierten Spazierstrecken mit dem Tier, ergaben sich in knapp 70% der Fälle mindestens eine Kontaktaufnahme zwischen Spaziergängern mit Hund und welchen ohne Hund, bei der miteinander gesprochen wurde. Die Kontaktaufnahme erfolgte immer zuerst über das Medium Hund und die Chance für zwei Passanten miteinander in Kontakt zu kommen und ein längeres Gespräch zu führen, war durch den Fakt des beidseitigen Hundebesitzes erheblich angehoben und hier am größten (vgl. Messent 1983, S. 37ff./vgl. Messent 1985, zit. in Nestmann 1994, S. 69).
So ist anzunehmen, dass ein alleinstehender, sozial zurückgezogener Herr, der wenig soziale Kontakte zur Außenwelt erlebt, durch das tägliche Ausführen eines Hundes nicht nur körperlich aktiviert wird, sondern über das Tier zwangsläufig eher in Kontakt mit anderen Menschen, z. B. mit anderen Hundebesitzern, gelangt, mit denen er sich u.a. über die Eigenschaften und Bedürfnisse der Tiere austauschen kann. Bei regelmäßigen Begegnungen auf der Ausführroute des Tieres besteht sogar die Möglichkeit, sich näher kennen zu lernen oder sich sogar mit anderen Menschen und Tieren anzufreunden sowie sich öfter zu treffen und sich stabile Kontakte auszubauen.
Lebenslange soziale Bindungen und Kontakte mit anderen Menschen sind wichtig, denn sie bilden *„die Grundlage für die Regulation von Emotionen, für emotionale Intelligenz, Empathie und soziale Kompetenz im gesamten Lebenslauf."* (Beetz 2003, S. 77)

Die Förderung solcher Entwicklungskomponenten sind aber auch gerade für das Kinder- und Jugendalter von großer Bedeutung, um Lebensanforderungen bewältigen zu können, gesunde Beziehungen zu Menschen zu pflegen und aufrecht zu erhalten und um harmonisch mit sich selbst und anderen leben zu können. Dabei können eine regelmäßige und intensive Interaktion mit Tieren, schon in Kinderjahren sowie der Pubertät, die Entwicklung sozialer, kognitiver, psychischer und physiologischer Komponenten fördern. Verbesserte allgemeine und schulrelevante Sozialkompetenzen durch eine intensive Beziehung zu einem Hund wiesen Bergler und Hoff in einer Studie nach bei 13 bis 15 Jährigen nach, die im Punkt 3.1.3 in dem Buch schon Erwähnung fand. Die Mütter von denjenigen Kindern, die dabei angaben, dass ihre Söhne eine intensive Beziehung zu ihrem Familienhund hatten, bestätigten im höheren Ausmaß eine ausgeprägtere Fürsorglichkeit, Toleranz, Empathie, weniger Aggressivität im Umgang mit anderen bei ihrem Kind als diejenigen, deren Kinder keine intensive Verbindung zum Familienhund hatten. Die Gruppe mit den höheren sozialen, aber auch gleichzeitig kognitiv hochgradigeren verzeichneten Kompetenzen im Bezug auf den Lebensraum Schule, hatte weniger Probleme mit Mitschülern in einem Team zusammenzuarbeiten und war Argumenten von anderen gegenüber aufgeschlossener als die Vergleichsgruppe (vgl. Bergler/Hoff 2006, S. 9–15).
Haustiere übernehmen mitunter auch innerhalb von Partnerschaften und ganzen Familien wichtige Funktionen. Sie geben oft Anlass zum Miteinandersprechen, um sich gegenseitig von Erlebnissen mit dem Tier zu erzählen oder sich untereinander über die Aufgabenverteilung in Pflege und Fütterung zu einigen. Gemeinsame Familienausflüge mit einem Hund wirken sich positiv auf das Zusammengehörigkeitsgefühl der Familienmitglieder aus, vertiefen die sozialen Verbindungen untereinander und zum Tier. Auch bei der Streitschlichtung zwischen Menschen können Tiere helfen. Wenn zum Beispiel Kinder wissen, dass sie mit lautem Schreien dem Hund, mit von Natur aus empfindlichen Ohren, schaden oder mit Drohgebärden das Tier verunsichern oder „aufhetzen" können, hilft dieses Wissen, teilweise aus Rücksicht mit dem Tier, leiser zu sprechen sowie sich im Aggressionspotential zurückzunehmen. Auch wenn ein Hund sich für den Schutz seines Besitzers vor Fremden einsetzt, bei körperlichen Angriffen knurrt und bellt, kann dies, neben Sicherheit zu geben, auch weiterführende destruktive Konsequenzen in zwischenmenschlichen Konflikten unterbinden (vgl. Nestmann 1994, S. 71).
Auch werden Personen, welche Haustiere besitzen, von anderen sympathischer und positiver wahrgenommen als Nicht-Haustierbesitzer.

Tierbesitzern werden zudem öfter Attribute wie Offenheit, Unverkrampftheit und Attraktivität zugeordnet, als Menschen, die kein Tier besitzen (vgl. Agsten 2009, S. 122/vgl. Nestmann 1994, S. 71).

3.1.4 Praktische Auswirkungen und technische Hilfeleistungen

Tiere können Menschen in den unterschiedlichsten alltäglichen Lebens- und Arbeitssituationen auch praktische und technische Hilfeleistungen geben.

Dabei handelt es sich meistens um Hunde (aber nicht ausschließlich), die zum Beispiel nach Eignung zur Hilfe für spezielle Bedürfniskonstellationen von Menschen ausgebildet sind. Neben Schutz und Sicherheit, die Hunde Menschen, zum Beispiel durch das Bewachen eines Grundstückes (durch Wachhunde), geben, werden zur Hilfe der Lebensbewältigung von behinderten Personen auch speziell auf die spezifischen Bedürfnisse von diesen Menschen ausgebildete Tiere wie Assistenz- und Servicetiere eingesetzt (vgl. Hornsby 2000, S. 5–78).

Zum Beispiel Blindenführhunde, als Servicetiere, ermöglichen blinden Personen mehr Sicherheit und Schutz im öffentlichen Straßenverkehr und zu Hause. Im Jahr 1918 wurde diese Art von Servicehunden erstmals in Deutschland ausgebildet. Soldaten, welche im 1. Weltkrieg blind geworden waren, nutzten die Hilfe dieser Hunde. Andere Servicehunde, die so genannten Meldehunde, signalisieren ihren gehörlosen Besitzern, zum Beispiel für den Lebensalltag, wichtige Geräusche wie ein Autohupen oder ein Klingeln an der Haustür. Durch Epilepsiehunde können bedrohliche Krampfanfälle schon bis 45 Minuten vorher registriert werden, die dann Betroffene oder das Umfeld warnen. Diabeteshunde reagieren rechtzeitig durch das Erspüren von Absenkungen des Blutzuckers (können lebensbedrohlich sein, Koma und sogar Tod auslösen) aber auch auf einen kritischen Anstieg. Andere Servicehunde assistieren z. B. körperlich behinderten Menschen, die im Rollstuhl sitzen. Sie helfen ihnen u.a. durch das Apportieren von Gegenständen, das Ausziehen von Kleidungsstücken oder durch das Anmachen eines Lichtschalters im Haus. Heutzutage existieren in den USA mehr als 130 Bereiche, in denen es ausgebildete Service- und Assistenzhunde gibt (vgl. Forman 2007, S. 35f.).

Damit wird kranken sowie behinderten Personen ein Stück Lebensqualität zurückgegeben, da sie durch die Hilfe eines Hundes Teile ihres Lebensalltages selbst bewältigen können. Dies führt wiederum zu mehr Sicherheit, Wohlgefühl, dem Fakt seine soziale Isolation verlassen zu

können und zu mehr Selbstbewusstsein und sozialen Kontakten, wodurch man sieht, dass auch technische und praktische Hilfeleistungen von Tieren eng mit einem körperlichen, psychischen und sozialen Nutzen verbunden sind (vgl. Hornsby 2000, S. 4).
Jagdhunde helfen Jägern seit jeher beim Zusammentreiben von Wild oder zum Beispiel beim Aufspüren von Tieren aus ihren Bauten. Teilweise und vereinzelt gibt es in Deutschland auch noch genutzte und speziell abgerichtete Hirtenhunde, die u.a. Schafe und Ziegen zusammentreiben und bewachen. Katzen halten vor allem auch heute noch in ländlichen Gebieten Ratten und Mäuse von Grundstücken ihrer Besitzer fern. Dabei wird ihr natürlicher Jagdtrieb vom Menschen genutzt (vgl. ebd., S. 4).
Desweiteren soll noch erwähnt werden, dass zum Beispiel Polizeispürhunde (z. B. als Hilfe beim Auffinden von Drogen und vermissten Menschen), Schneespürhunde oder Rettungsschwimmhunde den Arbeitsalltag von etlichen Berufsgruppen, wie der Polizei, dem Bundesgrenzschutz, Sicherheitsdiensten oder der Berg- oder Wasserwacht, erleichtern können. Die Polizei setzt aber auch speziell ausgebildete Schutzhunde im Dienstalltag ein. Diese Hunde werden z. B. genutzt, um Veranstaltungen von prominenten Politikern etc. zu schützen oder kommen bei Demonstrationen mit ihren Hundeführern (von der Polizei) zum Einsatz (vgl. Meyer 2003, S. 429f.).

3.2 *Die kindliche Entwicklung im Hortalter und mögliche Auswirkungen eines Hundes auf Kinder*

Neben den in Punkt 3.1 des Buches formulierten allgemeinmenschlichen Grundbedürfnissen, Zielen und inneren Voraussetzungen, wie ein Streben nach Gesundheit, Harmonie, sozialer Anerkennung, Integration und vielem mehr, haben alle Kinder, egal wo sie aufwachsen, nach Greiffenhagen/Buck-Werner zusätzlich kindtypische Grundbedürfnisse. Sie besitzen einen starken Bewegungsdrang,

> *„wollen rennen, hüpfen und toben, auch in der Stadt. Sie spielen gern in der Natur und mit natürlichen Dingen; sie reagieren sehr lebhaft auf einen >Rest von Natur< in der Stadt, der ihnen erlaubt, Wind, Sonne und Regen zu erleben, der es möglich macht, Erde, Wasser, Pflanzen und Tiere zu beobachten, zu riechen, zu hören, anzufassen."*
>
> (Greiffenhagen/Buck-Werner 2007, S. 69)

Ebenso besitzen Heranwachsende eine gewisse natürliche Neugier und wollen ihre Umgebung im Spiel entdecken und erlebte Dinge verstehen. Kinder brauchen deutliche Leitlinien bezüglich Werten sowie Normen, die Erwachsene ihnen geben. Dies soll in einem Gleichgewicht *„zwischen einer Erziehung zu Freiheit und Selbstbestimmtheit auf der einen Seite, Bindung und Verantwortung auf der anderen [Seite]"* (ebd., S. 69; Umstellung: J. J.) geschehen. Die Heranwachsenden wollen mit anderen Kindern sowie Erwachsenen kommunizieren. Sie beabsichtigen aktiv an Lebensgestaltungsprozessen teil zu nehmen und je nach ihren Möglichkeiten und Neigungen sich daran zu beteiligen. Kinder möchten in ihrem Handeln Mit- und Selbstbestimmungsstrukturen erhalten, wollen sich weiter entwickeln, um nach und nach selber Verantwortung für ihre Handlungen zu übernehmen. Sie wollen ihre Aktionsräume ausweiten, von einem sicheren vereinnahmten Raum tasten sie sich immer weiter in andere neue Räume vor, z. B. von der Wohnung, in der sie mit ihren Eltern leben zur Straße, zum Spielplatz, zum Stadtteil und schließlich zur gesamten Stadt. Dabei besitzt jeder Aktionsraum eine Wirkung für das Kind und seine Entwicklung (vgl. Greiffenhagen/Buck-Werner 2007, S. 69).
Um diesen Bedürfnissen von Kindern in ihrer Entwicklung und Sozialisation gerecht zu werden, können alltäglicher Tierkontakt und Tierhaltung aber auch tiergestützte Interventionsprogramme helfen. Wie und warum Tiere, hier speziell Hunde, sie als Medium der Freude, des Spaßes und der Gesundheit, als Gefährte und „Co-Pädagoge" unterstützen können, soll in den nachfolgenden Textpassagen anhand der kindlichen Entwicklung im Hortalter erklärt und begründet werden.
Im Alter zwischen 6–10 Jahren, in einigen Bundesländern Deutschlands bis zum 12. Lebensjahr, besucht ein großer Teil von Kindern nach der Grundschule den Hort zwischen 12 und 17 Uhr. In diesem Alter muss ein Kind unzählige Aufgaben und Krisen bewältigen. Denn die Lern- und Lebensorte Schule und Hort tragen neue Ansprüche sowie Herausforderungen an dem Heranwachsen heran, mit denen er/sie kognitiv, emotional und psychosozial zurechtkommen muss. Zum Beispiel die Notwendigkeit der Einordnung in einen Klassenverband vormittags bzw. in eine Hortgruppe nachmittags sind Beispiele dafür. Ein Kind hat sich in dieser Zeit zugleich auch mit neuen Autoritäten wie Erziehern, Lehrern etc., aber auch mit neuen Gruppenmitgliedern sozial auseinander zu setzen. In der Schule kommen nebenher noch neue Prüfungsanforderungen und teilweise erste Versagenserfahrungen dazu, die ein Kind stressen und innerlich beschäftigen können (vgl. Greiffenhagen/Buck-Werner 2007, S. 77).

Der alltägliche Hortalltag bringt während des Lebens, Lernens und Spielens u.a. Kommunikations-, Konflikt- und Einigungsprozesse zwischen den Kindern, aber auch zwischen ihnen und Erwachsenen hervor, denn hier treffen verschiedene Charaktere, individuelle Bedürfnisse, unterschiedliche Entwicklungsstände sowie unterschiedliche Meinungen sowie Erfahrungen aufeinander. Alle Erfahrungen, die ein Kind in dieser Zeit neben den familiären- und Lebensumfeld macht, z. B. im Eingehen sozialer Beziehungen oder in Erziehungs-, Bildungs- und Selbstbildungsprozessen innerhalb von Bildungs- und Erziehungseinrichtungen, tragen zum Zustand seines altersgemäßen Entwicklungsstandes, seiner Stimmung und seiner Persönlichkeitsformierung bei. In der Kindheit wird nach und nach der Grundstein für spätere Bewältigungsmechanismen gelegt, welche an spezifische Lernerfahrungen gebunden sind. Im Hortalter vollziehen sich wichtige Entwicklungsschritte auf der kognitiven, körperlichen, emotionalen sowie psychosozialen Ebene. Dabei stehen alle diese Entwicklungsebenen mit einander in Wechselbeziehung und sind nicht getrennt voneinander zu betrachten.
Im Hortaltalter bildet sich langsam auch das Selbstkonzept der Kinder aus. Daneben entwickeln sich gleichzeitig die Fähigkeit der perspektivischen Einfühlung in andere und die Möglichkeit von vermehrt erfahrbaren Schuld- sowie Schamgefühlen. Ungefähr mit sieben Jahren beginnen Kinder, sich die Art des sozialen Vergleichs mit anderen als Hilfe zur Selbstdefinierung heranzuziehen. Dabei sind Aussagen wie „Ich kann schneller rechnen und hüpfen als mein Freund“ nicht selten. Vorher im Alter zwischen ungefähr zwei bis fünf Jahren existiert bei den Kindern nur ein kategoriales Selbst. Ihre eigene Beschreibung reicht in dieser Zeit, orientiert an äußeren Merkmalen, bis zu sich langsam ausprägenden Attributionen (Beispiele: „Ich habe lange Haare./Ich bin die Schwester von meinem Bruder./Ich bin traurig.“). Noch in der ersten und zweiten Klassenstufe ist die Selbsteinschätzung vieler Kinder wenig realistisch, gemessen an ihren Fähigkeiten. Ein Jahr später ändert sich das dann langsam. Es werden hier Erfahrungen von Selbstwirksamkeit gemacht und ein Kind kann langsam seine Fähigkeiten, d.h. sein Kompetenzniveau, realistischer einschätzen. Das Selbstwirksamkeitsbild und das damit zusammenhängende Selbstbild werden beeinflusst durch Erfahrungen mit anderen, Rückmeldungen aus der kindlichen Lebens-, Lern- und Spielwelt und ein verstärkter sozialer Vergleich treten ebenso hinzu. Die Kategorien der Rückmeldung von anderen beeinflussen, wie die Handlungen eines Kindes, in ihm eine Bedeutungszuschreibung und werden von ihm verinnerlicht. Verschiedene Attributionsstile sind ab dem 8.

Lebensjahr schon als relativ fest bei den meisten Kindern nachzuweisen (vgl. Krebs (UdK-Berlin) 2007).
Negative soziale Zuschreibungen aufgrund äußerer Merkmale, Stigmatisierungen und sich verfestigende Etikettierungen, aufgrund der Nichtbefriedigung der Erwartungshaltung anderer (Eltern, Mitschüler, Gruppenmitglieder, Erzieher, Lehrer) oder aufgrund nicht erwünschten Verhaltens der Kindern sind im Alltag aber auch in sozialen Einrichtungen immer wieder zu beobachten. Der soziale Vergleich, in Form von Noten und Bewertungen der Lehrer, beginnt im Grundschulalter. Negative Rückmeldungen und Sanktionen aus der Umwelt können zwar auf Fehlverhalten usw. hinweisen und Anreiz zum Nachdenken über eigenes Verhalten geben, sie können aber auch Angespanntheit, Traurigkeit und Gefühle der Nichtdazugehörigkeit im Kind entstehen lassen. Das kann Kinder verunsichern und sich negativ auf das Selbstwertgefühl und schließlich das Selbstbild auswirken. Im schlimmsten Fall können solche Situationen Vermeidungsverhalten und starke Ängste bei Kindern mit sich bringen.
In einer Interaktion mit einem Hund kann ein Kind (aber auch ein Erwachsener) durchaus Ängste (zum Beispiel etwas Falsches zu sagen), soziale Rückzugstendenzen und eine minderwertige Selbsteinschätzung abbauen. Die nonverbale Kommunikation (analog durch Mimik, Gestik, Stimmlage) mit einem Hund als Freund und Gefährte trägt deutlich weniger Störungspotential in sich als die zwischen zwei Menschen. Menschen sind fähig, analog, aber vor allem auch digital (Kommunikationsinhalte nach Regeln von Satzbau und Logik festgelegt) miteinander zu kommunizieren, was zwischen ihnen oft zu Diskrepanzen führt, weil verbal andere Signale als auf der nonverbalen Ebene ausgesendet wurden. Tiere, wie Hunde, nehmen nur analoge Signale wahr und antworten auf sie (vgl. Olbrich 2003, S. 84ff./vgl. Bergler 1986, S. 51).
Ein Hund trägt keine rational gelenkten und versteckten Intentionen in sich, die oft innerhalb der Mensch-zu-Mensch-Kommunikation zu finden sind. Ein Hund kommuniziert durch seine deutliche Körpersprache aufrichtig und offen mit Menschen. Die Hund-Mensch-Kommunikation ist daher freier von Störungsquellen, wie z. B. Missverständnissen oder falscher Wortwahl. Die nonverbale Kommunikation zwischen Kind und Hund kann Heranwachsenden Sicherheit, eine vertraute Atmosphäre und Selbstwerterhöhung schenken (vgl. Bergler 1986, S. 51).
Dazu akzeptieren Tiere Kinder bedingungslos. Egal, wie sie sind, sozial zugeschriebene Eigenschaften und Bewertungen erfahren sie durch Tiere nicht. Sie werden durch sie bedingungslos angenommen und geliebt und

dies zeichnet die Güte sowie Freude aus, die von Tieren auf sie ausgehen kann (vgl. Endenburg 2003, S. 123).

So können z. B. ein regelmäßig eingesetzter Hund im Hort und zugelassene Einzelbeschäftigungen mit dem Tier, aber auch Haustiere zu Hause, einer oben beschriebenen negativen Selbstbild- und Selbstwertentwicklung durch die erfahrbare Annahme durch den Vierbeiner entgegen wirken. Durch seinen Trost und die positiven Erfahrungen im Umgang mit ihm, kann er dem Kind positive Rückmeldungen geben. Jeder durch das Kind angeordnete und vom Tier ausgeführte Befehl kann dem Kind ebenfalls ein Stück Freude, Bestätigung und Vertrauen in eigene Fähigkeiten zurückgeben (vgl. Nestmann 1994, S. 71).

Auch kann ein Hund eine Art sozialer Vermittler zwischen Kindern darstellen, die vorher wenig Zugang zueinander hatten, wenn sie im Spaß und in der gemeinsam erlebten Freude mit dem Tier Erfahrungen teilen können und dem Erzieher oder Eltern begeistert davon berichten wollen. Diese kommunikations- und sozialitätsfördernde Wirkung von Hunden wies schon Messent in seinen Kontaktstudien nach (vgl. Messent 1983, S. 37–47).

Jean Piaget, als einer der berühmtesten und einflussnehmenden Entwicklungspsychologen der Geschichte, ging davon aus, dass kognitive altersgemäße Reifungsprozesse (dazu zählen die Denk-, Konzentrations-, Aufmerksamkeits- und Wahrnehmungsfähigkeit) nur durch eine Interaktion mit der Umwelt sowie durch eine aktive Auseinandersetzung mit ihr entstehen können. Soziale Erfahrungen mit anderen Menschen, im Kindesalter vor allem mit Gleichaltrigen, entstehend durch das Zusammensein von Kindern beim Spielen und Lernen sowie durch wechselseitiges Geben und Nehmen, sind ausschlaggebend für die Entwicklung von Verständnis für und Wissen über die Welt (vgl. Mietzel 2007, S. 79ff.). In Piagets sozial-kognitivem Entwicklungsansatz entstand ein Vier-Phasenmodell für die kindliche kognitive Entwicklung. Am Anfang des Hortalters zwischen dem 6. und 7. Lebensjahr betritt ein Kind die Phase der konkreten Operationalisierung. Darin kann das Kind langsam mit konkreten Objekten und Denkinhalten logisch umgehen. Dieses logische Denken funktioniert teilweise aber nur, wenn es mit konkreten Gegenständen der kindlich erfahrenen Wirklichkeit verknüpft wird. Das heißt, ein Kind versteht Dinge besser, die ihm begegnen und die es nur im Zusammenhang mit einer aktiven handlungsorientierten Auseinandersetzung mit der Umwelt, unter Einbezug sinnlich erfahrbarer Objekte, lernt (vgl. Mietzel 2007, S. 95).

Das bedeutet für Erziehungs-, Bildungs- und Selbstbildungsprozesse, dass Lerninhalte kindgerecht veranschaulicht werden müssen, um Dinge

zu begreifen und besser zu verarbeiten. Im Bezug auf eine tier- bzw. hundgestützte Erziehung und Bildung bedeutet dies, dass zum Beispiel Kinder über den direkten Umgang und Kontakt mit dem Tier viel besser begreifen können, was es u.a. heißt einen Hund richtig zu bürsten. Wenn sie Dinge selbst bewerkstelligen, prägen sich Lerninhalte viel besser ein. Auch der richtige Umgang mit einem Hund im Straßenverkehr lässt sich konkret am Beispiel verschiedener Situationen auf der Straße, zusammen mit Kindern und Hund, praktisch üben. Sie verstehen mitunter in der Phase der konkreten Operationalisierung erst, was z. B. eine Umgangsregel mit einem Hund bedeutet, wenn sie zum Beispiel eine Reaktion des Hundes aufgrund ihres Verhaltens erleben. Ruhiges klares Aussprechen von Befehlen als Umgangsregel kann manchmal auch über eine nicht erwünschte Reaktion des Tieres direkt über das Objekt Hund begriffen werden. Zieht sich ein Hund von einer Kindergruppe während eines extrem hohen Lautstärkepegels zurück oder reagiert nicht auf Instruktionen, was er doch sonst tut, kann dies konkret erfahrbar für Kinder bedeuten, dass die Lautstärke dem Hund mit seinen empfindlichen Ohren nicht gut tut. Dabei ist es aber auch die Aufgabe eines Pädagogen oder der Eltern zu intervenieren und Reflexionsprozesse bei den Kindern bezüglich des Verhaltens des Tieres anzuregen, um sich in Zukunft artgerechter zu verhalten. So lernen die Kinder ebenso, sich in ein anderes Lebewesen hineinzuversetzen.
Im Übergang zur Phase der konkreten Operationalisierung mit dem sechsten bis siebten Lebensjahr verliert ein Kind, nach Piaget, die Eingrenzung seines egozentrischen Denkens, es ist kognitiv in der Lage, sich in ein Gegenüber hineinzuversetzen. Das heißt, dass die Fähigkeit der Perspektivübernahme entsteht. Mit jemand anderen angemessen mitfühlen zu können (Empathie zu haben), sich in seine Lage zu versetzen, ist ein wichtiges Kriterium für ein gelingendes menschliches Miteinander (vgl. Hall 1970, zit. in: Mietzel 2007, S. 93.).

> *„Mitmenschliche Konflikte entstehen vor allem, wenn die Beteiligten wenig Bereitschaft zeigen, die Sichtweise anderer mit in eigene Überlegungen einzubeziehen."*
>
> (Chalmers/Townsend 1990, zit. in: Mietzel 2007, S. 94f.)

Die Aufgabe von Eltern aber auch Pädagogen ist es die Entwicklung sozialer Kompetenzen, wie zum Beispiel Mitgefühl und Kommunikationsfähigkeiten, voranzutreiben (vgl. Sächsisches Staatsministerium für Soziales 2007, (soziale Bildung) S. 1/S. 3). Dabei kann ein Hund zu Hause aber auch innerhalb der tiergestützten Pädagogik große Dienste und soziale Unterstützung (Social-Support-Theorie) leisten, indem die Heranwachsenden lernen, sich in Reaktionen des Tieres beim Umgang und Spiel hineinzuversetzen, seine natürlichen spontan gezeigten artgerechten Grenzen zu akzeptieren, sich dadurch aber auch selbst Grenzen im Verhalten aufzuerlegen und dem Tier mit Verständnis und Gelassenheit zu begegnen.

In der oben genannten, konkret operanten Phase entsteht auch das Verständnis für Mengen (im mathematischen Sinne) von Flüssigkeiten, Massen und Flächen. Es entwickelt sich hier ein Invarianz Verstehen, wobei ein Kind begreift, dass z. B. durch das Umschütten einer Wassermenge von 200 ml aus einem schmalen langen Gefäß in ein flaches Breites, die Wassermenge dabei erhalten bleibt (vgl. Mietzel 2007, S. 95f.).

Um das Umgehen mit Mengen zu üben, eignet sich ein Hund ebenfalls. Zum Beispiel kann durch das Abmessen bestimmter Wasser- und Futtermengen für die Tagesration eines Tieres oder durch das Schätzen des Gewichtes vor dem Wiegen von einem kleinen oder großen Hund, das Mengenverständnis bei Kindern geschult werden.

Über die gemeinsame regelmäßige Pflege und Versorgung eines Hundes in einer Gruppe (auch einzeln), in Form von Fellbürsten, Ohrenreinigen, einem Flohhalsband anlegen, gesunde Hundekekse backen und dem Hund regelmäßig genügend Auslauf zu gewähren, kann so ein Tier über initiierte Reflexionsprozesse von Erwachsenen ermöglichen, dass Kinder auch bewusster und gesundheitsfördernder mit ihrer eigenen Hygiene, ihren Bewegungs- und Lebensgewohnheiten umgehen und diese spielerisch überprüfen (vgl. auch Nestmann 1994, S. 71).

Im Kindesalter allgemein ist es wichtig neben psychosozialen und kognitiven Fähigkeiten auch sensomotorische zu fördern. Hierbei stehen neben der Förderung der Wahrnehmung über alle Sinne auch das Eingehen auf Muskulatur und den Bewegungsapparat sowie auf den Koordinierungs- und Gleichgewichtssinn im Vordergrund. Genügend Bewegung an der frischen Luft wirkt auch Übergewicht bei Heranwachsenden entgegen. Ein junger Hund zum Beispiel spielt, rennt und tobt genauso gern wie Kinder. Geeignete Hunde lassen sich gern in Renn- oder Suchspiele, aber auch in Koordinierungsspiele und Gleichgewichtsübungen integrieren (z. B. über das gemeinsame Bewältigen eines Hindernisparcours mit dem Hund) (vgl. Agsten 2009, S. 142).

Aber dazu folgen genauere Erklärungen im vierten Kapitel dieser Arbeit, in dem konkrete praxisrelevante und hundgestützte Vorschläge für pädagogische Aktivitäten, bezüglich verschiedener Förderbereiche gemäß des Sächsischen Bildungsplanes für Kindertageseinrichtungen, beschrieben werden sollen.

4 Eine hundgestützte Pädagogik im Hort mit Orientierungsschwerpunkt am Sächsischen Bildungsplan für Kindertagesstätten

Das vorliegende Kapitel beschäftigt sich vor allem damit, wie eine hundgestützte Pädagogik im Hort umgesetzt werden kann, unter besonderer Berücksichtigung von (Selbst)bildungs- und pädagogischen Entwicklungszielen für Hortkinder, mit Orientierungsschwerpunkt am Sächsischen Bildungsplan für Kindertageseinrichtungen.
Für jeden Bildungsbereich des Sächsischen Bildungsplanes[11] werden innerhalb der einzelnen nachfolgenden Kapitel ganzheitliche Richtungsziele für die Förderung von Hortkindern herausgearbeitet, die dann im weiteren Verlauf mit Vorschlägen für die Umsetzung einer hundgestützten Pädagogik im Hortwesen verknüpft werden. Gemäß der (Selbst) Bildungs- und pädagogischen Entwicklungsziele sollen für jeden Bildungsbereich zwei bis drei Vorschläge für die konkrete Praxisumsetzung beschrieben werden. Diese hier genannten Praxisvorschläge habe ich mir selbst innerhalb der tiergestützten pädagogischen Praxisarbeit erdacht, ausprobiert und auf ihre Funktionsweise geprüft. Es ließen sich noch viel mehr finden, jedoch soll eine Begrenzung auf maximal drei stattfinden, um den Rahmen der Arbeit nicht zu überschreiten.

> *„Bildung meint [im Rahmen der Bildungsplananalyse] den in einem Kind vonstatten gehenden Lernprozess, der in der eigenständigen Auseinandersetzung mit der Welt und sich selbst darauf gerichtet ist, seine Persönlichkeit zu entfalten und selbstbestimmt handeln zu lernen."*

(Küls/Moh/Pohl-Menninga 2006, S. 166; Einfügung: J. J.)

Selbstbildung meint hier einen demokratischen und ganzheitlichen stattfindenden Lernprozess, unter dem Einsatz und der Förderung aller kindlichen Sinne. Selbstbildung impliziert auch, dass Kinder selbst ihre eigene individuelle Entwicklung mitgestalten im sozialen Miteinander mit anderen, denn Bildung in Kindertageseinrichtungen geschieht oftmals innerhalb sozialer Kontexte, in denen sich das Kind mit anderen Grup-

---

11 Laut Bildungsplan findet der Leser dort einen somatischen, sozialen, kommunikativen, ästhetischen, naturwissenschaftlichen sowie mathematischen Bildungsbereich.

penmitgliedern und Erziehern aktiv auseinandersetzt und in denen Verständigungs- und Einigungsprozesse über gemeinsam erlebte Dinge stattfinden.
Selbstbildungsprozesse sind hier auch als konstruktive Vorgänge zu erfassen, in denen sich jedes kindliche Individuum aktiv sein eigenes Welt- sowie Selbstverständnis aufbaut. Selbstbildung ist stets ein individueller, vom Kind abhängiger Prozess, der von kindlichen Vorerfahrungen, Vorlieben, Wünschen und einem bestimmten Vorwissen abhängig ist, da jeder Mensch seine eigene Lerngeschichte aufweist. Von dieser ausgehend entscheidet sich, wie der kindliche Bildungsprozess weiter von statten geht, wofür sich das Kind interessiert und welchen Themen es sich mit kindlicher Neugier zuwendet (vgl. Küls/Moh/Pohl-Menninga 2006, S. 164ff.).
Diese sozialen Beziehungen, die vom Kind innerhalb von Lebens- und Lernprozessen zu anderen Kindern, aber auch zu pädagogischen Fachkräften eingegangen werden, sollen mit Vertrauen, sozialer Anerkennung und gegenseitigen Respekt ausgefüllt sein (vgl. Sächsisches Staatsministerium für Soziales 2007, (Grundlagen) S. 10f./vgl. Küls/Moh/Pohl-Menninga 2006, S. 164).
Horte haben neben anderen Kindertageseinrichtungen einen rechtlichen Auftrag, dort angemeldete Kinder zu betreuen, zu erziehen und ihnen (Selbst)Bildungsmöglichkeiten bereitzustellen (vgl. Sächsisches Staatsministerium für Soziales 2007, (Einleitung) S. 10).
Dabei sollen Kindern altersgerechte Spiel-, Experimentier- und Lebensräume angeboten werden, in denen sie unterstützt werden, sich weiter zu entwickeln, sie sich spielerisch selbst neue Kompetenzen anzueignen und sich ausprobieren zu können. Hier soll auch die Möglichkeit der Aktivierung verborgener Ressourcen bei Kindern (im Bezug auf Fähigkeiten und Fertigkeiten) begrüßt werden sowie sich altersgemäß die Welt anzueignen können (vgl. Sächsisches Staatsministerium für Soziales 2007, (Grundlagen) S. 1–24).
Man darf nicht vergessen, dass die kindliche Entwicklung, gekoppelt an Bildungs- und Selbstbildungsprozesse, ein komplexes System darstellt, in der alle Bildungsbereiche auf dem Papier und auch im praktischen Leben miteinander verbunden sind und sich die erworbenen Fähigkeiten und Fertigkeiten von Kindern wechselseitig bedingen, in ihrer Ausbildung voneinander abhängen und miteinander zusammenhängen. Zum Beispiel ist genügend Bewegung für ein Kind wichtig, damit die *„Entwicklung kognitiver, emotionaler, interaktiver, sozialer und sprachlicher Fähigkeiten"* (Sächsisches Staatsministerium für Soziales 2007, (somatische Bildung) S. 6) angeregt wird und von statten geht.

Dabei spielt es unter dem Gleichbehandlungsgrundsatz und der Chancengleichheit keine Rolle, wie alt Kinder sind, welchem Geschlecht sie angehören, wo ihre soziale und ethnische Herkunft liegt und in welche Religionsgemeinschaft sie eingebunden sind. Alle Kinder sollen sich altersgemäß entwickeln können und gefördert werden, unabhängig von ihren Erfahrungen im Leben und unabhängig davon, ob sie körperliche oder psychische Eigentümlichkeiten aufweisen (vgl. Sächsisches Staatsministerium für Soziales 2007, (Einleitung) S. 11).
Der Sächsische Bildungsplan soll pädagogischen Fachkräften themenbezogen und methodisch ein Orientierungsinstrumentarium bei ihrer Arbeit mit Kindern sein (vgl. ebd., (Grundlagen) S. 1).
Im Punkt drei des Buches wurden zahlreiche physiologische, psychologische und soziale Hilfeeffekte von Tieren auf den Menschen beschrieben. Eine Vielzahl dieser Wirkungen von Tieren bieten sich an, um Kinder in ihrer Entwicklung fördern zu helfen. Auch pädagogische Fachkräfte können sich diese hilfreichen Tiereffekte, z. B. von Hunden, nutzbar machen, indem der Hortalltag durch ein oder mehrere Tiere sinnvoll unterstützt bzw. begleitet wird (im Sinne der Social-Support-Theorie/ Punkt 3.1). Doch mit welchen Aufgaben und welcher Funktion kann z. B. ein Hund im Hortalltag eingesetzt werden?
Dabei kann das Tier einerseits durch seine bloße Anwesenheit im Raum bei Erziehungs-, Bildungs- und Selbstbildungsprozessen Kinder entspannen, die Lern- und Spielatmosphäre in Gruppen auflockern, Kindern Schutz- und Sicherheitsgefühle ermöglichen und als „Eisbrecher" eingesetzt werden, um auch Heranwachsende, die sozial schwer zugänglich sind, über ihre Begeisterung für den Hund für Spiele und Lernaufgaben zu aktivieren. Diese ähnlichen Effekte und tierischen Funktionen stellte einst auch Levinson in therapeutischen Erfahrungen mit Kindern und Hunden fest und nutzte sie in seiner hundgestützten Kinderpsychotherapie (vgl. Levinson 1962, S. 60f.).
Messent stellte durch seine Kontaktstudien in Großbritannien heraus, dass anwesende Hunde sich bei sich begegnenden Spaziergängern sozialitäts- und kommunikationsfördernd auswirkten und die Kontaktaufnahme zueinander über ein Tier erleichtert schien (vgl. Messent 1983, S. 37 ff.).
Ein Hund kann auch im Hort für ausreichend Gesprächsstoff sorgen, vor allem durch gemeinsam erfahrbar gemachte tiergestützte Aktivitäten mit Kindern, die sonst wenig Kontakt zueinander innerhalb vom Gruppengeschehen haben.
Auf der anderen Seite kann so ein Tier selbst ein Lernmedium bzw. Anschauungsobjekt sein, über das Kinder Wissen über hundetypische Ei-

genschaften erlangen, es im Hortalltag und beim Spiel beobachten und mehr über den artgerechten Umgang mit ihm erfahren sowie lernen. Im aktiven Üben eines artgerechten Umganges mit einem Hund, z. B. im Versorgen mit Wasser und Futter sowie durch die regelmäßige Fellpflege des Tieres, können sich Kinder ebenso in Fürsorglichkeit üben, Verantwortung übernehmen und erste positive Selbstwirksamkeitserfahrungen im richtigen Umgang mit dem Tier machen.
Ein Tier setzt den Kindern oft auch Grenzen, denn es ist an manchen Tagen schnell ermüdbar und von seinem Befinden abhängig nicht immer gleich gelaunt. Dann möchte es in Ruhe gelassen werden, reagiert nur sehr träge auf Befehle oder ignoriert manchmal sogar Kinder, wenn sie zu viel an Aktivität von ihm hintereinander abverlangen. In solchen Situationen setzt ein Tier Kindern sanft Grenzen, die unerfahrene Kinder oft erst einmal verunsichert oder manchmal sogar wütend oder ungeduldig macht. Wenn sie aber lernen, sich in Empathie mit dem Tier zu üben, es mit Respekt zu behandeln und seine Grenzen zu akzeptieren, ist man u.a. dem pädagogischen Ziel der Ausbildung psychosozialer Kompetenzen bei Kindern schon einen großen Schritt näher gekommen.

4.1 Somatische Bildung[12] und hundgestützte Pädagogik

Der erste Bildungsbereich ist der somatische und er beinhaltet Bildungselemente, welche die Gesundheit von Kindern, ihren Körper und ihre Bewegung betreffen, die miteinander zusammenhängen. Dieser Bildungsabschnitt nimmt alles in seinen Fokus, was sich mit der körperbezogenen Gestaltung des kindlichen Alltages befasst. Bildungs- und Selbstbildungsthemen wie *„Körperpflege, Hygiene, Körperhaltung, Bewegung, Kleidung, Ernährung, Sexualität und Gesundheit"* (Sächsisches Staatsministerium für Soziales 2007, (somatische Bildung) S. 1) gehören dazu. Eine gesundheitsfördernde Lebensweise bei Kindern anzuregen und sie mit ihnen gemeinsam zu leben, ist hier Ziel. Dabei wird der kindliche Körper als Element verstanden, welches Welt- sowie eine Selbsterfahrung für sie möglich macht. Oberste Ziele für den somatischen Bildungsbereich sind das Anstreben, Erzeugen sowie Erhalten von Gesundheit und Wohlgefühl bei Hortkindern. Dabei sollen Kinder auf Situationen im Hortalltag treffen, in denen sie sich angenommen, integriert und wohl-

---

12 Die Quelle [vgl. Sächsisches Staatsministerium für Soziales 2007, (somatische Bildung) S. 4–20] bezieht sich auf den gesamten nachfolgenden Text für den somatischen Bildungsbereich. Direkte Zitate werden separat angegeben.

fühlen können, in denen sie so sein können, wie sie sind, entspannt entdecken, lernen, spielen und Freude erleben können. Außerdem sollen Kinder einen Sinn in dem sehen, was sie tun und das Gefühl erleben, kind- und altersspezifische, institutionsbezogene sowie gesellschaftliche Anforderungen bewältigen zu können (vgl. Antonovsky 1997 zit. in: Sächsisches Staatsministerium für Soziales 2007, (somatische Bildung) S. 2).
Somatische Erziehungs-, Bildungs- und Selbstbildungsziele sind folgende:

Ziel 1: Kinder im Hortalter trainieren ihre sensomotorischen Fähigkeiten und entwickeln diese weiter.

Das geschieht u.a. über die Anregung aller Sinne (Sehsinn, Tastsinn, Hörsinn, Riechsinn, Geschmackssinn) im Körper, mit denen sie die Welt um sie herum wahrnehmen.

Ziel 2: Kindern im Hort werden ausreichend Bewegungsräume bereitgestellt und sie erhalten genügend Bewegung an der frischen Luft.

Die Heranwachsenden können hier verschiedene Bewegungsarten zum Training von Muskelgruppen und zur Koordination sowie zur besseren kognitiven Verarbeitung ausführen (hüpfen, laufen, rennen etc.) (vgl. AGETHUR 2003, zit. in: Sächsisches Staatsministerium für Soziales 2007, (somatische Bildung) S. 6). Durch Bewegung, in Form von sinnvollen Bewegungsspielen, können im Kind emotionale und körperliche Spannungszustände abgebaut werden.

Ziel 3: Ebenso sollen Reaktionsvermögen und Gleichgewichtssinn, z. B. durch Bewegungsspiele trainiert werden.

Ziel 4: Kinder bekommen im Hortalltag genügend Erholungs- bzw. Entspannungsmomente und lernen Entspannungsrituale kennen als Balance zu Lern- und Spielmomenten, in denen sie aktiv sind, um sich von körperlichen, psychosozialen und kognitiven Anstrengungen, aber auch vom Schulalltag zu regenerieren.

Kinder sollen einen Sinn in ausreichender Bewegung und Erholung sehen können und z. B. erfahren, dass sie mit regelmäßiger Bewegung

Übergewicht vermeiden können. Dazu muss mit ihnen darüber gesprochen werden und positive Reflektionsmomente durch das pädagogische Personal integriert werden.

Ziel 5: Kinder testen ihre eigenen körperlichen Fähigkeiten gefahrenlos aus, damit Kinder ein Gefühl für ihren eigenen Körper und ihre Fähigkeiten bekommen (z. B. „Wie schnell kann ich rennen?").

Ziel 6: Kinder lernen grundlegende alltägliche Hygienemaßnahmen kennen und habitualisieren, z. B. das Händewaschen vor dem Essen, nach dem Essen und dem Spielen draußen, um einen Hygienesinn und damit Wohlgefühl in ihnen zu fördern und Krankheiten zu vermeiden.

Ziel 7: Hortkinder lernen gesunde Nahrungsmittel kennen und richtig einschätzen, wie viel der eigene Körper an Nahrung braucht.

Im Hortalltag sollen dabei regelmäßige Zeiten für die Nahrungsaufnahme Platz haben. Dabei kann vitamin- und ballaststoffreiches Essen von den Kindern gemeinsam zubereitet werden und in einer entspannten Atmosphäre gegessen werden.
Dabei sollen sich Kinder Zeit dafür nehmen, um herauszufinden, wie etwas schmeckt und welche Nahrungsmittel sie bevorzugen, um Geschmackssinn zu trainieren und eigene Vorlieben bewusst wahrzunehmen.

Doch, wie kann nun diesen Erziehungs-, Bildungs- und Selbstbildungszielen, mittels einer hundgestützten Pädagogik, entsprochen werden? Die sensomotorischen Fähigkeiten von Kindern über die Anregung aller Sinne (Sehsinn, Tastsinn, Hörsinn, Riechsinn, Geschmackssinn) im Körper mit Hilfe eines Hundes zu trainieren und sie weiter entwickeln, kann man sich wie folgt vorstellen.

Am Beispiel des *Einbeziehens des Tieres in Wahrnehmungsübungen im Grünen* soll dies beschrieben werden.

Dabei kann der Hund selbst Wahrnehmungsobjekt sein, indem Kinder mit verbundenen Augen den Hund ertasten sollen, seinen Geruch mit der Nase wahrnehmen, versuchen zu hören, ob er Laute von sich gibt und diese wahrgenommenen Dinge anschließend mit eigenen Worten unter pädagogischer Anleitung beschreiben. Genauso lassen sich mit den Augen Schattierungen im Fell des Tieres sehen und beschreiben, individuelle Merkmale des eingesetzten Hundes, wie z. B. ein stehendes und ein hängendes Ohr oder eigenartige Bewegungsabläufe erkennen, die anschließend in einer Auswertung zwischen den Kindern besprochen werden können. Dabei kommen eventuell feine Wahrnehmungsunterschiede zwischen allen Beteiligten zum Vorschein, da die Wahrnehmung immer subjektiv verläuft. Durch die Palette unterschiedlicher Wahrnehmungen, bei allen Kindern in einer Gruppe, können diese voneinander profitieren und eventuell ihren Wahrnehmungshorizont erweitern. Ebenso lässt sich unter Begleitung eines Hundes auch der Geschmackssinn testen, indem Kinder mit einer Erzieherin zusammen ein Brombeerstrauch in einem Park oder auf der Wiese aufsuchen und die Kinder sowie der Hund unter Erlaubnis der Erzieherin[13] diese Beeren kosten dürfen und anschließend ihren Geschmack beschreiben.
Auch bei einem Spaziergang im öffentlichen Straßenverkehr ist es möglich, dass Hortkinder vorher die Aufgabe bekommen, zu beobachten, wie sich ihr Hund verhält, wenn er auf andere Hunde trifft. Dabei werden Wahrnehmungsstrukturen im Kind angeregt, es muss aufmerksam und konzentriert sein (kognitive Schulung) sowie Augen und Ohren im richtigen Moment einsetzen. Das Ganze als Lerneinheit macht noch mehr Sinn und Beobachtetes wird besser im Gedächtnis verarbeitet, wenn es danach mit den Kindern zusammen ausgewertet und besprochen wird oder als Anlass genommen wird, um eine Geschichte über das Zusammentreffen zweier Hunde zu schreiben oder ein Bild zu zeichnen. Damit regt man im Kind kognitive Verarbeitungsprozesse an und gleichzeitig können die Phantasie sowie sprachliche Fähigkeiten verbessert werden. Daran sieht man, dass in der Praxis verschiedene Bildungsbereiche (sozialer, kommunikativer und kreativ-ästhetischer Bildungsbereich) inhaltlich und in der praktischen Umsetzung dicht zusammen liegen und sich ergänzen.

---

13 Jene kennt diese Beeren ganz genau und belehrt die Kinder über ihre Beschaffenheit und über eventuelle Verwechslungsgefahren der Pflanze.

Ein weiteres Ziel ist es, dass Kindern im Hort ausreichend Bewegungsräume bereitgestellt werden müssen, dass sie genügend Bewegung an der frischen Luft erhalten.
Ebenso sollen Reaktionsvermögen und Gleichgewichtssinn, z. B. durch Bewegungsspiele, trainiert werden. Um diese Bildungsziele zu erreichen, lässt sich ein Hund ausgezeichnet in die Aktivitäten mit einem Kind oder einer Kindergruppe integrieren.

Das soll am folgenden Beispiel: *Spaziergänge an der frischen Luft mit dem Hund/Bewegungsspiele sowie Gleichgewichtsübungen mit dem Tier* erklärt werden.
Da ein Hund genügend und regelmäßigen Auslauf braucht, lassen sich Kinder über eine „Hundesafari" gern zusammen mit dem Tier zur Bewegung motivieren. Solch ein Ausflug lässt sich im Hortalltag auch mit Gruppen kurzfristig planen. Ein Spaziergang mit dem Hund, verbunden mit einer Entdeckungsreise in ein nahe gelegenes Naturschutzgebiet, einen Park oder auf eine Wiese, bei der, z. B., Gräser und verschiedene Steine gesammelt werden, ist eine ideale Aktion, um Kinder zu Bewegung an der frischen Luft zu motivieren. Gesammelte Naturmaterialien können außerdem noch, im Sinne der naturwissenschaftlichen Bildung, nach Eigenschaften bestimmt werden und im Bereich der ästhetischen Bildung, z. B. in der Anwendung beim Verschönern der Einrichtung, Platz finden.
„Hundejogging" ist eine weitere Möglichkeit, um Kindern Bewegung und Spaß zu ermöglichen und gleichzeitig dem Tier Auslauf zu gewähren. Dieses Vorhaben kann wie ein gemeinsamer Crosslauf auf dem Einrichtungsgelände oder in einem nahe gelegenen Park durchgeführt werden. Mit passender Kleidung und dem Hund an der Leine beginnt man gemeinsam mit der Gruppe zu joggen, mit der Option, als Gruppe zusammen zu bleiben. Derjenige, der den Hund führt, darf immer als erster an der Spitze der Gruppe joggen. Der Erzieher joggt, mit einer am Tier befestigten zweiten Sicherheitsleine, parallel mit. Hat man mit den Kindern gemeinsam gesteckte Ziele erreicht, motivieren gekühlte und wohltuende Getränke, wie Fruchtschorle im Rucksack des Erziehers, die Heranwachsenden und schaffen (positive) sinnliche Erlebnismomente sowie vielleicht den Wunsch, solch eine Aktion wieder einmal zu veranstalten. Der Hund darf dabei auch nicht vergessen werden und bekommt ebenso Wasser von den Kindern gegen seinen Durst gereicht. Das Kind begreift dadurch das Verantwortungsgefühl für das Tier und bekommt dies vom Hund und der Erzieherin anerkannt. Dieser Fakt tangiert den sozialen Bildungsbereich. Auch ein Wettlauf mit dem Hund kann als

Staffellauf für verschiedene Mannschaften veranstaltet werden. Die Person, die gerade für eine Mannschaft läuft, macht dies zusammen mit dem Hund. Dabei bilden Hund und Kind gemeinsam ein Paar. Das Kind ist für den Hund verantwortlich, übt sich gleichzeitig in Schnelligkeit, Koordination und Aufmerksamkeit.
Auch hundgestützte Balancierübungen auf einem Balken sind zum Training des Gleichgewichtssinnes sinnvoll. Dabei führt das Kind auf dem Balancierbalken den Hund behutsam unterhalb mit sich und motiviert ihn zum Weiterlaufen. Auch hier sind beide Partner. Hat ein Kind das Hindernis mit dem Hund zusammen überwunden, erfährt es Selbstwirksamkeitserfahrungen und Stolz auf sich selbst. Bei dieser Aktion sollte der Erzieher aber stets aus Sicherheitsgründen und zur Verminderung von Verletzungsgefahren am Balancierbalken mitlaufen, so dass er im Notfall eingreifen kann.

4.2 Soziale Bildung[14] *und hundgestützte Pädagogik*

Im Prozess sozialer Erziehung, Bildung und Selbstbildung im Hort kristallisieren sich zwei verschiedene Betrachtungsweisen hervor. Auf der einen Seite steht die Unterstützung der Entwicklung des Kindes mit seiner individuellen Persönlichkeit durch pädagogisches Fachpersonal (unter eventueller Verwendung von Fremdhilfen, wie z. B. eines Hundes) im Vordergrund. Andererseits soll sich bei Kindern im Laufe ihrer Entwicklung ein sozialer (sozial verträglicher) Charakter entwickeln, welcher sich an gemeinsamen Normen und Werten oder Rollenverständnissen orientiert, *„die Mitglieder einer Gesellschaft oder Gemeinschaft miteinander teilen."* (Sächsisches Staatsministerium für Soziales 2007, (soziale Bildung) S. 2)
Zum Faktum Persönlichkeit ist zu sagen, dass Persönlichkeitselemente *„überdauernde Formen des Wahrnehmens, der Beziehungsmuster und des Denkens, und zwar jeweils im Hinblick auf die Umwelt und sich selbst"* (Bronisch 1996, S. 46) sind.
Andererseits hängt die Entwicklung des sozialen Charakters eines Kindes mit Interaktionsprozessen in sozialen Beziehungen, die mit anderen eingegangen werden, zusammen. Diese Entwicklung kann nur von stat-

14 Die Quelle [vgl. Sächsisches Staatsministerium für Soziales 2007, (soziale Bildung) S. 1–18] bezieht sich, u.a. auf den gesamten nachfolgenden Text für den sozialen Bildungsbereich. Direkte Zitate und Zitate aus zweiter Hand werden separat angegeben.

ten gehen, wenn Kinder Vertrauen zu anderen und in die Welt, in der sie leben, erfahren können, um Sichtweisen anderer Menschen einnehmen zu können. Sie müssen sich auch aktiv an sozialen Interaktionsprozessen beteiligen können, damit z. B. Empathie in ihnen entstehen kann. Kinder gehen im Hortalltag Beziehungen zu Ihresgleichen, zu Erziehern, Pädagogen, Eltern und anderen Erwachsenen ein. Erziehungs-, Bildungs- und Selbstbildungsprozesse sind immer situativ eingebettet, in denen sich Heranwachsende oft mit anderen auseinander setzen, kommunizieren, sich einigen und kooperieren müssen. *„Von seiner Konstitution her ist der Mensch sozial, denn er ist in Gruppen und soziale Zusammenhänge eingebettet. Daraus lassen sich soziale Anforderungen und Erwartungen an den Bildungsprozess ableiten"* (Sächsisches Staatsministerium für Soziales 2007, (soziale Bildung) S. 1), aus denen sich Ziele für die kindliche soziale Entwicklung im Hort und die pädagogische Arbeit dort formulieren lassen:

Ziel 1: Kinder üben sich in ihrer Kooperations- und Perspektivübernahmefähigkeit.

Ziel 2: Kinder lernen zwischen ihrer eigenen Identität und der von anderen Menschen zu unterscheiden.

Dabei sollen sie lernen, mit Gleichaltrigen gemeinsame Handlungen in Bildungs- und Selbstbildungsprozessen kooperativ zu gestalten. Zum Beispiel ist es auch in Konflikten von großer Bedeutung zwischen eigenem Ich und dem des anderen zu unterscheiden, sich in den anderen hineinzuversetzen, um sich gemeinsam zu einigen und um nach Kompromissen zu suchen.

Ziel 3: Bei Einigungsprozessen und im alltäglichen Miteinander werden von Kindern das Einüben sozialer Verhaltensweisen, wie eine Konfliktbewältigungsfähigkeit und Frustrationstoleranz, geschult.

Ziel 4: Das pädagogische Fachpersonal, aus der jeweiligen Horteinrichtung, schafft für Kinder Begegnungsmöglichkeiten und Aktionsräume, worin ein soziales Miteinander, aber auch der Rückzug eines Individuums zum eigenen Ich zugleich möglich ist.

Ziel 5: Kinder arbeiten untereinander und zusammen mit Erwachsenen soziale Regeln aus, die sie annehmen und akzeptieren.

Ziel 6: Kinder lernen ebenso eigene Bedürfnisse wahrzunehmen, sie zu artikulieren und anderen eigene Grenzen zu setzen.

Um diese sozialen Bildungselemente zu fördern, ist es wichtig, dass Kinder anderen (Gleichaltrigen und Erwachsenen) vertrauen können, um eigene Fähigkeiten in sich mit Hilfe von Pädagogen freizulegen, sie zu entdecken und sich neue Fertigkeiten anzueignen. Vertrauen zu anderen ist dabei die Basis, um Selbstvertrauen und Ich-Stärke zu entwickeln (vgl. Caiati 1999, zit. in: (Sächsisches Staatsministerium für Soziales 2007, (soziale Bildung) S. 2).

Ziel 7: Kinder erhalten im Hortalltag Mitbestimmungsstrukturen und aktive Beteiligungsmöglichkeiten für die Gestaltung an Bildungs- und Selbstbildungsprozessen.

Ziel 8: Kinder lernen eigne Vorschläge für das gemeinsame Gruppenleben zu entwickeln und diese zu verbalisieren.

Dabei müssen sie genug Vertrauen zu anderen haben, die Möglichkeit eingeräumt bekommen, ihre Meinung sagen zu dürfen, eigene Bedürnisse und Wünsche zu äußern und von pädagogischen Fachkräften ernst genommen werden.
Dazu müssen sie aber auch einen Zugang zu ihrem Ich, zu Gefühlen, Wünschen und Bedürfnissen finden, diese verbalisieren lernen sowie mitreden und mitplanen dürfen.

Ziel 9: Mädchen und Jungen entwickeln im sozialen Miteinander des Hortes Toleranz gegenüber anderen Sichtweisen, anderen Hautfarben, kulturellen Merkmalen, Religionen und Menschen mit Behinderungen bzw. gesundheitlichen Einschränkungen.

Das können sie nur durch Begegnungen mit anderen Menschen, die differente Merkmale aufweisen. Da jeder Mensch sich in Inner- und Äußerlichkeiten von anderen unterscheidet, geschehen solche Begegnungen tagtäglich, auch im Einrichtungsalltag.

Ziel 10: Kinder üben sich in gegenseitiger Rücksichtnahme, Verständnis füreinander, gegenseitiger Hilfestellung, Geduld miteinander und übernehmen so Verantwortung füreinander und für ein angenehmes Gruppenklima.

Ziel 11: Mädchen und Jungen im Hortalter entwickeln Rollenvorstellungen vom Mann-Sein sowie Frau-Sein in unserer Gesellschaft, die sich in ihrem Spiel finden lassen und darin widerspiegeln.

„Ein geschlechtsbewusster Umgang kann in diesem Zusammenhang Mädchen und Jungen unterstützen, Auseinandersetzungen jenseits von Rollenklischees zu ermöglichen (zum Beispiel indem Polizistin und Polizist oder Melkerin und Melker oder Ärztin und Arzt als Identifikationsfolien angeboten werden)."

(Sächsisches Staatsministerium für Soziales 2007, (soziale Bildung) S. 5)

Um die Erreichung der Ziele fünf, sechs, sieben und acht aus dem sozialen Bildungsbereich anzustreben, kann man einen pädagogisch eingesetzten Hund dafür sehr gut zur Hilfe nehmen.
Als Beispiel soll die Aktivität: *„Wir gestalten unsere eigenen Regeln im Umgang mit einem Hund im Hort und mit uns selbst und Gruppenmitgliedern"* erläutert werden.
Alle Kinder einer Gruppe sitzen mit ihrer Betreuungsperson und dem eingesetzten pädagogischen Tier entspannt zusammen. Die Kinder werden aufgefordert, Regeln im Umgang mit dem Hund und für die Gruppe zu finden. Als Methode wird Brainstorming angewandt. Der Erzieher hält auf einem Flipchart alle Ideen fest und ordnet sie gleichzeitig in verschiedene Kategorien mittels einer anschaulichen Mindmap[15]. Danach werden alle formulierten Vorschläge von den Kindern demokratisch abgestimmt und in praktischen Anwendungen geübt. Einen Bereich der Regeln machen verschiedene Tätigkeiten im Umgang mit einem Hund aus. Dazu gehören das Versorgen mit ausreichend Wasser, das Sauberhalten seiner Ruhestätte („Körbchen") und das Verwöhnen eines Hundes mit Streicheleinheiten und Massagen sowie das Akzeptieren des Ruhebedürfnisses des Hundes. Im Folgenden werden die Kinder durch einen Erzieher im Hortalltag aufgeordert, sich an die gefassten Regeln zu erinnern und sie situativ umzusetzen. Um die Regeln zu verinnerlichen,

---

15 Ein Beispiel einer Mindmap ist im Anhang unter Punkt 9.1 zu finden.

können Hortkinder beispielsweise eine Wandzeitung selbst gestalten, auf der sie diese in gemalten Bildern und Texten festhalten.

Ziel eins und neun aus dem Bereich der sozialen Bildung sagen aus, dass Kinder im gegenseitigen Umgang miteinander kooperieren sollen, die Perspektive von anderen einzunehmen versuchen, sich in Empathie, gegenseitiger Rücksichtnahme, Geduld füreinander und Hilfestellung üben sollen. Dabei kann ein Rollenspiel helfen, das Kinder unter Einbeziehung des Tieres selbst gestalten.

Als Beispiel soll das Rollenspiel:
„Verletzter Hund" für Kinder zwischen 9–10 Jahren erklärt werden.
Die Jungen und Mädchen bekommen Unterstützung vom Erzieher, der bereit für Hilfestellungen ist, sich aber im Hintergrund hält. Eine Gruppe von drei bis vier Kindern bekommt folgende Aufgabe und Situation vom Erzieher gestellt und erklärt, in die sie sich dann hineinversetzen soll: Die Kinder spielen mit einem Hund, dabei fällt einem Kind auf, dass der Hund stark hinkt und sein Bein hinter herzieht und nicht mehr weiterlaufen kann, er ist umgeknickt während des Spiels und „jault". Ihr Elternhaus ist ca. fünf Minuten vom Unfallort entfernt, sie haben aber einen Rollwagen dabei, der in einer Decke eingewickeltes Spielzeug enthält, das sie mit auf den Spielplatz nehmen wollten.
Jetzt müssen die Kinder eine Lösung untereinander finden und sich einigen, wie sie den Hund nach Hause transportieren oder Hilfe holen. Die Probleme, die sich dabei ergeben, sollen bewältigt werden. Jedes Kind soll dabei eine Aufgabe innerhalb der Gruppe übernehmen. Dabei müssen sie die Situation des Tieres einschätzen, aber auch auf das Gebrechen des Hundes Acht geben, versuchen, sich in ihn hineinzuversetzen und behutsam mit ihm umgehen, um ihn nicht weiter zu verletzen. Im Notfall kann auch ein Passant angesprochen und um Hilfe gebeten werden.
Szenische und verbale Gestaltungsmöglichkeiten werden der Phantasie der Kinder überlassen.
Als wichtig ist es danach anzusehen, dass eine pädagogische Fachkraft das durchgeführte Rollenspiel mit den Kindern auswertet, darüber spricht, was den Kindern gut gelungen ist und mit ihnen gemeinsam herausarbeitet, was in solch einer Situation noch zu beachten ist oder anders gelöst werden könnte.

Ziele eins, neun und zehn, wie die Perspektivübernahme zur Schulung von Toleranz gegenüber anderen Menschen, z. B. mit Behinderungen, die Übernahme von Verantwortung und das Einüben von Fürsorglichkeit können in folgender Situation unter Hilfestellung und Einbezug des Tieres am Beispiel: *„Testsituation - Blinder Mensch mit Blindenhund"* gefördert werden.

Kinder sollen nach pädagogischer Zielstellung im sozialen Bildungsbereich lernen, sich, z. B. in behinderte Menschen hineinzuversetzen, um ihnen gegenüber Toleranz zu entwickeln. Das können sie an einer improvisierten Situation eines blinden Menschen mit seinem Blindenhund testen. Dabei werden einem Kind die Augen verbunden, es bekommt den Hund an die Leine und soll nun durch Befehle, das es dem Tier gibt, von Punkt A nach Punkt B im Gelände gelangen. Dabei kann es natürlich bei Problemen in der Hundeführung und der Orientierung andere Kinder, welche Passanten spielen, um Hilfe bitten, die dadurch Hilfsbereitschaft, Verständnis und Geduld mit dem „Blinden" und seinen Hund üben können. Neben dem Verlust des Sehsinnes als Faktum, muss der Proband ebenso dem Tier vertrauen, welches es führt, genauso wie anderen Kindern, die eventuell bei der Aufgabenbewältigung helfen.
Danach gilt es gemeinsam, mit allen beteiligten Kindern zu reflektieren, wie sie sich in ihrer Situation/Rolle gefühlt haben, was ihnen leicht und vielleicht schwerer gefallen ist.
Im Ziel Nummer zehn der sozialen Bildungsziele wird der Begriff der Verantwortung genannt, die Kinder erst einmal für sich selbst, aber auch für andere Menschen und Lebewesen übernehmen sollen. Um das Verantwortungsbewusstsein bei Hortkindern zu schulen, kann ein Hund im Gruppenalltag Hilfestellung geben. Alltägliche Gruppen- und Hygienerituale wie Tischdecken, den Raum fegen oder den Müll entsorgen, können als Anlass genutzt werden, damit Kinder ebenso Verantwortung für das Tier in seinen Bedürfnissen, z. B. nach Wasser, Futter und einem sauberen „Körbchen" übernehmen.
Als nächstes Beispiel soll das *Rotationsverfahren von Verantwortlichkeiten für das Tier* erläutert werden.

In einer Hortgruppe beteiligen sich Kinder oft gemeinsam mit Erziehern an der Erledigung täglicher Pflichten, wie z. B. einem Tischdienst zu den Mahlzeiten und der Müllentsorgung aus dem Gruppenraum.
Jede Woche wechseln im Rotationsverfahren die Aufgabenbereiche für die Kinder. Ihre Verantwortlichkeiten, Zeiträume dafür und Aufgaben entnehmen sie einer Liste an der Tür.
Mit den Kindern kann vereinbart werden, dass diese, die für den Tischdienst verantwortlich sind, bei jeder Mahlzeit prüfen, ob das Tier in seinem Trinkbehälter noch genug sauberes Wasser hat. Der Trinkbehälter

ist täglich zu reinigen und bei Bedarf neu mit Wasser aufzufüllen. Bevor das Tier nicht ordnungsgemäß mit Wasser versorgt ist (zumindest muss die Situation geprüft werden, ob es Wasser braucht), dürfen die Kinder selbst nicht am Tisch essen und trinken.

Diejenigen, die für die Müllentsorgung verantwortlich sind, müssen zweimal in der Woche den Hunde-Ruhe-Platz („Körbchen" mit Decken) reinigen. Stark verunreinigte Hundeutensilien, die gewaschen werden müssen, sind dem Erzieher in einem Müllsack gesammelt zu übergeben.[16]

4.3 *Kommunikative Bildung[17] und hundgestützte Pädagogik*

Alltägliches soziales Miteinander zwischen Kindern und zwischen Kindern und pädagogischem Personal im Hortalltag sowie in Bildungs- und Selbstbildungsprozessen steht mit verbalen und nonverbalen Kommunikationsprozessen in Beziehung. Sprache ist ein Kulturgut und stark mit der Persönlichkeitsentwicklung (speziell die kognitive und soziale Entwicklung) eines Individuums verknüpft. Über Mimik, Gestik und Körperhaltung (nonverbale Kommunikationskomponenten) sowie Begriffe, Wörter und Sätze (verbale Kommunikationskomponenten im Sprechen und Schreiben) und über Medien interagieren Menschen miteinander und treten unter-einander in Kontakt. *„Sprache ist Werkzeug für gedankliche Entwicklungen, Begriffsbildungen und Emotionen, um Eindrücke und Erlebnisse zu verarbeiten"* (Sächsisches Staatsministerium für Soziales 2007, (kommunikative Bildung) S. 13).

„Sich ausdrücken und mitteilen, anderen zuhören und sie verstehen, Botschaften senden und Symbole entschlüsseln sind unauflöslicher Bestandteil sozialen Zusammenlebens." (Sächsisches Staatsministerium für Soziales 2007, (kommunikative Bildung) S. 1)

Durch Worte und nonverbale Kommunikationsmomente von anderen erfährt ein Kind im Alltag beim Welt entdecken, Spielen und Lernen soziale Zuschreibungen, die es verinnerlicht und in sein Selbstbild inte-

---

16 Die Decke des Hundes und eventuelle Spielmaterialien sind vom Erzieher generell zweimal im Monat mit einem antibakteriellen und antiviralen Spezialreiniger zu waschen und zu säubern. Dabei können ihm Kinder assistieren (Vorschlag zum Einhalten von Hygienevorschriften; siehe auch Punkt 5.3).

17 Die Quelle vgl. Sächsisches Staatsministerium für Soziales 2007, ((kommunikative Bildung) S. 1–14) bezieht sich u.a. auf den gesamten nachfolgenden Text für den kommunikativen Bildungsbereich. Direkte Zitate und Zitate aus zweiter Hand werden separat angegeben.

griert. Auch drückt ein Kind über Laute, Wörter, Sätze (gesprochen oder geschrieben) Gesten und Mimik seine Gefühle und Bedürfnisse aus. Sprechen ist dicht an somatische Fähigkeiten[18], die kognitive Entwicklung eines Kindes und seine psychosozialen Zustände gebunden.
Damit ein Kind mit anderen Kindern oder Erwachsenen in Kontakt treten kann, sich mit ihnen austauschen und kooperieren kann, in wechselseitiger Interaktion, sind kommunikative Fertigkeiten von großer Bedeutung. Im Hort sollen kindliche Kommunikationstechniken, in Sprache, Schrift und unter dem Einsatz von Medien, weiter ausgebaut werden und neue dazu gelernt werden.

Ziel 1: Kinder lernen im Hort Fähigkeiten zum Führen eines Dialogs mit anderen Kindern und Erwachsenen. Dabei hören sie anderen beim Sprechen zu, beobachten sich und andere im Kommunikationsprozess, lassen sich gegenseitig ausreden und sind in der Lage, situationsadäquat auf Signale und Aussagen des Kommunikationspartners zu reagieren.

> *„Die Anerkennung durch andere, die Freude am wechselseitigen Verstehen, die Entdeckung von Übereinstimmungen und die Wahrnehmung von Selbstwirksamkeit durch die [sprachliche] Beeinflussung des Gegenübers sind soziale Erfahrungen, die der Dialog ermöglicht."*
>
> (Sächsisches Staatsministerium für Soziales 2007, (kommunikative Bildung) S. 3; Einfügung: J. J.)

Es existieren drei Dialogebenen, einmal zwischen Mädchen und Jungen, zwischen ihnen und Erwachsenen, wie z. B. Erziehern, und zwischen dem Kind und der Lebenswelt. In Streit- und Konfliktgesprächen können Kinder unter Verwendung von sprachlichen Regeln lernen, ihre Perspektive und Gefühlslage argumentativ zu vertreten, Kritik konstruktiv zu üben, ohne dabei andere zu beleidigen oder zu demütigen.

Ziel 2: Über Verbalisierungen lernt ein Kind in Interaktion mit anderen, seine eigenen Bedürfnisse, Wünsche und Einstellungen auszudrücken.

---

18 Dabei spielen das Atmen, der Muskeleinsatz sowie die sprechmotorische Regulation eine Rolle.

Ziel 3: Über diese Verbalisierungen lernt es ebenso, seine eigene Identität von der des Gegenübers zu unterscheiden und voneinander abzugrenzen.

Ziel 4: Das Kind lernt, verbale Äußerungen und differente Standpunkte von Dialogpartnern miteinander zu verbinden.

Ziel 5: Kinder erhalten genügend Gelegenheiten, um sich sprachlich, schriftlich und spielerisch auszudrücken und sich zu verschiedenen Themen zu positionieren. Sie erhalten freien Zugang zu Lese- und Schreibmaterialien, die helfen, sprachliche Kompetenzen, wie Ausdruck, Wortwahl und Rechtschreibung, zu verbessern.

Ziel 6: Kinder lernen eigene Wörter und Sätze konstruieren, mit denen sie eigene Erlebnisse, Wahrnehmungen und Gefühlszustände beschreiben können.

Diese Fähigkeiten sollen in Dialogform, aber auch in Schriftform und unter Verwendung bzw. dem Einsatz von Medien gefördert werden. Erzieher und Eltern sind Kindern Vorbilder, in der Verwendung einer adäquaten und an Situationen angepassten Sprache.

Ziel 7: Kinder lernen Zeichen/Symbole kennen, sie mit Verbalisierungen zu verknüpfen und sie von konkreten Erfahrungszusammenhängen abzulösen und anzuwenden.

Die formulierten kommunikativen Bildungs- und Selbstbildungsziele eins, zwei, drei und sechs lassen sich über das Thema Lieblingsbeschäftigungen mit einem Hund fördern. Dabei geht es darum, einen Dialog richtig führen zu lernen, eigene Standpunkte und Gefühle richtig auszudrücken, differente verbale Äußerungen von anderen miteinander zu verbinden und sich über Sprache in der Beschreibung eigener Vorlieben und Wünsche von anderen abzugrenzen. In solchen Situationen können tatsächlich an konkreten Situationen erfahrbare Momente mit dem Hund Hilfestellungen geben. Wie schon in Punkt 3.2 der Arbeit erwähnt, sind Kinder im Hortalter langsam fähig, mit konkreten Objekten und Denkinhalten logisch umzugehen. Dieses logische Denken und das Ausdrücken von Erfahrungsinhalten über die Sprache funktionieren teilweise aber nur, wenn sie mit konkreten Gegenständen der kindlich erfahrenen Wirklichkeit verknüpft werden (vgl. Mietzel 2007, S. 95).

Als Beispiel dazu soll im Bereich freies Sprechen und Dialoge aufbauen das Thema: *„Lieblingsbeschäftigung mit dem Hund"* erläutert werden.

Zuerst werden die Kinder in einer Gruppe aufgefordert, sich nach Belieben für fünfzehn Minuten konkret mit dem Hund zu beschäftigen. Diese Tätigkeit kann einzeln mit dem Tier und zusammen mit anderen geschehen. Dabei wird beispielsweise mit dem Tier gespielt, es wird gestreichelt, es werden Befehle gegeben, die der Hund ausführen soll, Fellpflege kann stattfinden und es kann mit Futterstücken gefüttert oder einfach nur beobachtet werden. Dabei werden Kindern auf einer Decke ausgebreitet nutzbare Utensilien, wie eine Fellbürste, ein Knochen, kleine Futterbelohnungen für das Tier, ein Ball u.a. angeboten, die sie während der Beschäftigung mit dem Hund nutzen können.
Sie werden aber dabei aufgefordert, sich selbst und andere bei den Aktivitäten mit dem Tier ganz genau zu beobachten. Dabei sollen sie sich untereinander erzählen, was ihnen mit dem Hund am meisten Spaß macht und es dem anderen aktiv demonstrieren.
Nach fünfzehn Minuten intensiver Kommunikation mit anderen Kindern und gleichzeitiger Beschäftigung mit dem Tier werden mit zehn Kindern in einer Gruppe zwei Fünferreihen gegenübergestellt, jedes Kind erhält einen Gesprächspartner und dieser wechselt jeweils nach zwei Minuten, so dass nach zehn Minuten jedes Kind mit jedem gesprochen hat. Bei den Dialogen sollen die Heranwachsenden sich ihre schönsten Erfahrungen mit dem Tier während der vorangegangenen Beschäftigungszeit erzählen. Der Hund ist jederzeit anwesend und kann bei Verständnisproblemen zur Demonstration „benutzt" werden. In den Dialogen sollen sich die Kinder gegenseitig zuhören, den anderen aussprechen lassen und bei Verständnisproblemen noch einmal nachfragen. Da nun alle Kinder viele Informationen über eigene tiergestützte Lieblingsbeschäftigungen und die der anderen gesammelt bzw. gehört haben, werden jetzt drei Freiwillige aus der Gruppe ausgewählt, die in zehn Sätzen jeweils einzeln wiedergeben sollen, was andere Kinder als hundgestützte Lieblingstätigkeiten haben, welche sie davon auch selbst gern ausüben und welche sich von ihren eigenen Vorlieben unterscheiden. Die pädagogische Fachkraft erklärt den Kindern in getrennten Abschnitten ihre Aufgaben. Zuerst gibt sie Anleitung zur Beschäftigung mit dem Tier, erlaubt die Verwendung aller vorhandenen Utensilien und hält die Kinder zum miteinander Sprechen an. Während des ersten Durchgangs ist sie im Hintergrund, beobachtet und steht den Kindern bei Fragen zur Seite. Im zweiten Durchgang, dem Rotationsdialog, gibt sie ebenfalls im Vorfeld Anleitung, genauso wie im dritten Abschnitt, indem sie den sich freiwillig

gemeldeten Kindern erklärt, was sie der Gruppe über eigene und fremde Erfahrungen erzählen sollen. In den drei Arbeitsschritten verbinden die Kinder aktuelle erlebte Erfahrungen sowie wahrgenommene verbalisierte Gefühle miteinander, lernen sich von anderen abzugrenzen und mit anderen Kindern in Dialogform und frei vor der Gruppe zu sprechen. Für solch eine Übungseinheit in drei Abschnitten mit ungefähr zehn Kindern ist eine dreiviertel Stunde Zeit einzuplanen. Diese hundgestützte Praxisübung lieben Kinder im Alter zwischen acht bis zehn Jahren besonders.

Wie Kinder erlebte Erfahrungen während eines Ausfluges mit dem Tier in der Stadt wiedergeben können, zeigt der nachfolgende Vorschlag:
Verfassen eines Briefes an einen Freund, Thema: „Stadtausflug mit einem Hund".

Dabei sollen vor allem ihre eigene Erinnerungs- und Reflektionsfähigkeit angeregt werden, die Konstruktion von Sätzen in Schriftform gewählt werden und der Computer zum E-Mail Versand benutzt werden.
Auf einem Schreibbogen schreiben Kinder einen Brief an einen Freund. Darin berichten sie ihm von einem hundgestützten Nachmittagsausflug in der Gruppe. Besondere für sie wichtige Erinnerungen lassen sie in den Text einfließen und verfassen ihn schließlich. Der Erzieher gibt Kindern, besonders in der 2. Klasse, Hilfestellung beim Schreiben. Für diese kann sie das Schreiben übernehmen, da dies den Kindern, in der Regel aufgrund noch nicht gut ausgeprägter orthographischer Fähigkeiten, fast unmöglich ist. Dabei sollen die kleinen Kinder zusammen mit dem Erzieher einen kleinen Text mündlich formulieren, den die pädagogische Kraft für sie aufschreibt. Bei dieser Aufgabe wären ebenso zwei verfügbare pädagogische Kräfte von Vorteil. Kinder zwischen der dritten und vierten Klasse haben in der Regel weniger Schwierigkeiten, einen Brief zu verfassen. Kindern mit LRS (Lese-Rechtschreib-Schwäche) müsste dabei auch noch mehr Hilfestellung gegeben werden. Kinder, die eine E-Mail-Adresse von einem Freund oder Mitschüler besitzen, können diese zur nächsten Sitzung mitbringen. Der Erzieher hat bis dahin die Texte der Kinder abgetippt. Nun können die Heranwachsenden im horteigenen Computerzimmer nach und nach mit der pädagogischen Fachkraft zusammen, die zuvor ein gruppeneigenes E-Mail-Account eingerichtet hat, die E-Mail-Adressen in den Computer eingeben und die E-Mails versenden. Eine andere Möglichkeit wäre auch, dass die Kinder einen Briefumschlag, eine Briefmarke und die Adresse eines Freundes in den Hort mitbringen. Sie könnten dann den Brief mit einer Briefmarke und

der Adresse versehen und ihn mit der Gruppe persönlich zum Briefkasten bringen. Wichtig ist dabei, dass die Kinder genügend Bearbeitungs- und Reflektionszeit erhalten und ihnen ein Erzieher tatkräftig und hilfsbereit zur Seite steht, denn für Hortkinder im Grundschulalter ist dies eine sehr anspruchsvolle Aufgabe.
Damit Kinder Symbole und Zeichen sowie ihre sprachliche Bedeutung kennen lernen und diese wieder unabhängig von der Sprache im Alltag benutzen und verstehen können, kann man sie mit einem Hund in Kommandoübungen fördern.
Auch kann es für Kinder allgemein praktisch von Vorteil sein, wenn sie durch bekannte und zuvor gelernte Symbole im Alltag wissen, wie sie sich mit einem Hund an der Leine in der Öffentlichkeit zu verhalten haben (z. B. das Deuten können von Schildern, auf denen Hunde durchgestrichen oder angeleint abgebildet sind).

4.4 *Ästhetische Bildung*[19] *und hundgestützte Pädagogik*

Die ästhetische Bildung bzw. Selbstbildung ist ein ganzheitlicher Prozess, in dem Kinder die Welt, in der sie leben, mit allen Sinnen entdecken und sich dadurch ein Verständnis für ihre Lebenswelt sowie für Dinge, die ihnen begegnen, im Alltag schaffen können. Viele kindlichen Körperfunktionen und kognitiven Fähigkeiten, psychosozialen und kommunikativen Entwicklungselemente bedingen sich gegenseitig und stoßen sich einander in der Entwicklung des Kindes an. Sinne werden oft nur gekoppelt mit der sensomotorische Wahrnehmung (somatischer Bereich) in speziellen Lebenszusammenhängen (wie z. B. Spielen) eingesetzt. Durch die Förderung physiologischer Prozesse, wie die der Koordination und Motorik, wird ebenso erst die Weiterentwicklung kognitiver Prozesse (Aufmerksamkeitsvermögen, Denkvermögen) angeregt. Eine gezielte Aufmerksamkeit mit allen Sinnen auf wahrgenommene Dinge richten zu können, *„steht immer im engen Zusammenhang mit Denken und Handeln."* (Sächsisches Staatsministerium für Soziales 2007, (ästhetische Bildung) S. 3).
Im ästhetischen Bildungsbereich geht es nicht nur um Wahrnehmung, vielmehr darum, wahrgenommenen Dingen und gemachten Erfahrun-

---

[19] Die Quelle [vgl. Sächsisches Staatsministerium für Soziales 2007, (ästhetische Bildung) S. 1–16] bezieht sich u.a. auf den gesamten nachfolgenden Text für den ästhetischen Bildungsbereich. Direkte Zitate und Zitate aus zweiter Hand werden separat angegeben.

gen einen kreativen Ausdruck zu verleihen, sie zu verarbeiten, einen Standpunkt zu ihnen einzunehmen und ihnen eine Bedeutung im kindlichen Weltverständnis zu geben. Jeder Sinn kann beim Kind durch verschiedenste bildnerische Gestaltungsmomente wie Zeichnen, Tanzen, Musizieren, Theaterspielen und im handwerklichen Anwendungsbereich angeregt werden. Ebenso können einfache Gegenstände, wie Wolle, ein Topf, ein Fotoapparat, Werkzeuge oder ein Becher Zucker und Naturmaterialien, wie Holz, Ton, Wasser, Sand und Blätter, für das Kind über ihre Form, Farbe, den Geruch und die Konsistenz sinnliche Erlebnisse schaffen, die Phantasie des Kindes anregen und es dazu motivieren, damit umzugehen. All diese Materialien können in kreative Spiel- und Gestaltungsprozesse eingebaut werden. Auch eingesetzte Fotos oder vorgelesene Geschichten können im Kind die Phantasie anregen, mit deren Hilfe Märchen oder Geschichten konstruiert werden (vgl. Sommer 1999, zit. in: Sächsisches Staatsministerium für Soziales 2007, (ästhetische Bildung) S. 1).
Ästhetische Bildung und Selbstbildung bedeutet aber auch, Kinder mit Materialien experimentieren zu lassen, sie dazu anzuregen, ihre Alltagswelten für sie schön und so zu gestalten, dass sie sich darin wohlfühlen.
Lebensweltliche kindliche Erlebnisse und Erfahrungen bilden die Grundlage für ästhetische Ausdrucks- und Gestaltungsmomente und haben für Kinder immer eine spezielle Bedeutung.
Verschiedene Erfahrungsmomente und Gegenstände können die Basis für Kinder ausmachen, sich künstlerisch auszudrücken und etwas zu gestalten. Diese Anlässe können Gedanken sein, eigene Erlebnisse mit Tieren, Pflanzen und anderen Menschen, auch ein Kunstwerk, ein gelesenes Märchen oder auch ein Naturphänomen, wie eine Sonnenfinsternis oder ein Gewitter, können dazu beitragen einen Ausdrucks- oder Gestaltungsprozess im Kind zu initiieren (vgl. Kämpf-Jansen 2002, S. 274ff.). Wahrnehmungs- und künstlerische Gestaltungsprozesse können beim einzelnen Kind, aber auch gemeinsam in Gruppen stattfinden.
Was sind nun aber konkrete, wichtige pädagogische und kindliche Entwicklungsziele für den ästhetischen Bildungsbereich?

Ziel 1: Kinder müssen auf genügend Materialien und Arbeitsutensilien, wie Holz, Sand, Papier, Farben, Kleber, Stifte etc. zurückgreifen können, die sie wahrnehmen können, mit denen sie Erfahrungen machen. Dabei sollen Kinder genügend Raum und Zeit bekommen, um diese Materialien in ihrer Farbe, Form und Beschaffenheit kennen zu lernen, den Umgang mit ihnen zu praktizieren und Anregungen vom pädagogischen Personal erhalten, künstlerische Ausdrucksmöglichkeiten zu finden und diese zu nutzen, um Gefühle, Stimmungen auszudrücken und Erlebtes zu verarbeiten.

Ziel 2: Die Sinne von Kindern werden ganzheitlich in aktiven, wenn möglich, selbstbestimmten Wahrnehmungs- und Gestaltungsprozessen[20] entfaltet und gefördert.

Diese sinnlich bestimmten Gestaltungs- und Wahrnehmungsprozesse sind ebenso an sensomotorische Erfahrungsprozesse gekoppelt, die notwendig sind, damit das Kind über die Wahrnehmung des eigenen Körpers die Bedeutung von ihm wahrgenommenen Sachverhalten und Gegenständen erfasst. Dabei sollen die Sinne und Wahrnehmungsstrukturen im Kind trainiert, aber nicht überfordert werden.

Ziel 3: Kinder bekommen im Hort auch genügend Raum, Zeit und Vertrauen in ihre eigenen Fähigkeiten, um sich selbständig eigene Gestaltungstechniken, wie z. B. einen Scherenschnitt, das Töpfern oder das Zeichnen mit Aquarellfarben, anzueignen.

Bei diesen Aneignungsprozessen steht ihnen ein Erzieher/Gestaltungs- oder Sozialpädagoge zu Seite, der eingreifen und Hilfeimpulse geben kann, wenn das Kind dabei auf Probleme stößt. Auch können sich bei Gruppenarbeiten die Kinder gegenseitig im kommunikativen und sozialen Miteinander Unterstützung geben.

Ziel 4: Innerhalb von Gestaltungsprozessen, sinnlichen Wahrnehmungsprozessen und dem Aneignen von Gestaltungstechniken ist es von Vorteil, wenn Kinder selbst angenehme dynamische, statt bewegungshemmende Möglichkeiten bekommen.

---

20 Diese Gestaltungsprozesse können beispielsweise das Zeichnen mit verschiedenen Farben und Zeicheninstrumenten, das Musizieren, z. B. mit Trommel und Triangel, das Tanzen nach bestimmten Rhythmen, das Singen, das Theaterspielen (sich verkleiden und in andere Rollen schlüpfen), das Töpfern, Filzen, Basteln, z. B. von Puppen oder Fensterschmuck, das Anfertigen eines Comics oder von Wandzeitungen oder das Backen von selbst kreierten Keksen mit selbst zusammengestellten Zutaten, ausmachen.

So kann es für einige Kinder für eine angenehme Eigenwahrnehmung des Körpers erforderlich sein, sie, z. B. auch bei Bedarf auf den Bauch liegend oder stehend, etwas zeichnen zu lassen, statt ständig steif und diszipliniert am Tisch sitzen zu müssen.

Ziel 5: Kinder im Hort erhalten Möglichkeiten ihre Gruppenräume, das Gebäude oder die Außenanlage entsprechend ihrer kindlichen Möglichkeiten und Fertigkeiten kreativ mitzugestalten, damit sie sich darin wohlfühlen und dass ein auf kindliche Bedürfnisse abgestimmtes Spielen, Lernen und Entdecken möglich ist.

Im folgenden hundgestützten Praxisvorschlag: *„Selbst gestaltete Wandzeitung für die Einrichtung, wir stellen unseren Horthund X vor"* soll die Erfüllung aller oben genannten Ziele angestrebt werden. Untermauernd können sich die Kinder eine Lieblingsmusik auswählen, die zur sinnlichen Anregung oder Entspannung dient und während der Gestaltungsprozesse im Hintergrund mitläuft.
Der Gestaltungsraum besitzt Tische, auf dem Arbeitsmaterialien, wie Papierbögen, Stifte, Scheren etc., stehen, zwei Arbeitsecken auf den Boden und eine Tafel, die ebenfalls für eine Ideensammlung, Skizzen und Probezeichnungen benutzt werden kann. Im Hintergrund laufen von den Kindern selbst ausgewählte Melodien über einen CD-Player.
Vom Erzieher erhalten sie Arbeitsanregungen, Tipps, Hilfestellungen und eine konkrete Aufgabe, die ihnen dennoch viel Raum für das Einbringen eigener kreativer Ideen ermöglichen soll. Die Kinder einer Gruppe, zum Beispiel in einer Arbeitsgemeinschaft, können eine zwei mal zwei Meter große Wandzeitung gestalten, auf der sie mit eigenen selbst gestalteten Bildern, Überschriften und Fotos den pädagogisch eingesetzten Hund vorstellen. Ihnen ist selbst überlassen, was Eltern, andere Kinder des Hortes und Erzieher über das Tier von der Wandzeitung erfahren sollen, aber dies setzt kooperative Einigungs- und Entscheidungsprozesse in der Gruppe voraus, die der Erzieher initiiert und unterstützt. Zur Unterstützung für die Vorstellungsebene beim Basteln und Zeichnen ist das Tier im Raum anwesend. Es kann angeschaut sowie berührt werden und es kann mit ihm gesprochen werden. Bei zehn Kindern eignet sich die Teilung in vier bis fünf kleine Arbeitsgruppen, je zwei bis drei Personen. Jede Gruppe bringt Vorschläge, welche Aufgabenbereiche sie gern übernehmen würde. Nach einer Aufgabenverteilung und Einigungsprozessen in den Einzelgruppen, die vom Erzieher

unterstützt und teilweise angeleitet werden, könnten folgende Aufgaben von den fünf Gruppen jeweils übernommen werden:
Die Gruppen eins bis fünf sind jeweils für das Gestalten der Überschrift, das Zeichnen von Bildern mit einem Hund, das Anfertigen eines schriftlichen, kurzen Erlebnisberichtes, die Gestaltung einer Beschreibung des einrichtungseigenen Hundes und Dekorationsarbeiten zuständig.
Der Erzieher gibt den Kindern während des gesamten Gestaltungsprozess Hilfestellung, wenn sie benötigt wird, hält sich aber im Hintergrund und lässt die Kinder frei mit dem Gestaltungsmaterial experimentieren. Dazu gehört auch das gemeinsame Aufräumen des Raumes im Anschluss der Bildungseinheit. Für alle Vorbereitungs-, Einigungs- und Gestaltungsprozesse sollte man circa 2 Zeitstunden mit den Kindern einplanen. Auch eine Pause von mindestens 10 Minuten soll den Heranwachsenden angeboten werden, in der sie sich an der frischen Luft bewegen können.

Bei dem nächsten Praxisvorschlag: *„Das Herstellen von „Hundegebäck" aus gesunden Zutaten"* sollen die pädagogischen und kindlichen Entwicklungsziele eins bis vier des ästhetischen Bildungsbereiches berücksichtigt werden.
Um dem pädagogisch eingesetzten Tier eine Freude zu machen, ist es denkbar, dass Kinder für den Hund selbst kreiertes „Hundegebäck" herstellen. Das kann mit bis zu zehn Kindern durchgeführt werden.
Am Vortag wird mit den Kindern ein Rezept für das Gebäck aus einem Tierkochbuch herausgesucht. Dabei bilden Lebensmittel und Naturprodukte, wie Vollkornmehl, Milch, Pflanzenöl und getrocknetes Fleisch die Grundlage des Gebäcks.
Das Backen lässt sich in der horteigenen Küche durchführen oder in der Küche der Grundschule, an die der Hort angegliedert ist. Die Hygienevorschriften erlauben hier die Anwesenheit des Hundes nicht.
Am Backtag bereitet der Erzieher fünf Arbeitsplätze vor, an denen jeweils immer zwei Kinder, welche zusammenarbeiten sollen, die gleiche Menge an Zutaten für ein Blech Gebäck für den Hund erhalten. Auf den Arbeitsplätzen stehen alle Zutaten sowie ein Backblech, Backpapier, Ausstechformen, eine Schüssel, ein Löffel sowie eine Teigrolle, ein Messer und ein Lappen zum Reinigen des Arbeitsplatzes. Die Kinder werden angehalten, sich jede Zutat genau anzuschauen, sie zu fühlen, auf Farbe und Konsistenz zu untersuchen und Fragen dazu zu stellen. Dann werden die Zutaten, unter pädagogischer Anleitung, zusammengemischt und die Heranwachsenden können den Teig solange mit sauberen Händen kneten, bis er weich ist. Danach wird er ausgerollt und die Kinder

können nach Belieben, Formen für das Gebäck aus dem Teig entwerfen (wie z. B. einen Hund, eine „Hundehütte", einen Knochen, ein Herz oder Buchstaben). Sie können auch die Ausstechformen benutzen. Nach der Verteilung der Kreationen auf dem Blech werden diese nach und nach in den Backofen geschoben. Nach dem Säubern des Arbeitsplatzes und dem Auskühlen des Gebäcks bekommt jedes Kind ein kleines Säckchen mit seinen eigenen „Hundekeksen", die in der Beschäftigung mit dem Tier eine kleine Freude für Kind und Hund darstellen sollen. Beim Kommandoüben kann das Gebäck verwendet werden, um den Hund beispielsweise zu belohnen.
Auch im Kennenlernen von Backzutaten wie Vollkornmehl, hochwertigem Pflanzenöl oder Eiern können den Kindern, gemäß dem Bildungsziel des Sächsischen Bildungsplanes aus dem somatischen Bildungsbereich, Wissen über gesunde Nahrungsmittel und deren Verwendung (Zubereiten von Nahrungsmitteln) vermittelt werden. Ausgewählt wurden hochwertige Zutaten, die auch für den Menschen sehr gesund und genießbar sind. Zugleich können noch naturwissenschaftliche Erkenntnisse über die Ernährungsbedürfnisse eines Hundes mit in die Tätigkeit einfließen, indem den Kindern erklärt wird, dass Hundegebäck im Unterschied zu Weihnachtsgebäck für Menschen kein Salz und Zucker enthalten darf, da diese Zutaten für den Körper des Tieres ungesund sind. Gleichzeitig ließen sich in diesem Zusammenhang auch ernährungstechnische Wissensinhalte für den Menschen erschließen, indem die Kinder die Feststellung des Salz- und Zuckerverbotes nutzen, um zu überlegen, welche Nahrungsmittel denn für sie gesund und welche weniger gesund sind oder in welchen Maßen die Zutaten genossen werden sollten.

4.5 Naturwissenschaftliche[21] Bildung und hundgestützte Pädagogik

Wahrgenommene Sachverhalte und Gegenstände sowie kindliche Erlebnisse aus der Alltagswelt können Kinder zum Nachdenken bewegen, an ihre natürliche kindliche Neugier anknüpfen und in ihnen Fragen zur belebten und unbelebten Natur (z. B. zu Pflanzen, Tieren, Steinen), zu Naturphänomenen (wie z. B. zu Gewitter, Tornados, der menschlichen Geburt, dem Leben und dem Tod) oder zur Funktionsweise und Beschaf-

21 Die Quelle [vgl. Sächsisches Staatsministerium für Soziales 2007, (naturwissenschaftliche Bildung) S. 1–16] bezieht sich, u.a. auf den gesamten nachfolgenden Text für den naturwissenschaftlichen Bildungsbereich. Direkte Zitate und Zitate aus zweiter Hand werden separat angegeben.

fenheit von technischen Geräten entstehen lassen. Die Art und Weise sowie Inhalte der Fragen, welche Kinder im Alltagsszenario, zum Beispiel zu technischen, ökologischen bzw. naturwissenschaftlichen Phänomenen stellen, zeigen Eltern und Pädagogen auf, wo ihre Interessen liegen und wo bereits Vorerfahrungen und Vorwissen bestehen. Daran sollten pädagogische Fachkräfte im Hort anknüpfen und Kinder unter Bereitstellung ausreichender Lern- und Gestaltungsmaterialien sowie einer kindgerechten Lern- und Spielumgebung anregen, eigene Sinndeutungen für ihre Fragestellungen zu finden und sie darin unterstützen, sich naturwissenschaftliches Wissensinhalte anzueignen. Die kindlichen Fragen, die den naturwissenschaftlichen Bildungsbereich berühren, können aus Wissenschaftsgebieten der Biologie, Ökologie, Chemie, Physik, Geographie, Astronomie und Geologie sein. Kindliche Interessen an naturwissenschaftlichen Dingen können vielseitig sein und Fragen wie „Warum regnet es?/Warum sind die Blätter grün?/Wie kommt das Salz ins Meer?“ oder „Wozu benutzen Katzen und Hunde ihre Haare an der Nase?“ in sich bürgen.

> *„Die Beschäftigung mit der Natur betrifft also zum einem die Wahrnehmung von Dingen und Phänomenen aus der Natur, zum anderen enthält sie jedoch Chancen, Vorgänge auf Grundlagen biologischer, physikalischer und/oder chemischer Erkenntnis zu klären.“*
>
> (Sächsisches Staatsministerium für Soziales 2007, (naturwissenschaftliche Bildung) S. 5)

Im untersuchenden und spielerischen Kontakt mit natürlichen Dingen sollen Kinder dazu angeregt werden, eigene Sinndeutungen für ihre Fragen zu finden und diese zu prüfen. Um die Welt, in der Kinder leben, aber auch um die natürlichen Gegebenheiten in ihr zu entdecken, brauchen Heranwachsende natürliche Aktionsräume, in denen sie sich bewegen und spielen können. Seit dem 20. Jahrhundert (wie schon im Punkt 1.2 des Buches erwähnt) findet man beim Menschen eine zunehmende Distanz zur Natur und eine damit einhergehende größere Techniknähe.

> *Natur begegnet vielen Kindern [vor allem in Großstädten] heute eher aus zweiter Hand über die Medien [wie dem Fernsehen], nicht als reale und eigene Erfahrung.*
>
> (Greiffenhagen/Buck-Werner 2007, S. 71; Einfügung: J. J.)

Technik erleichtert Menschen viele Arbeitsprozesse und ist oftmals nützlich in unserer Gesellschaft (auch der richtige sowie kompetente Umgang mit Technik hat im Alltags- und Berufsleben Bedeutung). Aber es muss auch der direkte Kontakt mit der Natur bewahrt werden, damit sich Kinder übers Beobachten, Entdecken, Anfassen, Riechen, Schmecken[22] und Hören auf ganzheitlicher Ebene Wissen über Naturzusammenhänge und Methodiken[23] im Umgang mit der Natur aneignen können. Wichtige Bildungs- bzw. Selbstbildungsziele im naturwissenschaftlichen Bildungsbereich des Sächsischen Bildungsplanes sind folgende:

Ziel 1: Kinder bekommen Zeit und Raum, direkt Kontakt zur Natur und natürlichen Elementen aufzunehmen.

Das kann ein Spaziergang im Park sein, Steine zu sammeln auf einer Wiese, Vögel beim Brüten zu beobachten, barfuss im Sommer durch eine Pfütze zu laufen oder im Sand zu graben. Um die Natur um sich herum wahrnehmen zu können, bedarf es der Förderung und dem Einsatz von Sinnen und Wahrnehmungsprozessen, die in allen anderen Bildungsbereichen auch eine Rolle spielen.

Ziel 2: Kinder bekommen Zeit, eine Sache, die sie interessiert, zu erforschen, sie bekommen Raum, offen Fragen formulieren zu können, Ideen zur Beantwortung ihrer Fragen zu äußern und allein oder mit Hilfe von anderen Kindern und pädagogischer Unterstützung, ihre Hypothesen zu überprüfen.

Ziel 3: Kinder bekommen die Möglichkeit natürliche Materialien, wie Sand, Schnee oder Lehm, zu bearbeiten und zu erforschen.

Ziel 4: Dabei sollen Kindern bei Bedarf auch technische Hilfsmittel, wie z. B. ein Experimentierkasten, Lupen, Mikroskope, Bücher oder Bildbände, angeboten werden, die helfen können, natürliche Materialien zu untersuchen und zu erforschen.

---

22 Zum Beispiel das Schmecken bestimmter naturbelassener Früchte, die die Kinder selbst ernten

23 Methodik meint hier speziell die Art und Weise, wie man, z. B. einen Baum pflanzt, oder in Projekten zum Umweltschutz, Regenwasser in Behälter auffängt, das man dann zum Gießen von Pflanzen auf dem Hortgelände nutzen kann, oder wie man richtig ein Kefirpilz mit Milch ansetzt, um daraus Kefir zu gewinnen.

Dabei können u.a. besonders interessante Eindrücke für die Kinder mit technischen Geräten und Hilfsmitteln, wie z. B. einem Fotoapparat oder einem Reagenzglas, festgehalten oder Proben von Sand und Pflanzen entnommen werden.

Ziel 5: Dabei ist es auch wichtig, dass Kinder in der Umgangsweise mit technischen Geräten oder Hilfsmitteln zur Natur- und Umwelterforschung geschult werden und sie im Umgang mit ihnen vom Erzieher unterstützt werden.

Ziel 6: Im Beobachten von Natur und Erforschen der Umwelt sowie durch naturwissenschaftliche Zusammenhänge sollen bei Kindern Phantasie und Kreativität[24] angeregt werden.

Hier ist Kreativität als eine Eigenschaft einer divergenten Denkfähigkeit anzusehen, die in der naturwissenschaftlichen Bildung angeregt werden sollte und welche sich durch kindliche Fähigkeiten der „Flüssigkeit"[25], Flexibilität[26], Originalität[27] und der Elaborations[28]- und Bewertungsfähigkeit beim Hortkind zeigen. Diese divergenten Eigenschaften sollen mit den Fähigkeiten des Rechnens, Lesen und Schreibens verbunden werden und in eigenständigen Ausdrucks- und Gestaltungsprozessen zu finden sein.

Ziel 7: *„Mädchen und Jungen entwickeln durch die intensive Auseinandersetzung mit Themen wie Umweltschutz, Recycling-Programmen oder Bioware zunehmend ein komplexeres Bild von ihrer Umwelt und dem Gemeinwesen. Sie wissen, was nützlich und schädlich für die Erhaltung der eigenen Spiel- und Lebensräume ist."*

(Sächsisches Staatsministerium für Soziales 2007, (naturwissenschaftliche Bildung) S. 16)

---

24 Kreativität bedeutet hier „assoziative Brücken zwischen nicht zusammenhängenden Elementen zu bauen" [Baack 1995, zit. in: Sächsisches Staatsministerium für Soziales 2007, (naturwissenschaftliche Bildung) S. 15].

25 Bedeutete eine fließend altersgerechte Entwicklung in sprachlichen Äußerungen und motorischen Handlungen

26 Bedeutet kreative Umgangsweisen im Entdeckungs- und Forschungsprozess entwickeln zu können, wenn das Kind hier auf Widerstände stößt

27 impliziert die Fähigkeit, nach alternativen Erklärungen im Lösungsprozess zu suchen und sie zu nutzen

28 bedeutet, Ausdauer zu haben, wahrgenommene Dinge weiter zu verfolgen und diese plausibel darstellen und bewerten zu können

Die o.g. Ziele eins bis vier des naturwissenschaftlichen Bildungsbereiches lassen sich innerhalb einer tiergestützten Pädagogik mit einem Hund sehr gut einbinden.

Als Beispiel soll hier das *Erforschen und Dokumentieren von Tierspuren im Schnee im Wald oder Park* erklärt werden.

Der Schnee kann für Kinder viele Geheimnisse in sich tragen und in ihm lassen sich in einem nahe gelegenen Waldstück oder einer Parkanlage oft Fußspuren von Tieren finden. Das Entdecken, Erforschen und Dokumentieren von Tierspuren kann mit einer Kindergruppe von bis zu 10 Kindern überschaubar durchgeführt werden. Der mitgenommene Hund mit seinem ausgezeichneten Riechvermögen kann Kindern helfen, sie zu Tierspuren im Schnee zu führen. Besonders Hunde mit einem ausgeprägten Jagdsinn eignen sich besonders gut dazu, denn es liegt im Wesen des Hundes, Gerüchen und Tierfährten zu folgen und sie aufzuspüren. Auch der Hund an sich macht Fußspuren im Schnee, die Kinder betrachten, abmessen und aufzeichnen können. Auf dieser Erkundungstour werden Kinder aufgefordert, ihre Lieblingsstifte, einen Skizzierblock und eventuell ein Maßband mitzunehmen. Gefundene Tierspuren können so abgezeichnet, ausgemessen und nach Fundort auf dem Block dokumentiert und beschrieben werden. So lassen sich im Schnee oft Vogel-, Hunde-, Eichhörnchen-, Fuchs- oder sogar Rehspuren finden. Einige Spuren lassen in den Kindern sicher Fragen offen, z. B. von welchem Tier ein bestimmter Fußabdruck sein könnte. Die Kinder können während des Forschens in der freien Natur erste Vermutungen äußern oder andere Kinder um Rat fragen. Da sie und auch der Erzieher, z. B. mit einem Fotoapparat, die Spuren im Schnee festhalten können, wird im Nachhinein im Hort mit Hilfe von Büchern und Bildvorlagen recherchiert, um welches Tier es sich, bei welchen Fußspuren, handelt. Die Dokumentationen werden danach auf einem großen Tisch mit der schriftlichen Benennung des dazugehörigen Tieres und den Fotos des Erziehers geordnet und so für jeden anschaulich gemacht.

Als weiterer Praxisvorschlag soll die *„Hunderassenkunde auf einem Hundeplatz“* erläutert werden.

Hierbei werden ebenfalls die Zielsetzungen eins bis vier aus dem naturwissenschaftlichen Bildungsbereich anschaulich angestrebt.
Wenn Hortkinder mit dem pädagogisch eingesetzten Hund und ihrem Erzieher einen Hundeplatz besuchen, bedarf es im Voraus der Genehmi-

gung der Eltern, der Hortleitung und der Verantwortlichen des Hundeplatzes sowie einer ausreichenden Belehrung der Kinder. Als Beobachtungsort für die Kinder eignet sich auch die Absperrung hinter dem Hundeübungsgelände, von der man das ganze Geschehen und alle anwesenden Hunde beobachten kann. Es sollen eventuelle Sicherheitsvorschriften eingehalten werden, da einige Hunde keine Kinder mögen und auf diese aggressiv reagieren könnten.
Hunderassenkunde beinhaltet das Kennenlernen verschiedenster Hunderassen, anhand ihrer äußeren Merkmale und ihrer Verhaltenseigenschaften. In der Regel haben Hortkinder in ihrem Leben schon viele Hunde gesehen, ohne zu wissen, welcher Rasse sie angehören. Eine halbe Stunde lang können die Kinder, auch im Dialog miteinander, die Hunde auf dem Platz beobachten. Sie können dem Erzieher, aber auch einem Verantwortlichen des Geländes (nach vorherigen Absprachen), Fragen zu einzelnen Tieren stellen, die sie beobachten. Außerdem sollen sie versuchen herauszufinden, um welche Rassen es sich jeweils handelt. Durch den Besuch auf der Anlage wird der Forschungsprozess sehr anschaulich, da die Kinder konkret einzelne Hunde lebendig vor sich sehen können, die sie dann den einzelnen Rassen zuordnen. Ein Kind dokumentiert für die gesamte Gruppe jeweils die einzelnen Rassen und die dazugehörigen phänotypischen Merkmale (Größe, Farbe, Haarlänge, Gestalt) auf einem Blatt Papier (kindgerechter Beobachtungsbogen). Zwei andere Mädchen oder Jungen halten die beobachteten Hunde auf einem Fotoapparat fest, damit man später den jeweiligen Hund bei der Benennung, anhand der Fotos, besser identifizieren kann. Durch die Beobachtungen vor Ort und die Fotos, die helfen sich innere Bilder und Erinnerungen wieder ins Gedächtnis zu rufen, prägen sich die Kinder die jeweiligen Hunderassen besser ein. Auch die Freude beim Beobachten und die Gefühle, die Kinder in der realen Begegnungssituation mit den Hunden entwickeln, helfen ihnen später, die Hunderassen mit inneren Bildern besser zu assoziieren und vor dem innerlichen Auge aufzurufen, wenn sie wieder einmal mit dem Thema in Kontakt kommen, z. B. im Biologieunterricht, während eines Besuches auf einem Bauernhof, auf dem Hunde leben, oder wenn sie bestimmte Rassen auf der Straße wieder erkennen.
Um ein ökologisches Bewusstsein bei Kindern zu schulen und um sie dazu zubringen, sich mit dem Thema Umweltschutz auseinanderzusetzen, kann ein pädagogisch eingesetzter Hund Anlass zur Diskussion und Aktion geben.

Als nächstes Beispiel für die Praxisumsetzung im Hort wird die *„Hortgelände- oder Parkreinigung zusammen mit dem Tier zur Erhaltung der Natur für den Menschen und für das Wohlergehen des Hundes"* beschrieben.

Auf dem Gelände von Hort- und Grundschuleinrichtungen findet man oft (mehr oder weniger) weggeworfene Essensreste von Kindern in den Büschen, Bonbon- und Schokoladenpapier im Sandkasten. Auch auf nah gelegenen Spielplätzen und Parkanlagen entsorgen Menschen oft ihre Abfälle. Es ist nicht selten, dass von Menschen zerschlagene Glasflaschen einfach auf dem Gehweg oder im Park liegen. An diesem Punkt lässt sich ein Umweltschutz der Kinder und des Tieres zuliebe ansetzen. In einem Gespräch als pädagogische Kraft kann man Kinder dafür sensibilisieren, wenn man sie direkt bei der Entdeckung von Abfällen fragt, was passieren könnte, wenn sie oder der Hund in die Scherben treten würden oder das Tier alte Essensreste aus den Büschen hervorholt und verspeisen will. Mit direktem Bezug zu den Kindern und über das „geliebte" Tier lassen sie sich leichter für Themen, wie Umweltschutz und Müllbeseitigung sensibilisieren. Meist kommen die Kinder selbst auf Antworten, dass eine Verletzungsgefahr für Mensch und Tier besteht oder dass ein Hund beim Verspeisen von schimmligen Essensresten krank werden könnte. Man könnte ihnen noch klar machen, dass die Abfälle im Extremfall eine Grundlage für die Vermehrung von Stadtratten darstellen könnten, die wiederum Krankheitsüberträger für Menschen sein können und dass die Natur Abfälle aus Plastik nicht selbst zersetzen kann. Diese Tatsachen eignen sich auch im Verständnis der Kinder dazu, in der Gruppe gemeinsam mit dem Hund zu einer Suchtour über das Hortgelände, angrenzende Spielplätze oder Parkanlagen aufzubrechen, auf der jedes Kind mit Handschuhen den Müll in einem blauen Sack aufsammelt, den es findet. Der Erzieher beteiligt sich natürlich auch mit an der Aktion. Kinder haben oft noch nicht so viel Ausdauer im Ausüben von Tätigkeiten wie Erwachsene. Dabei kann ein integrierter Wettbewerb „Wer hat am Ende den meisten Müll gesammelt?", die Kinder zu mehr Initiative anspornen.

4.6 Mathematische Bildung[29] und hundgestützte Pädagogik

Mathematische Fähigkeiten und Fertigkeiten stellen im alltäglichen Leben von Menschen sowie in ihrer Arbeitswelt ein bedeutendes Hilfsmittel dar und helfen, z. B. im Alltag, Haushaltseinnahmen und Haushaltsausgaben aufeinander abzustimmen, Preise miteinander zu vergleichen, beim Kochen bestimmte Zutatenmengen (z. B. in einem Kochbuch angegeben) auf eine gewisse Personenanzahl hoch zu rechnen oder die benötigte Anzahl von Tapetenbahnen beim Tapezieren der eigenen Wohnung, anhand von Raummaßen, zu bestimmen.
Kinder brauchen mathematische Vorstellungsfähigkeiten, um ein Verständnis für ihre Lebenswelt zu entwickeln und um sich verschiedene Phänomene erklären zu können. Mathematische Bildung steht stets in einer Verbindung mit den anderen kindlichen Entwicklungs- und Förderbereichen des Bildungsplanes und mit alltäglichen Erlebnissen eines Kindes. So unterstützt die Bewegung eines Kindes im Alltag, die Fähigkeit auszubilden, die Lage von Gegenständen oder sich selbst innerhalb von Räumen zu bestimmen (z. B. „Der Traumfänger hängt oben an der Decke."/„Meine Freundin steht von mir aus gesehen rechts hinten im Raum, während ich mich links vorn befinde."). Um Zahlen im Kopf zu behalten, sie sich zu reproduzieren und mit neuem Wissen zu verknüpfen, fordert das gut ausgeprägte Gedächtnisleistungen vom Kind ab, die sich u.a. in Verbindung mit dem Sprachvermögen entwickeln. Logisches Denken, was oft bei der Bewältigung von mathematischen Anforderungen gebraucht wird, wird, z. B. durch Musik, Musizieren, das Analysieren von Tönen, durch den Hörsinn und durch Rhythmusübungen gefördert (vgl. Kreusch-Jakob 1999, zit. in: Sächsisches Staatsministerium für Soziales 2007, (mathematische Bildung) S. 2).
Mathematische Bildung sollte an das Spiel von Kindern, an ihre Interessen sowie allgemeinen Alltagserfahrungen anknüpfen, sonst können sie Mathematik nur schwer erfassen.
In der mathematischen Erziehungs- und Bildungsarbeit von Erziehern, Lehrern und Sozialpädagogen und in Selbstbildungsprozessen von Hortkindern geht es nicht nur

29 Die Quelle [vgl. Sächsisches Staatsministerium für Soziales 2007, (mathematische Bildung) S. 1–16] bezieht sich, u.a. auf den gesamten nachfolgenden Text für den mathematischen Bildungsbereich. Direkte Zitate und Zitate aus zweiter Hand werden separat angegeben.

„um die Vermittlung von Rechenoperationen, sondern um die Unterstützung von Fertigkeiten wie Problemlösen, Kommunizieren, Argumentieren, Modellieren, um die Nutzung mathematischer Hilfsmittel und Arbeitsweisen (zum Beispiel Stoppuhr, Messlatte, Waage, Stricke), um die Entwicklung und Ausdifferenzierung des Vorstellungsvermögens von Zahlen und geometrischen Formen und um die Aneignung mathematischer Grunderfahrungen."

(Sächsisches Staatsministerium für Soziales 2007, (mathematische Bildung) S. 2)

Folgende grundlegende Ziele lassen sich durch den mathematischen Bildungsbereich für das Hortwesen definieren:

Ziel 1: Kinder lernen Formen und Größen von Gegenständen, die ihnen im Alltag begegnen, zu benennen und sie zu kategorisieren, d.h. sie in eine mathematische Ordnung zu bringen.

Ordnung ist die Basisstufe der mathematischen Bildung. Eine mathematische Ordnung kann sich nach bestimmten Größeneigenschaften von Körpern richten und impliziert, z. B. die Feststellung, dass der pädagogisch eingesetzte Hund im Hort kleiner ist, als der eigene Hund zu Hause oder dass das Gesicht eines Mitschülers schmal ist im Vergleich zu einem anderen, dessen Gesicht viel runder erscheint. Wahrgenommene Gegenstände können auch in bestimmte Körperordnungskategorien eingeordnet werden, z. B. in die Kategorien der Rechtecke, Kreise, Quadrate, Kegel oder Parallelogramme oder Kinder können bei der Beschäftigung mit Materialien bestimmte Regelmäßigkeiten an Gegenständen, wie zum Beispiel ein grünes Zick-Zackmuster auf zwei Büchern, gleichzeitig feststellen, die sich auch thematisch zueinander zuordnen lassen.

Ziel 2: Praktische Ordnungssysteme (wie Uhren, Kalender, aber auch Schränke und Schubfächer) werden in das Leben und den Alltag von Kindern integriert, um bei ihnen ein grundlegendes mathematisches Verständnis in real erlebten Situationen zu schaffen. Dabei suchen Eltern und Erzieher gemeinsam mit ihren Kindern nach festen Ordnungs- und Aufbewahrungsstrukturen, für beispielsweise Kleidung und Spielsachen.

Kindern muss klar gemacht werden, dass man ohne Ordnungs- und Aufbewahrungssysteme und ohne zeitliche Strukturierungshilfen schnell im Chaos versinken würde und zum Beispiel den Überblick dafür verlieren könnte, welche Spielsachen man eigentlich besitzt; oder dass bei einer Ordnung in der Federtasche oder im Schrank man auch auf stundenlanges Suchen nach Gegenständen verzichten könnte und die Zeit eher für eigene Interessen und Hobbies nutzen kann. Erzieher sind dafür zuständig, für Kinder Räume zu schaffen, in denen die Ausbildung mathematischer Kompetenzen möglich ist und diese unterstützt wird.

Ziel 3: Die Kinder im Hortalter entwickeln ein Zahlen-, Raum- und Mengenverständnis.

Das Zahlenverständnis hängt dicht mit dem Mengenverständnis zusammen und Kinder im Grundschul- bzw. Hortalter lernen nicht nur Zahlen in ihrer Reihenfolge kennen, sondern lernen auch, sie miteinander in den Grundrechenarten zu kombinieren. Dafür müssen sie eine Vorstellung von Mengen haben. Zum besseren Verständnis von Mengen muss ihnen an konkreten Gegenständen gezeigt werden, dass zum Beispiel vier rote Äpfel mehr sind von der Menge, als zwei. Das Mengenverständnis bezeichnet hier auch das im Punkt 3.2 des Buches aufgeführte Invarianz Verstehen für Flüssigkeiten, Massen und Flächen, an denen das Kind zwischen dem siebten bis zehnten Lebensjahr lernt, Teil- von Gesamtmengen zu unterscheiden (vgl. Mietzel 2007, S. 95f.).
Das Raumverständnis impliziert, u.a. die Ortung von Gegenständen innerhalb von Räumen und setzt die Förderung des räumlichen Denkens und Wahrnehmens voraus. Zum Beispiel kann ein Kind wahrnehmen, dass ein Ball hinten rechts vor dem Schrank und unten auf der Erde im Raum liegt oder dass eine Person etwa in der Mitte eines Raumes steht. Mit Kindern kann man auch erforschen, dass Gegenstände einen anderen Punkt im Raum einnehmen, wenn man seine Perspektive ändert und sich zum Beispiel auf einen Podest in der Mitte des Raumes stellt.

Ziel 4: Zum Erfassen von Mengen und Größen von Räumen, unbelebten Gegenständen oder Personen, aber auch Pflanzen und Tieren, werden Kindern Hilfs- bzw. Messutensilien, wie zum Beispiel ein Lineal, ein Zollstock, ein Maßband, ein Messbecher oder eine Waage zur Verfügung gestellt.

Damit können sie Körper, Figuren sowie Materialien, zum Beispiel nach ihren Maßen und nach dem Gewicht erkunden, sie berühren, mit allen Sinnen in ihrer Eindimensionalität, aber auch Mehrdimensionalität wahrnehmen, sie in bestimmten Eigenschaften miteinander vergleichen und sie anschließend in ein Ordnungssystem bringen.

Ziel 5: Kinder im Hortalter eignen sich ein Zeitverständnis an.

Dabei lernen sie, nach der Uhr zu leben und die Zeit von dieser ablesen zu können. Sie lernen dabei auch, dass 60 Sekunden gleich eine Minute sind, ein Tag aus 24 Stunden und eine Woche aus sieben Tagen besteht. In diesem Zuge bekommen sie von pädagogischen Fachkräften Raum und Unterstützung, die eigene Zeit ein Stück selbst zu verwalten und sich den Tagesablauf nach teilweise festen Ritualen, wie Hausaufgabenzeiten, aber auch flexiblen Spiel- und Entspannungszeiten, einzuteilen und zu planen. Zum Zeitverständnis gehört ebenso, zeitliche Abläufe, anhand von konkreten Erfahrungen, gedanklich logisch ordnen zu können und sie in eine richtige Reihenfolge zu bringen (z. B. dass es Winter ist, wenn Schnee fällt, und dass sich nach dem Winter stets der Frühling und danach der Sommer anschließen und im Sommer die großen Sommerferien beginnen). Auch mit den Kindern selbst angefertigte Wochenpläne zu Gruppenaufgaben und Pflichten sowie Unternehmungen können ihnen Struktur und Ordnung in ihrem Leben geben und das zeitliche Verständnis bzw. das Zeitmanagement einer Hortgruppe verbessern.
Doch wie kann man mathematische Bildung mit einer hundgestützten Pädagogik verbinden?
Um die Förderung des neunten Ziels der mathematischen Bildung laut Sächsischem Bildungsplan anzustreben und um konkret Kinder dazu zu bringen, ihre Tagesabläufe ein Stück selbst zu planen und zu strukturieren, können die Bedürfnisse des Hundes nach Auslauf, Fellpflege und Sauberkeit genutzt werden. Dies sind alles Bedürfnisse, die regelmäßig über das ganze Leben des Hundes befriedigt werden müssen. Dennoch müssen Fürsorge und Pflege für das Tier einen kontinuierlichen und regelmäßigen Raum im Tagesablauf der Kinder im Hort einnehmen. So müssen auch Aktivitäten einer hundgestützte Pädagogik auf andere wichtige Tagesaktivitäten, wie Essens- oder Hausaufgabenzeiten, abgestimmt werden.

Der nächste Punkt: *„die gemeinsame Wochenplanerstellung mit integrierten Verantwortlichkeiten*[30] *für das Tier"* soll dies verdeutlichen.

---

30 Mit Verantwortlichkeiten sind hier, z. B. die Pflege des Hundes, das Spazierengehen mit ihm und das Reinigen des Hundeplatzes im Hort gemeint. Kinder übernehmen damit Verantwortung für ein Lebewesen und üben sich in Fürsorge, womit gleichzeitig einige Bildungsziele des sozialen Bereichs im Bildungsplan mit dem mathematischen verknüpft werden.

Eine gemeinsam gestaltete Planungsrunde mit den Kindern, in der die Aktivitäten und Pflichten (mit jeweiliger Zeit) für die nächste Hortwoche in einen großen Wandkalender eingetragen werden, lässt sich dafür nutzen, um die Zeiten für Spaziergänge, Fellpflege etc. für das Tier darin zu integrieren. Die Aufgabe ist, jeden Tag gemeinsam und unter demokratischen Mitbestimmungsstrukturen zu planen. Kinder können dabei selbst Vorschläge machen, die dann in der Gruppe abgestimmt werden. Wichtige Bestandteile der Wochenplanung sind Essens-, Hausaufgaben-, Ausflugs- und Spielzeiten, aber auch die Pflege und Versorgung des Hundes, welcher an drei Tagen in der Woche die Hortgruppe begleitet. In einem gemeinsamen Dialog mit den Kindern werden einzelne Tagesabläufe mit der Integration des Tieres und ohne es durchgesprochen. Ausgehzeiten, in denen der Hund urinieren kann und sich mit den Kindern an der frischen Luft bewegt, können, zum Beispiel, um 13.30 Uhr (nach dem Mittagessen der Kinder für eine halbe Stunde) und um 15.30 Uhr an allen Anwesenheitstagen des Hundes geplant werden. Einmal die Woche soll eine ausgiebige Fellpflege im Zeitplan Platz bekommen. Das Zusammenfegen von Hundehaaren im Raum könnte immer um 16.00 Uhr an den Anwesenheitstagen des Tieres eingeplant werden, genauso wie das Ausschütteln seiner Decke und das Ausspülen seiner Trink- und Fressnäpfe. Die Arbeiten können sich die Kinder zu den jeweiligen Zeiten teilen, oder es können auch einzelne Kinder für die Arbeiten im Rotationsverfahren zuständig sein.
Nach jeder Planungseinheit während der Organisationsrunde darf jeweils ein Kind mit seinem Lieblingsstift eine Notiz in den Wandkalender schreiben. Der Kalender ist die ganze Woche über für die Kinder sichtbar und über ihm hängt eine Uhr zur Zeitorientierung. Nach jedem Tag einer aktuellen Woche, der vergangen ist in der Hortgruppe, wird mit den Kindern zusammen kontrolliert, ob in etwa alle Zeiten für verschiedene Aktivitäten eingehalten und alle Pflichten (auch die für den Hund) erledigt wurden. Die Kinder können dann alle abgeschlossenen Erledigungen auf ihrem Gruppenkalender abhaken.

Die Erfüllung der Ziele drei und vier der oben genannten Richtungsziele lässt sich ebenfalls sehr gut hundgestützt anstreben. Dabei sollen Kinder zwischen acht und zehn Jahren unter anderem ein Verständnis für bestimmte Mengen bekommen und sich diese mit Hilfe von Messinstrumenten veranschaulichen. Dabei kann auch gleichzeitig das Verständnis für ein Ordnungssystem nach den Kategorien klein, mittelgroß und groß gefördert werden (Ziel zwei).

Dafür soll das Beispiel: „*Gewichtsermittlung eines Hundes und Abmessen von Futtermengen für eine bestimmte Größenkategorie-Hund*" erläutert werden.
Es werden eine Packung Hundefutter und ein spezielles Messgefäß, das es für bestimmte Futtersorten im Handel gibt, und eine Waage benötigt. Zuerst soll von allen Kindern in der Gruppe die Futtermenge für eine Tagesmahlzeit für einen anwesenden Hund, entsprechend seines Gewichtes, ermittelt werden. Dazu wird der Hund gewogen. Der Erzieher stellt sich einzeln auf die Waage und dann mit dem Hund im Arm. Nun sollen die Kinder das Gewicht des Tieres ausrechnen, indem sie das Gewicht ihres Erziehers vom Gesamtgewicht subtrahieren. Dies kann im Kopf oder auf einem Blatt Papier geschehen. Auf der Hundefutterpakkung findet man drei Gewichtskategorien von Hunden. Kategorie eins heißt klein, ein Hund wiegt hier zwischen 2-10 Kg und soll eine Mindestfuttermenge nach einer bestimmten Grammzahl erhalten. Die zweite Kategorie gilt für mittelgroße Hunde zwischen 11 und 25 Kg mit einer entsprechenden Futtermenge und die dritte für große Hunde zwischen 26-40 Kg. Nun versuchen die Kinder, den pädagogisch eingesetzten Hund in eine Kategorie einzuordnen und die Größenordnung zu bestimmen.
Nun können die Kinder die erwünschte Futtermenge für eine Mahlzeit ablesen und versuchen die Futtermenge mit dem bloßen Auge und ihren Händen abzuschätzen. Diese Futtermenge wird in das Messgefäß gefüllt und die Kinder überprüfen ihre Schätzung. Je nach Schätzung wird die Menge in der Grammzahl so gelassen bzw. gegebenenfalls korrigiert. Diese Futtermenge bekommt dann das Tier zu seiner nächsten Mahlzeit gereicht.

5 Entwicklung eines Projektmodells für eine hundgestützte Pädagogik im Hortwesen

Im Folgenden soll eine allgemeine Modellkonzeption für ein ganzheitlich-präventives und integratives Projektmodell, innerhalb einer hundgestützten Pädagogik, entwickelt werden. Diese Modellkonzeption soll Horten, aber auch anderen Kinder- und Jugendhilfeeinrichtungen, ein theoretisches sowie praktisches „Grundgerüst" für eine tiergestützte Pädagogik anbieten. Dabei sollen (bei Verwendung innerhalb von Einrichtungen) die jeweilige Organisation und Methodenwahl, innerhalb der tiergestützten Pädagogik, immer spezifisch an die Bedürfniskonstellationen der Adressaten und die des eingesetzten Tieres, an die jeweiligen pädagogischen Zielsetzungen, die finanziellen und technisch-räumlichen Voraussetzungen angeglichen werden. Diese eben genannten Komponenten können in verschiedenen pädagogischen Einrichtungen sehr different aussehen.
Die tiergestützte Praxisarbeit nach dem hier entwickelten Projektmodell soll am hiesigen Beispiel im Hortwesen, in Form von hundgestützten Arbeitsgemeinschaften durchgeführt werden. Dabei soll ein Hund, Kinder beim Spielen und Lernen in „Hunde-Arbeitsgemeinschaften" begleiten, um kindliche Entwicklungs- und Bildungsprozesse zu fördern und zu unterstützten. Daher, aus dieser allgemeinen Grobzielsetzung, wird auch der Name der Modellkonzeption „DogSupportsChild" abgeleitet.
Am Tier können die Kinder außerdem die Eigenheiten eines Hundelebens und -verhaltens entdecken und lernen den artgerechten Umgang mit solch einem Tier kennen.
Um die Konzeption umfassend zu systematisieren, soll dabei die in der Sozialen Arbeit gängige Methode A.→Z.O.M.P. genutzt werden. In ihr werden fünf wichtige Qualitätsbereiche einer hundgestützten Pädagogik, in Form von Arbeitsgemeinschaften, im Hort integriert. Die Buchstaben der Abkürzung A.→Z.O.M.P. stehen für fünf Strukturelemente einer Projektplanung, die alle im Bezug zueinander stehen. Dabei sind alle genannten Strukturelemente gleichzeitig und gleichwertig zu betrachten, die sich in der folgenden Planung wieder finden (vgl. Hekele 2005, S. 161f.).
Der Buchstabe „**A**" steht für die Adressaten eines Angebotes, hier also für Hortkinder mit ihren spezifischen Bedürfnissen, nach denen sich die Definierung der konkreten pädagogischen Erziehungs- und Bildungsziele sowie die verwendete Methodik in der tiergestützten pädagogi-

schen Arbeit richten. Unter Umständen können auch Eltern als Adressaten gelten, wenn z. B. mit ihnen zusammen Erziehungsziele in Elterngesprächen für ihre Kinder innerhalb verschiedener Erziehungs- und Bildungsangebote definiert werden oder sie selbst an einer hundgestützten Arbeitsgemeinschaft mitwirken (siehe Punkt 5.4.5). Der Buchstabe **„Z"** steht für übergeordnete pädagogische Erziehungs- und Bildungsziele (Punkt 5.3) und ethische Grundwerte bzw. das Leitbild, die die Arbeit mit den Adressaten untermauern, die im Punkt 5.1 des Kapitels beschrieben werden. Der Buchstabe **„O"**, innerhalb der Abkürzung A.→ Z.O.M.P., impliziert die Struktur bzw. die Organisationsform des Angebotes sowie die juristisch- und pädagogischen Orientierungsgrundlagen, wie der Sächsische Bildungsplan für Kindertagesstätten, das Kinder- und Jugendhilfegesetz, das Sächsische Gesetz zur Förderung von Kindern in Tageseinrichtungen, das Tierschutz- und Infektionsschutzgesetz der BRD, die die spezifische Angebotsform der hundgestützten Arbeitsgemeinschaften im Hort tragen. Auch die Hygienevorschriften, die räumlich technischen Anforderungen und der Versicherungsschutz, im Bezug auf die Durchführung einer hundgestützten Pädagogik im Hort als qualitative Voraussetzungen (Punkt 5.3.1/5.3.2/5.3.4), spiegeln sich in diesem Strukturelement wider.
Der Buchstabe **„M"** symbolisiert die Art und Weise im pädagogischen Vorgehen (Methode), in Richtung der Erreichung der allgemeinen Erziehungs- und Bildungsziele und speziell konkret definierten Praxisziele, das in der Sammlung der Aktivitäten für die hundgestützten Arbeitsgemeinschaften zu finden ist (siehe Punkt 5.2) und sich mit dem 4. Kapitel dieser wissenschaftlichen Arbeit inhaltlich und methodisch verbindet. Der Buchstabe **„P"** bezieht sich auf die Personen des professionellen Handelns in den tiergestützten Arbeitsgemeinschaften mit einem Hund, also auf den Erzieher oder Sozialpädagogen, der das spezifische Angebot mit dem Tier ausführt und dabei ein fachliches und methodisches „Know How" und Motivation mitbringen muss. Diese Anforderungen an die pädagogische Fachkraft werden im Punkt 5.4.6 des Kapitels reflektiert (vgl. Hekele 2005, S. 162).
Die hundgestützte Praxisarbeit in Arbeitsgemeinschaften im Hort zielt einmal in Inhalten und Zielen auf eine allgemeine Bildung und Erziehung der Kinder in einer Gruppe ab, anderseits soll sie auch eine gezielte Integration und individuelle Förderung von Kindern mit Lern- und Entwicklungsschwierigkeiten zulassen. Der Fokus der Integration soll hier, wie schon in der Einleitung erwähnt, speziell für Kinder mit einer ADHS-Symptomatik (Punkt 5.3.1) ausgerichtet sein. ADHS ist die Abkürzung für Aufmerksamkeitsdefizit-/Hyperaktivitätsstörungen, die in

ihrer Symptombreite und ihrer Auftrittsintensität von Kind zu Kind unterschiedlich sein können. Diese Störung tritt bei ca. 3–6% der Heranwachsenden zwischen dem 6. bis 18. Lebensjahr auf (vgl. Banaschewski 2009, S. 1).

Im Punkt 5.4.1 soll auf die ADHS-Symptomatik bei Kindern eingegangen werden und die speziellen Erziehungs- und Bildungsbedürfnisse dieser Kinder hervorgehoben werden, die für die gezielte individuelle und gruppenintegrative Förderung einer hundgestützten Pädagogik notwendig sind.

Die Erziehungs- und Bildungsziele sollen so konzipiert sein, dass sie sich für Kinder mit und ohne ADHS-Hintergrund eignen und dass sie für alle Heranwachsenden in der Entwicklung unterstützend und mit Hilfe des Tieres (Social-Support-Aspekt) gleichzeitig ganzheitlich und präventiv auswirken. Was Ganzheitlichkeit, Integration und Prävention in diesem Zusammenhang bedeuten, soll im Punkt 5.1 dieses Kapitels näher erläutert werden.

Des Weiteren sollen im Punkt 5.4 qualitative Vorrausetzungen und Anforderungen zur Umsetzung einer hundgestützten Pädagogik im Hort erarbeitet werden.

Im Punkt 5.5 dieses Kapitels wird eine konkrete organisatorische Beispielplanung für den Ablauf und die Verantwortlichkeiten innerhalb der „Hunde-Arbeitsgemeinschaften“ für ein Hortjahr aufgezeigt. Denn die richtige Organisation der ganzen pädagogisch-tiergestützten Arbeit entscheidet am Ende über ihren Erfolg. Anschließend werden einige Evaluationsvorschläge für die hundgestützte Pädagogik innerhalb der Arbeitsgemeinschaften gesammelt, um die Qualität der Arbeit reflektieren zu können, sie zu verbessern und um Erziehungs- und Bildungsziele sich ändernden Gruppenkonstellationen und Bedürfnissen der Kinder und des Hundes anpassen zu können.

5.1 *Theoretisch-konzeptioneller Ansatz sowie Leitbilder der hundgestützten Pädagogik*

Als theoretisch-konzeptionelle Einbettung einer hundgestützten Pädagogik im Hortwesen sollen hier Aspekte der ressourcenorientierten Intervention sowie der subjektorientierten und lebensweltorientierten sozialpädagogischen Ansätze gewählt werden sowie mit einfließen. In der (sozial)pädagogischen Arbeit mit Kindern und Eltern im Hortwesen eignet sich oftmals eine Ressourcenorientierung, da man sich hier nicht

an den Defiziten eines Kindes orientiert und dort mit der pädagogischen Arbeit ansetzt, sondern man an die noch vorhandenen, positiven Fähigkeiten und Fertigkeiten des Menschen anknüpft, diese versucht zu stabilisieren, auszubauen und zu fördern. Diese erscheint eine gute Arbeitsgrundlage für eine hundgestützte Pädagogik im Hortwesen zu sein, da ein Tier hier pädagogische Fachkräfte unterstützen kann, die Entwicklung von Kindern zu fördern sowie eine positive Fähigkeiten- und Fertigkeitenaneignung zu stabilisieren. Die wissenschaftlich nachgewiesenen bio-psycho-sozialen Wirkungseffekte von Tieren unterstützen diese Aussage bzw. Vermutung.
Der subjektorientierte sozialpädagogische Ansatz, der sich an den Bedürfnissen, Lebenssituationen, Werteorientierungen und Aussagen der Adressaten der sozialpädagogischen Arbeit orientiert und der zentrale Momente, wie die Erhaltung der Selbstbestimmung der Adressaten, die Demokratisierung bei Lebensgestaltungsprozessen[31] und Flexibilisierung von Hilfen für sich beansprucht, scheint ebenso eine gute Arbeitsgrundlage für eine tiergestützte Pädagogik im Hortwesen zu sein, da all diese Momente in der pädagogischen Arbeit mit Kindern wünschenswert und wertvoll sind (vgl. Hekele 2004, S. 15–19).

Auch im lebensweltorientierten Ansatz nach Thiersch finden sich Leitprinzipien wie Demokratisierung und Flexibilisierung von Hilfen. Das heißt: die praktische Durchführung der hundgestützten Pädagogik sollte immer mit demokratischen Entscheidungs- und Abstimmungsprozessen für Kinder als wichtiges Leitprinzip verbunden werden. Das impliziert besonders, dass Kindern, bezüglich der Inhalte und Durchführung der Arbeitsgemeinschaften, je nach Bedürfnissen und Interessen, Raum für Mitbestimmungsstrukturen gegeben wird. Flexible und integrierte Erziehungshilfen in der Vernetzung zwischen Einrichtungen und verschiedenen Angebotsformen (Hort–Schule/Hort–Erzieherische Hilfen) in der Arbeit mit Integrationskindern scheinen hier ebenfalls willkommen. Das ermöglicht gerade den Kindern mit erhöhtem Erziehungs- und Förderbedarf ein Verbleiben im gewohnten Lebensumfeld Hort, ohne es in Spezialeinrichtungen weit weg von „zu Hause“ abzuschieben und kann dem Klienten ein Stück Sicherheit geben, ohne gleich auszudifferenzieren (vgl. Thiersch/Grunwald/Köngeter 2002, S. 175f.).

---

31 Demokratisierung meint hier das Einräumen von Mitbestimmungsstrukturen, Artikulations- und Beteiligungsmöglichkeiten für Adressaten, in der Arbeit mit ihnen.

Die Verknüpfung der drei konzeptionellen Ansätze und Leitbilder können als ein Alltags- und Handlungskonzept betrachtet werden, worin spezifische Lebensschicksale und Entwicklungsstände von Menschen niemals gesondert von gesellschaftlichen institutionellen Rahmenbedingungen und sich sozialräumlich abzeichnenden Lebensverhältnissen begriffen werden (vgl. Hekele 2004, S. 15–19).

In der Verknüpfung der Ansätze soll jenen praktischen Anforderungen einer flexiblen, am Bedarf der Adressaten orientierten Betreuung, Erziehung und Bildung von Kindern in Kindertageseinrichtungen nach § 22 des Kinder- und Jugendhilfegesetzes entsprochen werden. Weitere gesetzliche Grundlagen bzw. Orientierungshilfen für die Erziehung und Bildung der Heranwachsenden im Hortalter geben der Sächsischen Bildungsplan für Kindertageseinrichtungen und das Sächsische Gesetz zur Förderung von Kindern in Tageseinrichtungen (SächsKitaG). Diese gesetzlichen Rahmenbestimmungen und Orientierungshilfen gelten ebenso für die Durchführung einer tiergestützten Pädagogik im Hort, wobei hier auch noch die Einhaltung des Tierschutzgesetzes und der Versicherungsschutz sowie die Hygienemaßnahmen (näheres dazu in Punkt 5.5 und 5.5.1 des Kapitels) relevant und genauso wichtig sind. Für die Einhaltung der gesetzlichen Bestimmungen, auch innerhalb einer hundgestützten Pädagogik, sind die Einrichtungen, die spezifische tiergestützte Angebote machen, mit ihren Mitarbeitern selbst verantwortlich.
Im Punkt 3.1 des Buches wurden schon einmal menschliche Grundbedürfnisse, innerhalb eines positiven Menschenbildes (u.a. nach Hekele), herauskristallisiert, die auch hier als moralische Grundpfeiler und ethische Basis des Konzeptes gelten sollen. Diese implizieren:
Jeder Mensch strebt nach körperlicher, geistiger und seelischer Gesundheit und Wohlbefinden (vgl. Hekele 2005, S. 21).
Jeder Mensch strebt nach einer Befriedigung biologischer Grundbedürfnisse, wie Hygiene, Ernährung und einem Wohnraum in einer Lebenswelt, in der er sich wohl fühlt (vgl. Hurrelmann 1994, zit. in: Jaszus/Büchin-Wilhelm 2004, S. 256).
Jeder Mensch strebt nach Selbstbestimmung, sozialer Anerkennung und Integration. Jeder Mensch strebt nach Harmonie und einer positiven Zukunft (vgl. Hekele 2005, S. 21).

Dabei ist anzumerken, dass jeder im Laufe seines Lebens auf innere und soziale Konflikte trifft, die ihm eine Chance eröffnen können, sich neu im Leben zu orientieren, seine psychosozialen und körperlichen Fähigkeiten

und Fertigkeiten zu erweitern, zu festigen, neue dazu zu lernen und nach einer kompromissorientierten Lösung für alle Beteiligten zu suchen.
Außerdem strebt, nach Hekele, jedes menschliche Individuum nach einer zufrieden stellenden Lebensbewältigung (vgl. Hekele 2005, S. 21).
Jeder Mensch hat außerdem ein natürliches Interesse an der Auseinandersetzung mit seiner Umwelt (vgl. Mietzel 2007,S. 80f.).
Jeder Mensch möchte sich weiter entwickeln und selbstverwirklichen (vgl. Jaszus/Büchin-Wilhelm 2004, S. 261).

> *„[J]eder Mensch hat ein positives Interesse an sich selbst, an einem gelungenen sozialen Miteinander und insgesamt an einer sinnhaften und sinngebenden Lebensgestaltung."*
>
> (Hekele 2005, S. 21; Anpassung: J. J.)

Diese Leitideen eines positiven Menschenbildes wurden im Punkt 3.1 der Arbeit mit hilfreichen bio-psycho-sozialen Wirkungsmechanismen einer Mensch-Tier-Beziehung für die tiergestützte Pädagogik und den Alltagskontakt mit Tieren im Rahmen der Social-Support-Theorie verbunden.
So kann ein Hund, z. B. beim Aufbau einer intensiven Beziehung zu Kindern, innerhalb von pädagogischen Aktivitäten, helfen, ihnen physiologische, psychoemotionale und soziale Unterstützung geben und gemeinsam mit dem Erzieher, gezielt den Ausbau von psychomotorischen, sozialen, kommunikativen, mathematischen, ästhetisch-kreativen und naturwissenschaftlichen Fähigkeiten fördern, sich positiv auf körperliche sowie psychosoziale Prozesse im Kind auswirken, zudem sozialisations- und kommunikationsfördernd auf das Gruppengeschehen wirken und ein Stück negativen Entwicklungsverläufen entgegenwirken, zumindestens dazu beitragen (vgl. Messent 1983, S. 37–47/vgl. Nestmann 1994, S. 71).
Dies, wie ein regelmäßiger Kontakt mit dem Tier in der tiergestützten Pädagogik, kommt gerade Kindern mit Entwicklungsstörungen und Verhaltensauffälligkeiten zu Gute (vgl. Levinson 1962, S. 60).
Zum Thema Entwicklungsstörungen und einem vermehrten Auftreten von Verhaltensauffälligkeiten bei Kindern im Grundschulalter, muss gesagt werden, dass mir während meiner mehrjährigen pädagogischen Praxisarbeit in der Kinder- und Jugendhilfe auffiel, dass dies oft zu betreuende Kinder (aber nicht ausschließlich) aus sozial und wirtschaftlich benachteiligten Familien waren, die bisher keine altersadäquate Bildung und Förderung genießen konnten, weil ihre Eltern beispielsweise jahrelang arbeitslos waren, ein sehr niedriges Bildungsniveau hatten, chronisch psychisch krank oder körperlich behindert sind und sich nicht

richtig um die Heranwachsenden kümmern konnten sowie mit ihren Kindern in relativer Armut leben.

Gerade hier kann doch ein Tier durch seine möglichen bio-psycho-sozialen Wirkungseffekte dazu eingesetzt werden, die somatische, soziale, psycho-emotionale, kommunikative und kognitive Fähigkeitenausbildung bei solchen Kindern zu unterstützen. Geeignete pädagogisch eingesetzte Tiere scheinen hier die (heil)pädagogische Fördereffekte, gerade durch die besondere Kommunikation zwischen Kind und Tier, noch verstärken zu können.

Die Aspekte, Prävention und Integration im Rahmen eines hundgestützten Projektmodells zur Förderung von kindlichen Erziehungs- und Bildungsprozessen, ergeben sich aus der sozioökonomisch schlechten Lage solcher Familien, die von chronischen Krankheiten, Bildungsarmut und Langzeitarbeitslosigkeit gezeichnet sind und sich nahezu in vielen Bundesländern Deutschlands und Städten finden lassen. Gerade Kinder aus solchen Familien benötigen langfristig präventive und integrative Hilfeangebote, die ihre Entwicklung nachhaltig fördern und die den Eltern ein Stück weitere Entlastung auf der einen Seite und Einbezug in Hilfeangebote auf der anderen Seite gewähren.

Zum Beispiel leben in Dresden–Prohlis viele Familien mit ihren Kindern, die komplexe sozioökonomische Problemlagen aufzeigen. Für viele Heranwachsenden (wie für ihre Eltern), die Kindertageseinrichtungen im Stadtteil besuchen, ergibt sich dadurch *„ein erhöhter Bedarf an einer Umsetzung individueller Fördermaßnahmen im materiellen, sozialen sowie im entwicklungs- und bildungstechnischen Sinne"* (Bastian/Becker 2005, S. 1).

Der Anteil der Familien, die hier Arbeitslosengeld eins und zwei beziehen und deren Kinder Kindertageseinrichtungen besuchen, liegt bei mehr als 40 Prozent, davon sind 40 Prozent der Eltern allein erziehend. Viele Familien haben zudem einen Migrationshintergrund. ErzieherInnen aus Kindertageseinrichtungen des Stadtteils signalisieren zunehmend eine drastische Steigerung (in den letzten zehn Jahren) des Anteils von Heranwachsenden, bei denen Entwicklungs- und Verhaltensauffälligkeiten bereits im Vorschul- und Grundschulalter zu finden sind.[32] Viele Kinder, die hier Kitas und Schulen besuchen, erhalten spezielle Hilfen von außen, wie Sprachtherapien, Kinderpsychotherapien und andere (vgl. Bastian/Becker 2005, S. 2).

---

32 Eine Entwicklungsstudie zur Sprachentwicklung von Kindern vom Jugendärztlichen Dienst zeigt auf, dass „m Jahr 2003 überdurchschnittlich viele Prohliser Kinder im Alter von 4 Jahren in ihrer Sprachentwicklung beeinträchtigt waren." (Bastian/Becker 2005, S. 2)

„In einer ämterübergreifenden Analyse des Jugendamts/ASD und des Eigenbetriebes Kindertageseinrichtungen wird der Sozialraum Prohlis mit einer ansteigenden Tendenz von Problemlagen junger Familien und ersten Anzeichen einer Verwahrlosungstendenz gekennzeichnet."

(Bastian/Becker 2005, S. 2)

Damit die Zahl der Entwicklungs-, Lern- und Verhaltensauffälligkeiten bei Kindern nicht noch mehr steigt, nicht immer mehr externe spezialisierte Hilfen getrennt von der Lebens- und Bezugswelt der Kinder und Familien eingesetzt werden, wie z. B. die vermehrte Unterbringung in heilpädagogischen Wohngruppen, in Stationen psychiatrischer Krankenhäuser oder in der Erziehungsberatung, sollen Hilfen, adressaten-, lebenswelt- und subjektorientiert (vor allem an den Bedürfnissen und Ressourcen der Adressaten ansetzend) vor Ort in Regeleinrichtungen, wie Schule oder Hort, integriert und installiert werden, die flexibel, einrichtungsübergreifend[33], ganzheitlich, präventiv und integrativ arbeiten (vgl. Thiersch/Grunwald/ Köngeter 2002, S. 169–176).

Doch was bedeuten Ganzheitlichkeit, Integration und Prävention, im Sinne von hundgestützten Arbeitsgemeinschaften?
Ganzheitlichkeit meint hier nachhaltig so viele kindliche Bildungsbereiche (laut Sächsischen Bildungsplan für Kindertagesstätten) wie möglich in der Arbeit mit dem Tier und den Kindern anzusprechen. Integration, im Sinne des hundgestützte Projektmodells, bezieht sich auf eine tiergestützte Pädagogik mit einem Hund, die gleichzeitig bei Kindern mit und ohne ADHS-Symptomatik anwendbar sein soll. Die gemeinsame Arbeit mit Kind und Tier soll speziell Kinder mit erhöhtem Förderbedarf (ADHS-Symptomatik) ansprechen und Entwicklungsverzögerungen entgegen wirken. Das bedeutet, die Kinder mit und ohne Verhaltensauffälligkeiten und Entwicklungsstörungen, speziell an ihren Bedürfnissen gemessen, integrativ in einer Arbeitsgemeinschaft als Gruppe zu fördern, aber auch individuell auf einzelne Kinder einzugehen, die einen erhöhten Erziehungsbedarf aufweisen.

---

33 Einrichtungsübergreifend meint hier eine Vernetzung der Angebote zwischen Hort und Grundschule sowie zwischen dem Übergang Kindergarten–Hort sowie gegenseitige einrichtungsübergreifende Absprachen bezüglich gemeinsamer Erziehungs- und Bildungsziele und fallspezifischer individueller integrierter Hilfen in den Regeleinrichtungen je nach Bedürfnissen von Kindern (vgl. Sächsisches Staatsministerium für Soziales 2007, (Kontexte) S. 18–22/ S. 27–29).

Spezifische Hilfe (auch tiergestützte pädagogische Hilfe) soll von Beginn an, unter Mitarbeit und Absprache mit den Eltern, vor Ort direkt angesetzt werden, nämlich da wo psychosoziale Probleme und Krisen entstehen und ihnen auch entgegengewirkt werden kann. „Vor Ort" meint hier in der gewohnten Lebens- und Lernwelt der Kinder, wie in Schulen, Freizeiteinrichtungen und Kindertagesstätten, in denen sie sich regelmäßig aufhalten (vgl. auch Thiersch/Grunwald/Köngeter 2002, S. 169–171). Durch die integrative Förderung sollen negative Entwicklungsverläufe präventiv verhindert bzw. kontrolliert werden. Die gemeinsame Beschäftigung in der Gruppe mit dem Hund und die Annahme durch das Tier soll allen Kindern Integrationserfahrungen ermöglichen und ihnen das Gefühl geben, dass sie jeder für sich ein wichtiger und integraler Bestandteil der Gruppe sind, aber auch einzeln als Individuum vom Tier angenommen werden. Die tiergestützte Pädagogik ist kein Allheilmittel, dennoch kann sie nachweislich die Entwicklungsphase des Hortalters positiv unterstützen und sich durch ihre physiologischen, psychologischen und sozialen Wirkungseffekte (siehe Punkt drei der Arbeit) präventiv auf die Gesundheit, die Entwicklung und das allgemeine Wohlbefinden von Kindern auswirken. Hundgestützte Erziehungs- und Bildungsangebote, in Form von Arbeitsgemeinschaften, sollen Kinder soweit wie möglich, neben anderen Fördermaßnahmen, in ihrer Entwicklung unterstützen (neben der pädagogischen Arbeit der Fachkräfte des Hortes und der Erziehung und Förderung durch ihre Eltern), so dass sie sich in ihrer Lebenswelt zurecht finden, selbständiger werden und sich kompetent gemäß der altersentsprechenden Lebensanforderungen der Gesellschaft verhalten. Prävention im Zusammenhang einer tiergestützten Pädagogik mit einem Hund bedeutet dabei speziell, auf die *„die Bildung und Stabilisierung allgemeiner Kompetenzen zur Lebensbewältigung"* (Thiersch/Grunwald/Köngeter 2002, S. 173) abzuzielen, dabei aber auch gleichzeitig negativen Entwicklungsverläufen von Kindern entgegenzuwirken und Kinder mit schon gegebenen psychosozialen und psychomotorischen Beeinträchtigungen in Richtung altersgemäße kompetentere Entwicklung, d.h. in ganzheitlichen Fähigkeiten- und Fertigkeitenausbildungsprozessen, mit dem Tier zu unterstützen.

5.2 *„Hunde-Arbeitsgemeinschaften" als Organisationsformen einer tiergestützten Pädagogik*

Als Beispiel-Organisationsform einer tiergestützten Pädagogik mit einem Hund soll hier für das Hortwesen eine Arbeitsgemeinschaft gewählt werden. Diese Arbeitsgemeinschaft findet beispielsweise zweimal wöchentlich regelmäßig 90 Minuten statt. Als optimale Teilnehmerzahl pro Arbeitsgemeinschaft werden aus meiner Erfahrung heraus nicht mehr als acht Kinder vorschlagen, da mehr Teilnehmer (teilweise aufgrund der Lautstärke) eine erhebliche Belastung für einen Hund darstellen können. Allgemein muss auch darauf hingewiesen werden, dass gerade die Arbeit mit kleineren Kindern (allgemein im Kitabereich) die größte Herausforderung für so ein Tier darstellt und teilweise sehr anstrengend sein kann. Daher braucht das Tier genügend Ruhephasen und es müssen klare Regeln mit den Kindern in einer Gruppe im Vorfeld für die Durchführung vereinbart werden (bzgl. Lautstärke und Aktivitätsniveau). Wenn nur eine Fachkraft und ein Tier die tiergestützten Angebote durchführen, wäre eine Teilnehmerzahl von fünf bis maximal acht Kindern sinnvoll, gerade auch wenn sich mehr als zwei Teilnehmer mit Intergrations- und erhöhten Förderbedarf in einer Gruppe befinden. In schwierigen Entwicklungs- und Verhaltensmomenten der Integrationskinder und bei erhöhtem Betreuungs- und Erziehungsbedarf kann nach Bedarf ein weiterer Erzieher zur Arbeitsgemeinschaft hinzugezogen werden. In der Regel sichert die pädagogische Erziehungs- und Bildungsarbeit ein Betreuer mit einem Hund ab. Bei Bedarf können Integrationskinder auch eine halbe Stunde Einzelbetreuung mit dem Tier während der Gruppenbetreuung erhalten, wenn eine zweite Aufsichtsperson mit vor Ort ist, die sich in der Zeit mit den anderen Kindern beschäftigt. Hauptziel ist es aber vorrangig, die Integrationskinder so gut wie möglich ins Gruppengeschehen zu integrieren und sie dadurch tiergestützt vor allem in der Ausbildung ihrer somatischen, psychosozialen und kommunikativen Kompetenzen zu fördern.

5.2.1 Kurzsammlung der Inhalte und Aktivitäten der hundgestützten Pädagogik

Die Aktivitäten und Tätigkeiten, d.h. die tatsächlichen Themen, die die Arbeitsgemeinschaften bestimmen, hängen jeweils von entsprechenden Komponenten ab. Einmal richten sie sich nach den Erziehungs- und Bildungszielen des Sächsischen Bildungsplanes für Kindertageseinrich-

tungen, nach den Interessen der Kinder, nach dem Wetter und der Jahreszeit, dem (gesundheitlichen) Zustand der Kinder, des Hundes und nach den Hygienevorschriften. Zum Punkt „Interessen der Kinder“ ist zu sagen, dass vor Beginn eines neuen Hortjahres es jeweils zwei Tage geben soll, an denen alle neu angemeldeten Kinder, zusammen mit der pädagogischen Betreuung, sich unter demokratischen Abstimmungsprozessen zusammen hundgestützte Aktivitäten und Themen für die Arbeitsgemeinschaften überlegen, die dann in einem selbst erstellten Kalender für jede „Sitzung“ festgehalten werden.
Dabei werden die Kinder einmal gefordert, sprachlich ihre Interessen mitzuteilen[34] und zu artikulieren, mit dem Medium Zeit umzugehen und zeitliche Planungsprozesse[35] zu vollziehen. So kann inhaltlich eine Aktivitätsplanung für drei Monate für jeweils zwölf „Sitzungen“ folgendermaßen aussehen:

Monat eins

Die Arbeitsgemeinschaft findet immer dienstags zwischen 14 und 15 Uhr statt.
Für den ersten Termin im Monat eins wird eine Kennlernstunde zwischen den Kindern und dem Tier eingeplant. Hier stehen die Beobachtung des Hundeverhaltens und die Wahrnehmungsübungen zum kennen lernen des Hundes auf dem Plan. Zentrale Fragen zum Tier, die die Kinder versuchen sollen zu beantworten, sind: Wie heißt der Hund? Wie groß ist der Hund? Welche Farbe hat sein Fell? Zu welcher Rasse gehört er? Wie riecht der Hund? Wie fühlt sich das Fell an? Gibt der Hund Geräusche von sich und wenn ja, welche? Wie ist seine Stimmung?
Für den zweiten Termin steht die Aktivität „Wir gestalten unsere eigenen Regeln im Umgang mit einem Hund im Hort und mit uns selbst und Gruppenmitgliedern“ auf dem Programm, die genauer im Punkt 4.3 des Buches beschrieben wurden und der Leser im Anhang in der Beispiel-Mindmap unter Punkt 9.1 findet. In der dritten Woche könnten eine Wanderung mit dem Hund durch den Stadtteil und das Kommandos (wie „Sitz“, „Platz“ etc.) kennen lernen und üben mit dem Tier auf dem Tagesplan stehen.
Zum vierten Termin der Arbeitsgemeinschaft sollen Spiele im Freien, wie „Hundeverstecke“, eine gemeinsame Erkundung eines Stadtparks mit

34 Gemäß eines kommunikativen Bildungsziels laut Sächsischem Bildungsplanes, Punkt 4.3 der Arbeit

35 Gemäß eines mathematischen Bildungsziels laut Sächsischem Bildungsplanes, Punkt 4.6 der Arbeit

dem Tier sowie bewusstes „Gassi gehen" und Einzelförderung in der Fell- und Ohrenpflege für Integrationskinder auf der Tagesordnung stehen. „Hundeverstecke" ist ein Spiel, was von den mir betreuten Kindern in der Vergangenheit erfunden wurde. Es läuft im Prinzip wie das normale Versteckspiel ab, nur dass die Person, die gerade andere Kinder sucht, den Hund an der Leine hat, der animiert wird, durch seinen guten Geruchs- und Hörsinn, die versteckten Kinder mit aufzuspüren.

Monat zwei
Zum ersten Treffen der Arbeitsgemeinschaft steht eine kreative Zeichenaktion auf dem Tagesplan. Dabei zeichnen die Kinder ihren Lieblingshund oder den Hund ihrer „Hunde-Arbeitsgemeinschaft". Der Hund kann als lebendes Model als Vorlage dienen und Kinder können sich auch Anregungen aus mitgebrachten Hundebüchern holen. Arbeitsmaterialien, wie Stifte, Tusche und Papier, stellt der Erzieher bereit. Diese Aktivität eignet sich vor allem bei schlechtem Wetter.
Zum zweiten Termin könnte das im Punkt 4.3 beschriebene Verfassen eines Briefes an einen Freund mit dem Thema „Stadtausflug mit einem Hund" stattfinden.

In der dritten Woche, im Monat Oktober, könnte ein gemeinsamer Tierarztbesuch mit den Kindern und dem Tier stattfinden, wobei die Kinder selbst das Tier beim Tierarzt an der Rezeption anmelden und im Sprechzimmer den Tierarzt bitten sollen, das Tier zu untersuchen und zu impfen. Solch ein Besuch bei einem Tierarzt muss von der Einrichtung im Vorfeld in der Tierarztpraxis angemeldet werden, und es muss ein Tierarzt gefunden werden, der bereit ist, sich genügend Zeit für eine Kindergruppe zu nehmen, am besten außerhalb der regulären Sprechzeiten, wenn möglich. Es gibt auch Tierärzte, die ehrenamtlich bereit sind, unter Absprachen für eine „Sitzung" in den Hort zu kommen und Aufklärungsarbeit über den artgerechten Umgang mit einem Hund zu leisten.
In der darauf folgenden hundgestützten Arbeitsgemeinschaft könnte ein gemeinsamer Crosslauf mit den Kindern und dem Tier in einem nahe liegenden Park stattfinden.

Monat drei
Neben den oben genannten Aktivitäten für eine hundgestützte Arbeitsgemeinschaft gibt es noch unzählige andere, die auf der Tagesordnung stehen können, wie z. B. Hunderassenkunde, bei der Kinder, mithilfe von Büchern oder Videos oder bei dem Besuch einer Hundeschule, unterschiedliche Hunderassen kennen lernen. Auch eine „Hunde-Safari" im

Schnee, bei der man Tierspuren sucht, kennen lernt und abzeichnet, könnte eine Stunde Arbeitsgemeinschaft ausfüllen. Ebenso sind Hindernisläufe und Balancierübungen mit dem Tier denkbar, genauso wie das gemeinsame Backen von „Hundekeksen". Auch ein Wissensquiz mit anschließender Urkundenvergabe zum Thema Hundepflege, Hundeernährung und Hunderassen ist denkbar und macht den Kindern erfahrungsgemäß viel Spaß. Des Weiteren gibt es auch Bücher zur Hundemassage, mit denen die Kinder anschaulich am Tier lernen können, wie man einen Hund richtig massiert, damit er sich wohl fühlt.
Auch die Gewichtsermittlung eines Hundes mit Hilfe einer Waage und das Abmessen von Futtermengen für eine bestimmte Größenkategorie eines Hundes sind denkbar.
Genauso können Aktivitäten, wie das Herstellen einer Wandzeitung zur Vorstellung des horteigenen Hundes, das Entwerfen eines eigenen Hundekalenders, in dem Ausführ- und Futterzeiten für den Hund festgehalten werden, stattfinden. Auch ein geplantes Picknick für Mensch und Hund, zur Sommerzeit auf einer Wiese, lässt sich mit den Kindern organisieren und wird immer gern von den Heranwachsenden angenommen. Zur Förderung von sozialen Kompetenzen, wie Verantwortungsgefühl und Fürsorge, eignet sich das Rotationsverfahren, im Bezug auf Verantwortlichkeiten für das Tier in der Gruppe, was im Punkt 4.2 beschrieben wurde. Dabei ist in jeder Woche ein anderes Kind an der Reihe, was den Hundekorb säubert, dem Hund vor und nach jeder Arbeitsgemeinschaft Wasser reicht und das Fell einmal richtig durchbürstet. Die verantwortlichen Kinder können zum Monatsanfang zusammen in der Gruppe bestimmt werden, was in einem Terminkalender oder ihrem Hausaufgabenheft festgehalten wird.
Auch eine Fotocollage mit Bildern und selbst gemachten Fotos vom Hund lässt sich mit den Heranwachsenden erstellen oder das richtige Führen eines Hundes im Straßenverkehr üben. Beliebt bei Kindern ist auch das Legen von Futterfährten für das Tier, bei dem Hundefutter an verschiedenen Stellen im Raum versteckt wird, die der Hund dann anschließend aufspürt.
Es gibt noch unzählige Aktivitäten, die man in einer tiergestützten Pädagogik mit Hortkindern durchführen kann. Es liegt in der Verantwortung und im Ideenreichtum des Erziehers und hängt vom richtigen methodischen Vorgehen, von Planungs- und Organisationsprozessen seinerseits ab, ob die Kinder im Laufe eines Hortjahres ganzheitlich, gemäß aller Bildungsbereiche des Sächsischen Bildungsplanes sowie vielseitig mit Hilfe von verschiedenen Aktivitäten gefördert und gebildet werden,

genug Raum und Zeit erhalten, um das richtige artgerechte Umgehen mit dem Tier selbst zu erforschen, auszuprobieren und zu üben.

5.3 Von allgemeinen zu konkreten Erziehungs- und Bildungszielen für die „Hunde-Arbeitsgemeinschaften" mit der Methode S.M.A.R.T.

Im Folgenden werden die bisher erarbeiteten Erziehungs- und Bildungsziele, die mit einer hundgestützten Pädagogik im 4. Kapitel verbunden wurden, als übergeordnete Ziele allgemein zusammengefasst. Danach werden daraus Praxisziele zur konkreten Umsetzung, in der Verknüpfung einer tiergestützten Pädagogik, abgeleitet.
Beim Konkretisieren von allgemeinen Zielen wird sich erkennen lassen, dass sich in die abgeleiteten präzisen Praxisziele ein methodischer Bezug einbauen lässt, der eine zukünftige Aktivität oder einen zukünftigen Zustand angibt, der in der tiergestützten pädagogischen Arbeit mit den Kindern im Hort, in Form von Arbeitsgemeinschaften, anstrebenswert ist.
Dabei lassen sich über die Methode S.M.A.R.T., eine häufig verwendete professionelle Planungsmethode zur Erstellung von konkreten Praxiszielen in der Kinder- und Jugendhilfe, fünf Qualitätskriterien bei der Praxiszielplanung einbinden, die sich genauso, wie bei A.→Z.O.M.P. (Punkt 5.0) aus den einzelnen Buchstaben der Abkürzung S.M.A.R.T. ergeben. Mit der Methode lässt sich auch eine Evaluation gut gestalten, im Bezug auf die Überprüfung von Praxiszielen (siehe dazu unter dem Abschnitt „Evaluationsvorschläge" des Kapitels) (vgl. Hekele 2005, S. 165–170).
Nach **S.M.A.R.T.** in den Praxiszielen vorzugehen, bedeutet:
Der Buchstabe **„S"** steht für Spezifität, d.h., die Ziele müssen konkretisiert und spezifiziert werden. Der Buchstabe **„M"** steht für Messbarkeit. Das bedeutet: *„durch was ist zu erkennen, dass das Ziel erreicht wird."* (Hekele 2005, S. 166).
Das **„A"** impliziert den Moment der Akzeptabilität, was soviel bedeutet, dass die konkreten pädagogisch formulierten Ziele stets eine Verbindung zu den *„übergeordneten, gemeinsam vereinbarten Zielen/Grundwerten aufweisen."* (Hekele 2005, S. 166).
Der Buchstabe **„R"** steht für Realismus. Dies bedeutet, *„das Ziel muss unter den gegebenen finanziellen, personellen, politischen...Bedingungen erreichbar sein."* (Hekele 2005, S. 166).

Der Buchstabe **„T"** steht für Terminierung. *„Ein Zeitpunkt für die Voraussichtliche Zielerreichung ist anzugeben"* (Hekele 2005, S. 166), (vgl. Hekele 2005, S. 166).

Nun werden die allgemeinen Erziehungs- und Bildungsziele ganzheitlich (d.h. für jedem Bildungsbereich des Sächsischen Bildungsplanes für Kindertageseinrichtungen) zu umsetzbaren Praxiszielen für eine hundgestützte Pädagogik, im Sinne von Arbeitsgemeinschaften für das Hortwesen nach S.M.A.R.T. konkretisiert. Dabei richteten sich diese, im Folgendem konkret formulierten Ziele, nach den im Punkt 4 der Arbeit herausgearbeiteten allgemeinen Bildungs- und Erziehungszielen/Grundwerten nach dem Sächsischen Bildungsplan für Kindertagesstätten. Konkrete formulierte Handlungsvorstellungen, bezüglich der Erziehungs- und Bildungsziele, gehören zu einer Projektentwicklung für die Praxisarbeit, damit sie auch in der Erziehung und Bildung der Kinder umgesetzt werden können. Im vierten Kapitel wurden, als Vorbereitung für die Konkretisierung der Handlungsziele, schon einige Umsetzungsvorschläge, bezüglich aller Bildungsbereiche, gemäß des Sächsischen für Kindertageseinrichtungen, dargestellt bzw. vorgeschlagen. Diese sollen nun vollständig ergänzt und mit denen aus Kapitel vier zusammengefasst werden.

Um aber inhaltliche Wiederholungen zu vermeiden, werden hier folgend nur die konkreten Praxisziele aus den allgemeinen Erziehungs- und Bildungszielen für den Bereich somatische Bildung und Erziehung exemplarisch als Beispiel aufgezeigt. Die anderen, konkreten abgeleiteten Praxisziele der weiteren fünf Bildungsbereiche, finden sich im Anhang unter Punkt 9.2 wieder.

Oberstes allgemeines Hauptziel ist, Hortkinder mit Erziehungs- und Bildungsmaßnahmen so zu fördern, dass sie sich auf allen Entwicklungsebenen (somatische, soziale, kommunikative, ästhetisch-kreative, naturwissenschaftliche und mathematische Ebene) altergerecht entwickeln können, indem bei jedem Kind eine körperliche, geistige, emotionale und psychosoziale Gesundheit und ein Wohlbefinden, individuell und im Gruppenleben im Hort, angestrebt wird. Darüber hinaus soll Bildung und Erziehung dazu beitragen, an die bereits vorhandenen Ressourcen im Kind und in seinem Lebens-, Lern- und Spielumfeld anzuknüpfen, diese zu aktivieren, zu stabilisieren und auszubauen sowie als pädagogische Einrichtung dazu beizutragen, es Kindern zu ermöglichen, Handlungsstrategien, Fähigkeiten und Fertigkeiten zur allgemeinen Lebensbewältigung auszubilden.

Daraus lassen sich allgemeine und dann konkrete Praxisziele für eine hundgestützte Pädagogik, in Form von Arbeitsgemeinschaften im Hort, im Bezug auf den Sächsischen Bildungsplan für Kindertageseinrichtungen, für den somatischen, sozialen, kommunikativen, ästhetischen, naturwissenschaftlichen und mathematischen Bildungsbereich ableiten:

Bereich eins: Somatische Bildung und Erziehung:

Allgemeines Erziehungs- und Bildungsziel ist die Anregung einer gesundheitsfördernden Lebensweise, im Bezug auf Bewegung, Hygiene, Ernährung, Wahrnehmung (Senso-Motorik) und Gleichgewichtssinn.
Daraus lassen sich folgende Praxisziele einer hundgestützten Pädagogik ableiten und konkretisieren:
Die Kinder erhalten mindestens einmal, bei jeder stattfindenden wöchentlichen Arbeitsgemeinschaft, Bewegung in Form von Spaziergängen und Laufspielen mit dem Tier an der frischen Luft. (Bei jeder Veranstaltung sind die Kinder gezwungen, das Tier auf dem Hof der Einrichtung abzuholen (auch wenn Innenaktivitäten im Anschluss geplant sind), aus dem Gebäude an die frische Luft zu kommen und sich dabei zu bewegen, auch damit das Tier vor jeder Veranstaltung noch mal sein „Geschäft" verrichten kann.)
Die Hygiene erfordert ein regelmäßiges Händewaschen nach jedem Kontakt mit dem Tier bzw. nach jeder Arbeitsgemeinschaft mit dem Tier. Kinder werden dazu angehalten, ihren Spiel- und Arbeitsplatz nach jeder hundgestützten Aktivität zu säubern, genauso, wie es eine Regelmäßigkeit in der Fellpflege (einmal die Woche) und der Reinigung des Hundekörbchens (zweimal wöchentlich) und der Trinkgefäße des Tieres (täglich) geben muss. Auch über die Notwendigkeit der regelmäßigen Ohrenpflege des Tieres (zweimal im Monat) werden Hygiene- und Reinigungsrituale habitualisiert und routiniert. Der Erzieher ist dafür verantwortlich, den Kindern, durch Gespräche, verstehen zu geben, dass ihre eigene Körperpflege genauso wichtig ist, wie die des Tieres (wird wenigstens einmal die Woche verbalisiert).
Über das Zubereiten von Hundegebäck werden Kinder animiert, sich mit der Ernährung des Tieres auseinanderzusetzen und lernen ebenso gesunde Lebensmittel, wie Vollkornmehl, Maiskeimöl oder Milch kennen, die auch in ihrer Ernährung wichtig sind.
Kinder fertigen, mit Hilfe von Büchern, eine Wandzeitung mit einem Vergleich über eine gesunde Hunde- und Menschernährung an, wobei

für jede Position gesunde und ungesunde Speisen hervorgehoben werden.
Über Wahrnehmungsübungen am Tier (Fell erspüren, Geruch des Tieres wahrnehmen etc.) und über Utensilien „eines Hundelebens" (Hundefutter, Drahthaarbürste, weiche Hundedecke, der Geruch des Hundeshampoos etc.) werden die kindlichen Sinne und ihre Sensomotorik bei jeder Begegnung mit dem Tier trainiert.
Über das Bewältigen eines Hindernisparcours mit dem Hund und über das Balancieren über einen Balken, bei dem die Kinder unterhalb den Hund an der Leine mitführen, werden der Gleichgewichtssinn und die Reaktionsfähigkeit gefördert (einmal im Monat). In jeder stattfindenden Arbeitsgemeinschaft erhalten die Kinder eine 10minütige freie Tobe- und Spielzeit mit dem Tier (z. B. beim „Stöckchenwerfen) und bekommen so die Möglichkeit, innere körperliche und psychische Spannungen abzubauen. Außerdem werden bewusst Ruhe- und Entspannungsphasen (mindestens fünf Minuten in jeder Sitzung) eingeleitet, indem sich die Kinder, beispielsweise während einer Wanderung auf einer Decke auf der Wiese oder einer Bank, mit dem Tier ausruhen können (vgl. Sächsisches Staatsministerium für Soziales 2007, (somatische Bildung) S. 4–20).
Die Einsicht in die konkret formulierten Praxisziele der anderen fünf Bildungsbereiche (soziale, kommunikative, ästhetische, naturwissenschaftliche und mathematischer Bildungsbereich) findet der Leser im Anhang unter Punkt 9.2 wieder.

5.3.1 Speziell integrierte Förderinhalte und Förderziele für Integrationskinder mit ADHS-Symptomatiken

Der Fokus der Integration soll hier speziell für Kinder mit einer ADHS-Symptomatik gelegt werden. Da ein Strukturelement der Methode A.→Z.O.M.P. auf alle Adressaten der (sozial)pädagogischen Arbeit, also hier auf die Adressaten innerhalb der hundgestützten Arbeitsgemeinschaften eines Hortes, gelegt wird, sind die Kinder mit ADHS-Hintergrund nicht auszuklammern. Diese haben oftmals einen erhöhten Erziehungsbedarf. Sie benötigen klare Verhaltensregeln, feste Bezugspersonen und -orte und Konsequenzen, im Falle von abweichenden kindlichen Verhalten, die angemessen sein müssen. Ebenso sollen die gezielte Herausnahme und Beschreibung von Tätigkeiten, zur Erreichung von Erziehungszielen, nach S.M.A.R.T genutzt werden, um dem besonderen Erziehungsbedarf von ADHS-Kindern nachzukommen.

Rechtlich richtet sich die Integration/Eingliederung der Kinder mit diagnostizierter ADHS-Symptomatik, welche im Vorfeld oft von einem Kinderpsychiater und Kinderpsychotherapeuten durch ein Gutachten bestätigt worden ist, auf § 35a des Kinder- und Jugendhilfegesetzes (KJHG). In diesem Gesetz zur Regelung der Eingliederungshilfe seelisch behinderter Kinder und Jugendlicher, bezieht sich eine seelische Behinderung im Vorschul- und Hortalter immer auf eine gewisse Entwicklungsgefährdung bzw. eine damit einhergehende drohende Desintegration und Benachteiligung in der Gesellschaft. Bei diesen Kindern sollen die Hilfen, entschieden am Einzelfall, darauf abgezielt werden, einer sozialen Benachteiligung, durch eine seelische Behinderung, meist gekoppelt an einen erhöhten erzieherischen Bedarf der Heranwachsenden, entgegen zu wirken (vgl. Münder u.a. 1999, S. 311f).
Die Hilfe zur Eingliederung kann nach Bedarf *„in Tageseinrichtungen für Kinder oder in anderen teilstationären Einrichtungen“*[36] (Münder u.a. 1999, S. 309) stattfinden, am idealsten in Einrichtungen mit integrativen Betreuungs-, Erziehungs- und Bildungsansatz, die u.a. einem erhöhten erzieherischen Bedarf und einer erhöhten Förderung durch spezifisch qualifiziertes Personal nachkommen können. Die Eingliederungshilfe, nach § 35a des KJHG, ist ein eigener Leistungstatbestand und kann, je nach Bedürfnissen dieser Kinder, mit Hilfen zur Erziehung, wie einer sozialpädagogischen Familienhilfe (§ 31), einer Erziehungsberatung (§ 28) oder dem Besuch einer sozialpädagogischen Tagesgruppe (§32)u.a., gekoppelt, aber auch separat angewendet werden (vgl. ebd., S. 310).
Kinder mit einer ADHS-Symptomatik im Hort sollen möglichst präventiv so gefördert werden, dass ihr Störungsbild nicht weiter negativen Verlauf nimmt oder sogar verbessert wird. Diese Kinder sollen in ihrer gewohnten Lern- und Spielumgebung, Hort, bleiben können und nicht von einer Erziehungshilfeeinrichtung zur nächsten „gereicht“ werden. Es ist vorzuschlagen, dass, z. B. in einer Arbeitsgemeinschaft mit acht Kindern, maximal zwei mit ADHS teilnehmen, um auch, durch einen Pädagogen, ihren teilweise erhöhten Erziehungsbedarf decken zu können. Bei mehr Kindern wäre über den Einsatz einer weiteren pädagogischen Kraft nachzudenken und auch über die Integration eines weiteren Tieres, damit nicht alles auf einem Tier „lastet“.
ADHS ist die Abkürzung für ein Syndrom von Aufmerksamkeitsdefizit-/Hyperaktivitätsstörungen, das in seiner Symptombreite und ihrer Auftrittsintensität von Kind zu Kind unterschiedlich sein kann (vgl. Banaschewski 2009, S. 1).

[36] § 35a (1) des Kinder–und Jugendhilfegesetzes

Auf die Entstehungsfaktoren dieser Störungen soll hier nicht weiter eingegangen werden, da der Fokus des Kapitels auf der Untersuchung bestimmter hundgestützter integrativer Förderziele liegt. Was ist aber nun genau ADHS? ADHS wird

> *„gekennzeichnet durch ein durchgehendes Muster von Unaufmerksamkeit, mangelnder Impulskontrolle und vermehrter allgemeiner motorischer Aktivität, die dem Alter, dem Entwicklungsstand und der Intelligenz des Kindes nicht angemessen ist. Die Kernsymptomatik tritt überdauernd und situationsübergreifend in verschiedenen Lebensbereichen (z. B. Schule, Familie, Umgang mit Gleichaltrigen) auf und zeigt ein Ausmaß, welches die psychosoziale und kognitive Funktionsfähigkeit der Betroffenen deutlich beeinträchtigt."*
> (Banaschewski et al. 2004, zit. in: Banaschewski 2009, S. 1)

Oftmals können, neben der oben genannten Kernsymptomatik, weitere komorbide Störungen, wie depressive Verstimmungen, Angststörungen und Lernstörungen auftreten (vgl. Banaschewski 2009, S. 1).
Diese Kinder weisen vermehrte kognitive Einschränkungen auf, die sich auf Denk-, Aufmerksamkeits- und Konzentrationsprozesse sowie auf leichte Ablenkbarkeit beziehen (vgl. Mietzel 2007, S. 211).
In der Praxisarbeit lassen sich oft auch die o.g. Störungen im Sozialverhalten beobachten (z. B. eine niedrigere Aggressions- und Frustrationsschwelle als bei anderen Kindern). Diese Sachverhalte deuten darauf hin, dass ein gezielter integrativer, aber auch erhöhter Erziehungsbedarf bei diesen Kindern vorliegt.
Der in den Hort-Arbeitsgemeinschaften eingesetzte Hund scheint sich gerade, aufgrund der im 3. Kapitel der Arbeit beschriebenen allgemeinen positiven bio-psycho-sozialen Unterstützungseffekten, neben der pädagogischen Arbeit, verstärkt dazu zu eignen, diesen Kindern entgegen zu kommen. Aufgrund der allgemeinen physiologischen Beruhigungsfunktion (Senkung der Herzfrequenz, des Blutdruckes und des Pulses), kann die direkte Anwesenheit und Beschäftigung mit dem Tier beruhigende und ausgleichende Effekte auf Kinder mit ADHS-Symptomatik haben (vgl. Nestmann 1994, S. 71).
Daraus kann man schließen, dass gezielte Streichelaktionen und Fellpflegeübungen am Tier, durch den Körperkontakt, den o.g. Effekt noch verstärken. Durch die positiven Reaktionen (fast jeder Hund wird gern gestreichelt und massiert) gibt das Tier, durch Anschmiegen oder Ablekken der Hände, dem Kind nonverbale Signale des Wohlwollens zurück, an dem das Kind die Erfahrung macht, das sein feinfühliges und fürsorgliches Verhalten gern gewollt wird und dem Hund gut tut. Das

stärkt ebenso das Gefühl, etwas Positives für ein Lebewesen getan zu haben und ermöglicht Selbstwirksamkeitserfahrungen und Gefühle der Kontrolle über die Steuerung eigener Handlungen (vgl. Nestmann 1994, S. 71).
Dieses Streicheln und Massieren unter viel Körperkontakt empfiehlt auch Vanek-Gullner (vgl. Vanek-Gullner 2007, S. 59).
Gerade, wenn sich ein Kind mit ADHS, zum Beispiel beim Schreiben einer Hundegeschichte, schlecht konzentrieren kann, sehr unruhig ist, kann man es zu einer Pause auffordern, dem Hund etwas Gutes zu tun, ihn, z. B. zu streicheln oder zu massieren. Ein zweites Tier, was gezielt parallel neben dem ersten eingesetzt wird, kann ebenso in einer tiergestützten (Heil)Pädagogik von Vorteil sein. Der eine Hund dient der Gruppe zum Beispiel als Malvorlage, beim Anfertigen von Hundezeichnungen. Ein Kind mit ADHS wird ermutigt und aufgefordert, sich zwar bei der Gruppe aufzuhalten, aber sich die ganze Zeit um das Wohlergehen des anderen Tieres zu kümmern, mit ihm vor die Tür „Gassi" zu gehen, ihm Wasser zu reichen und es zu streicheln. Es soll soweit mitzeichnen, wie es kann (z. B. direkt am Tisch neben dem Hundeplatz), mit dem Ziel, es fest auf Dauer ins Gruppengeschehen zu integrieren.

Wahrnehmungsübungen fördern jedes Kind, aber gerade Kinder mit ADHS-Syndrom haben oft Wahrnehmungs- und Aufmerksamkeitsbeeinträchtigungen und können dadurch nicht lange ein und dieselbe Tätigkeit betreiben. Deshalb ist die Einbindung dieser Kinder in die Wahrnehmungsübungen am Tier mit allen Sinnen wichtig (der Hund wird mit Haut und Händen gefühlt/es wird festgestellt, wie der Hund riecht/alle Kinder sollen nacheinander leise sein und versuchen herauszubekommen, ob man den Atem oder Bauchgeräusche vom Tier hört). Gerade bei solchen Übungen ist Konzentration und Aufmerksamkeit gefragt und sie sind sehr geeignet für ADHS-Kinder, aber auch Nicht-Integrationskinder. Auch das Probieren von frisch zubereitetem Reis mit frischem Hühnchen (gekocht) könnte die Kinder mit verbundenen Augen animieren, zu schmecken und zu beschreiben, wie die gesunde Kost schmeckt, die der Hund anschließend gereicht bekommt.
Auch dem verstärkten Bewegungsdrang von ADHS-Kindern kann man nachkommen, wenn man gezielt und regelmäßig viele Bewegungseinheiten mit dem Tier in die Gruppenarbeit integriert, wie z. B. Joggen, hundgestützte Cross- oder Wettläufe. Oft scheinen diese Kinder nie zu ermüden und bewegen sich gern.
Damit sich andere Kinder nicht benachteiligt fühlen, werden solche Angebote an alle gerichtet. Oft sind es aber, aus meiner Erfahrung, eher die

hyperaktiven und körperlich aktiven Kinder, die diese Angebote freiwillig und gern wahrnehmen. Auch eine Einzelförderung im Anschluss einer jeden AG-Stunde, indem man mit den Kindern mit ADHS zusammen mehrer Runden mit dem Tier über das Hortgelände joggt, ist denkbar.
Dazu sind aber Absprachen mit den Eltern, Kindern und ihre Freiwilligkeit, Voraussetzung.
Vanek-Gullner empfiehlt zudem noch den Einbezug hyperaktiver Kinder in *„Kommandoübungen unter sensiblen Spracheinsatz“* (Vanek-Gullner 2007, S. 59), bei dem die Kinder animiert werden, den Hund ruhig, gelassen an der Leine zu führen und dann, nach dem Einsatz eines Instrumentenschlages mit Orff-Instrumenten, einen entsprechenden Befehl mit gelassener Stimme zu geben (vgl. Vanek-Gullner 2007, S. 59).
Dabei ist es wichtig, die Befehle gelassen, ruhig und nacheinander auszusprechen und dem Tier genügend Zeit zur Reaktion zu lassen. Unruhige und hektische Kinder bemerken schnell, dass sie ein Tier verwirren, überfordern und es Befehle nicht ausführt, wenn sie hektisch an ihm herumzerren, es anschreien und ein Kommando nach dem nächsten aussprechen.
Kinder mit ADHS weisen oft auch Störungspotential im sozialen Miteinander mit anderen Menschen auf. Ihnen fällt es schwer, Regeln und gesetzte Grenzen zu akzeptieren. Einmal lernen sie durch einen Hund (wie auch alle anderen Kinder), dass der Hund nicht immer bereit ist, das zu tun, was Kinder von ihm verlangen. Er zieht sich dann zurück oder stellt sich bei der Kommandoarbeit in den Arbeitsgemeinschaften stur. Durch diese sanfte Setzung von Grenzen durch das Tier, lernt ein Kind allgemein, aber auch ein ADHS-Kind, diese Grenzen zu akzeptieren. Im Verlauf der Arbeit, besonders unter Punkt 4.2 (soziale Bildung), wurden gemeinsame Regelaufstellungen mit den Kindern im Umgang mit dem Tier und Altersgenossen genannt. Es ist wichtig, gerade ADHS-Kindern an demokratischen Gruppenprozessen zu beteiligen, bei denen soziale Regeln festgelegt werden. Damit lernen sie auch selbst das Grenzen setzen. Oft sind die Kinder stolz, wenn sie nach einigen Wochen diese Regeln noch kennen, daher ist es sinnvoll, jede Woche (immer unter Einbezug der Integrationskinder) jemanden aus der Gruppe zu bestimmen, der die Regeln den anderen Kindern noch einmal aufzählt, damit sie niemand vergisst. Bei Regelverstößen ist es wichtig, sich mit den Kindern separat Zeit zu nehmen, um zu besprechen, was in ihrem Verhalten nicht optimal gelaufen ist, ihnen Aufgaben zu geben, sich zu überlegen, ob es Handlungsalternativen gibt und diese Kinder bei der Erprobung dieser zu unterstützen. Bei groben Regelverstößen, wie Schlagen oder Quälen

des Tieres oder der Mitschüler, muss der Erzieher stets eingreifen und entsprechende individuelle Konsequenzen bzw. Strafen einleiten. Auch regelmäßige Beratungstreffen mit den ADHS-Kindern zusammen mit ihren Eltern haben sich bewährt, um sich über gemeinsame Erziehungsziele zu einigen, verbale Reflektionen über Veränderungen des Zustandes des Kindes anzuregen und ordentliches Sozialverhalten zu würdigen.
Wenn Kinder mit einer ADHS-Symptomatik gezielt, mehrmals im Monat, eingeteilt werden, um Verantwortlichkeiten für das Tier, wie Wasserreichen, Kot wegräumen, Bürsten, Korb säubern, nachzukommen, kann es sie gezielt unterstützen, soziale Kompetenzen, wie Fürsorglichkeit, Verantwortungsgefühl und Hilfsbereitschaft zu stärken.
Abschließend ist zu sagen, dass alle Erziehungs- und Bildungsziele des Sächsischen Bildungsplanes für Kindertageseinrichtungen für alle Kinder gleichsam gültig sind und dass der Fokus auf der Erreichung der o.g. herauskristallisierten Ziele und Tätigkeiten liegt, wobei den ADHS-Kindern besondere Förderung zuteil werden muss.
Alle Kinder sollen gerecht und gleich sowie nach ihren Bedürfnissen behandelt werden und ihre Kompetenzen mögen so gestärkt werden, dass sie sich wohlfühlen und im sozialen Miteinander klar kommen, genügend Aktivitäten und Entspannungsphasen nachgehen, die ihnen helfen, emotionale und körperliche Spannungen zu neutralisieren. Dabei nimmt ein Hund in bestimmten Förderübungen mit den Kindern eine unterstützende und stabilisierende Funktion ein.

5.4 Qualitative Voraussetzungen/Anforderungen zur Umsetzung einer tiergestützten Pädagogik mit einem Hund im Hortwesen

Im Folgenden werden wichtige Anforderungen/Voraussetzungen erarbeitet, die für die Umsetzung einer tiergestützten Pädagogik im Hort mit einem Hund (z. B. in Arbeitsgemeinschaften) erfüllt sein müssen, damit ein professionelles Handeln in der Arbeit mit den Kindern, dem Tier und im Kontakt mit Eltern und Mitarbeitern gewährleistet wird.
Innerhalb dieses Abschnittes der Projektentwicklung ergibt sich eine organisatorisch-strukturelle Zielorientierung für die hundgestützte Pädagogik im Hort. Diese beinhaltet die Schaffung von zwei Arbeitsgemeinschaften innerhalb des Arbeitsfeldes der tiergestützten Pädagogik mit Hortkindern, die an die Bedürfnisse und Interessen der Heranwachsenden anknüpfen und das unter Bereitstellung installierter demokratischer

Mitbestimmungsstrukturen für Kinder, bezüglich der Aktivitäten mit dem Tier.
Um eine hundgestützte Pädagogik durchführen zu können, müssen ebenso entsprechende Genehmigungen durch die Einrichtung und die Eltern der Kinder gegeben werden sowie im Sinne der Achtung des Infektionsschutzgesetzes (Punkt 5.5.1) ein entsprechender Hygieneplan erarbeitet werden, der der entsprechend verantwortlichen Abteilung des Gesundheitsamtes, als zuständige Behörde, über die Einhaltung des Infektionsschutzes (Infektionsschutzgesetz § 16 (Abschnitt 2)) vorgelegt wird (vgl. Bundesministerium der Justiz 2000).
Auch der Versicherungsschutz, bezüglich der Durchführung einer hundgestützten Pädagogik, ist ein Feld, was erwähnt werden muss, wenn, z. B. einem Kind (z. B. ein Unfall oder eine Verletzung im Spiel mit dem Tier), dem Tier oder Pädagogen, etwas während der Arbeit zustößt.
Bezüglich der hundgestützten Aktivitäten, wurden, im Kapitel vier und im gerade vorliegenden Punkt fünf, bereits präzise Entwicklungs- und Bildungsziele geschaffen sowie Aktivitäten vorgeschlagen, die Kinder unter den Handlungsprinzipien der Freiwilligkeit, der demokratischen Mitbestimmung, der Ganzheitlichkeit, Integration und Prävention zum Mitgestalten und Teilnehmen an den Arbeitsgemeinschaften einladen.
Dennoch stellt eine hundgestützte Pädagogik im Hort auch Anforderungen an das pädagogisch eingesetzte Tier (siehe Punkt 5.4.4) sowie an die Adressaten, bezüglich ihres Verhaltens während der Arbeitsgemeinschaften und im Umgang mit dem Tier und Gruppenmitgliedern.
Ebenso werden für eine qualitativ wertvolle Arbeit entsprechend fachliche und methodische Kenntnisse innerhalb der tiergestützten Pädagogik vom Erzieher bzw. Sozialpädagogen verlangt, der die Arbeitsgemeinschaften mit einem oder mehreren Tieren anleitet.
Diese Anforderungen werden im Punkt 5.4.6 untersucht, genauso wie der Fakt, dass sich mit Einbringen des Tieres in den Hortalltag auch andere Mitarbeiter erst einmal mit so einem Hund arrangieren müssen und dadurch Absprachen und Einigungsprozesse mit ihnen stattfinden sollten (vgl. Agsten 2009, S. 101).

Im Tierschutzgesetz der BRD (Artikel eins bis drei) sind, bezüglich der Struktureinheit „O" der Methode A.→Z.O.M.P., ebenso wichtige Kriterien/Regelungen verankert, die im Umgang mit Tieren (auch im pädagogischen Einsatz) Beachtung zur Erhaltung ihrer Würde und ihres Schutzes verlangen.
Paragraph eins des Tierschutzgesetzes besagt, dass der Mensch gegenüber dem Tier, hier also gegenüber dem pädagogisch genutzten Hund,

Verantwortung trägt. Er muss das Leben des Tieres schützen und das Tier hat Wohlbefinden verdient. Ihm sind keine Schmerzen oder sonstige leidvolle Erfahrungen zuzufügen (vgl. Bundesministerium der Justiz (TierSchG § 1) 2006).

Aus dieser Grundmaxime sind drei Pflichten gegenüber dem Tier durch § 2 des Tierschutzgesetzes abzuleiten:

„Wer ein Tier hält, betreut oder zu betreuen hat,

1. *muss das Tier seiner Art und seinen Bedürfnissen entsprechend angemessen ernähren, pflegen und verhaltensgerecht unterbringen,*
2. *darf die Möglichkeit des Tieres zu artgemäßer Bewegung nicht so einschränken, dass ihm Schmerzen oder vermeidbare Leiden oder Schäden zugefügt werden,*
3. *muss über die für eine angemessene Ernährung, Pflege und verhaltensgerechte Unterbringung des Tieres erforderlichen Kenntnisse und Fähigkeiten verfügen."*

(Bundesministerium der Justiz (TierSchG § 2) 2006)

Der Tierhalter muss sich, nach § 3 des Tierschutzgesetzes, außerdem darüber bewusst werden, welche Aufgaben er dem Tier (auch im Sinne der tiergestützten Pädagogik) abverlangt und dafür garantieren, dass das Tier diese Anforderungen ohne Leidzufügung und Gesundheitsgefährdung bewältigen kann. Die an das Tier gestellten Anforderungen dürfen die körperlichen und seelischen Kräfte eines Tieres keinesfalls übersteigen, sie müssen ihm gewachsen sein. Ein altes, gebrechliches oder krankes Tier sollte nicht zum Einsatz kommen und muss geschont werden (vgl. ebd. (§ 3 TierSchG) 2006).
Anlehnend an die vorangegangen Aussagen über die Inhalte des Tierschutzgesetzes (§1–3), ist es wichtig, die entsprechenden Anforderungen an eine hundgestützte Pädagogik im Hortwesen zu erarbeiten, bei der auch nicht die benötigte Eignung des Hundes, die räumlich-technischen Voraussetzungen, die Anforderungen an Adressaten, den Halter des Tieres (und der das Tier pädagogisch einsetzt) sowie an andere Mitarbeiter der Einrichtung, außer Acht gelassen werden. Auch auf den Versicherungsschutz, die einzuhaltenden Hygienemaßnahmen und die Erlaubnis der Eltern und der Einrichtung zur Durchführung einer hundgestützten Pädagogik, in Form von Arbeitsgemeinschaften, soll ebenso nachfolgend eingegangen werden.

5.4.1 *Zustimmung der Einrichtung, der Eltern und Hygienevorschriften*

Um eine hundgestützte Pädagogik in einem Projekt fest, über lange Zeit im Hort durchführen zu können, müssen die Einrichtung, der übergeordnete Träger und die Eltern der Angelegenheit zustimmen bzw. genau über Struktur, Inhalte, Ziele und den Ablauf solch einer Arbeit mit einem Tier zusammen mit Kindern informiert werden.
Auch einige Absprachen mit dem Kollegium und ein „O.K." seinerseits sind Voraussetzung für ein friedliches Miteinander zwischen Mensch und Tier. Auch mit einer überzeugenden niedergeschriebenen Idee, mit einem schon ausgefeilten Konzept oder dem *„Geschick des mitgebrachten Hundes"* (Agsten 2009, S. 101) gelingt es manchmal, die Mitarbeiter, den Vorstand oder die übergeordnete Behörde der Einrichtung und die Eltern zu überzeugen (vgl. Agsten 2009, S. 101).

Dabei ist anzuraten, dass derjenige, der die tiergestützte Pädagogik zukünftig ausführen wird, über Erfahrungen, Fachwissen und methodische Kompetenzen im Gebiet der tiergestützten Pädagogik verfügt und vielleicht schon in anderen erfolgreichen Projekten dieser Art mitgearbeitet hat. Auch ein nachweisbares Zertifikat über Weiterbildungsmaßnahmen im Arbeitsgebiet kann von Vorteil sein.
Solche Weiterbildungen und Schulungen in Deutschland in der tiergestützten Pädagogik bietet u.a. das Institut für soziales Lernen mit Tieren in Wedemark an. In Österreich ist hier der Verein Tiere als Therapie e.V. und in der Schweiz das Institut für Angewandte Ethnologie und Tierpsychologie zu nennen (vgl. Olbrich/Otterstedt 2003, S. 497). Seit April 2010 bietet auch die Technische Universität Dresden (Sachsen) eine sehr umfangreiche Qualifizierungsmaßnahme in der tiergestützten Intervention mit Demenzkranken, innerhalb einer Forschungsstudie, an der Professur von Prof. Frank Nestmann, an.
Ebenso organisiert der mittlerweile auf weite Teile Deutschlands ausgedehnte Verein Tiere helfen Menschen e.V. ebenso Seminare, Workshops und eingebundene Weiterbildungsmöglichkeiten.

Es ist anzuraten, sich als Einrichtung oder als freier Mitarbeiter auch eine Erlaubnis der Eltern ausstellen zu lassen, dass ihre Kinder an einer Arbeitsgemeinschaft oder einer anderen tiergestützten Organisationsform teilnehmen dürfen. Dabei möchten viele Eltern über Inhalte der Arbeitsgemeinschaft, über Abläufe Bescheid wissen und informiert werden sowie die Möglichkeit bekommen, mit der Leitung der Arbeitsgemein-

schaft und dem Tier in Kontakt zu treten, um ggf. Fragen stellen zu können. Dabei bietet es sich an, vor Beginn von tiergestützten Arbeitsgemeinschaften und anderen Angebotsformen in einem Hortjahr, Eltern mit ihren Kindern zu einer Probestunde einzuladen (über einen Aushang im Hortgebäude oder einen Elternbrief). Dabei können interessierte Kinder und auch Eltern in Kontakt mit dem Tier kommen, sich in Gesprächen mit der Leitung über Abläufe, Zeiten und Inhalte verständigen sowie etwas über die Teilnahmevoraussetzungen erfahren.
Dabei ist anzuraten, einen Anmeldebogen für eine Arbeitsgemeinschaft vorzubereiten, auf dem wichtige Inhalte und Termine vermerkt sind. Mit der Unterschrift der Eltern wird den Kindern die rechtliche Erlaubnis an der Teilnahme einer hundgestützten Pädagogik gegeben. Solch ein Anmelde- und Informationsbogen für Eltern findet der Leser im Anhang in Punkt 9.3 des Buches.

Zu den Hygienemaßnahmen innerhalb einer hundgestützten Pädagogik ist Folgendes zu sagen: Das Gesundheitsamt einer Stadt mit seinen entsprechenden Abteilungen ist, nach § 16 (Absatz 2) des Infektionsschutzgesetzes, diejenige Behörde, welche für die Überwachung der Einhaltung von Hygienevorschriften in Gemeinschaftseinrichtungen (§ 33), wie Schulen, Horten oder Kindergärten zuständig ist. In § 36 des Infektionsschutzgesetzes, Absatz 1, wird verdeutlicht:
„Gemeinschaftseinrichtungen legen in Hygieneplänen innerbetriebliche Verfahrensweisen zur Infektionshygiene fest.“ (Bundesministerium der Justiz 2000) (vgl. Bundesministerium der Justiz 2000)
Schwarzkopf weist darauf hin, dass in der BRD keine eindeutig entsprechende Rechtsgrundlage existiert,

> *„die den Umgang mit Tieren in Einrichtungen des Gesundheitsdienstes definitiv verbietet. Um jedoch auch haftungsrechtlich auf der sicheren Seite zu sein, ist es sinnvoll sich über den Ablauf des geplanten Tierkontaktes genaue Gedanken zu machen und eventuelle Risiken vorab zu berücksichtigen.“*
>
> (Schwarzkopf 2003, S. 110f.)

Nach Agsten hat es sich als erwähnenswert erwiesen, der zuständigen Behörde (Gesundheitsamt) einen Hygieneplan für die tiergestützte Pädagogik darzubieten (vgl. Agsten 2009, S. 101).
Darin sollte ein angefertigtes Konzept zu Hygienemaßnahmen in der Einrichtung, in der das Tier eingesetzt wird, enthalten sein, welches so genannte verbindliche Arbeitsanweisungen im Umgang mit dem Tier für die Erzieher und Sozialpädagogen enthält. Darin sollten aber auch hy-

gienische Regeln für die Kinder im Umgang mit einem Hund im Hort aufgezeigt werden, ebenso Dokumentationen zum Tier (Kopie der Impfzeugnisse, Entwurmungsprotokoll und Versicherungsnachweis des Tieres (Nutztier- bzw. Berufstierhaftpflicht/private Haftpflichtversicherung) zu finden sein. Ebenfalls enthält so ein Hygieneplan benannte Zugangsbeschränkungen für Tiere, z. B. in die Küche der Einrichtung oder ins Wäschelager sowie eine Auflistung regelmäßig durchgeführter Reinigungs- und Desinfektionsarbeiten im Zusammenhang mit der tiergestützten Pädagogik (Schwarzkopf 2003, S. 111–114).
Es gehört in einen Einrichtungsalltag, in dem tiergestützte Pädagogik durchgeführt wird, dass das gesamte Personal, aber auch die beteiligten Heranwachsenden über Hygienemaßnahmen aufgeklärt werden und wie sie sich möglichst zur Vorbeugung von Momenten eines Beißen und Kratzens durch das Tieres zu verhalten haben, aber auch, wenn es bereits zu eher nicht erwünschten Beiß- oder Kratzattacken gekommen ist, auch solche, die das Risiko einer Infektionsübertragung erhöhen können. Das Datum der letzten Belehrung muss jeweils auf dem Hygieneplan verzeichnet sein (vgl. ebd. S. 111).
Ein Hygieneplan hat schließlich die Aufgabe, das Risiko einer Übertragung von Krankheiten vom Hund auf die Kinder und das Einrichtungspersonal und umgekehrt zu verkleinern bzw. zu verhindern (vgl. Agsten 2009, S. 101).
Einige Durchfallerreger[37] können von Hunden auf den Menschen übertragen werden, aber noch häufiger findet eine Übertragung vom Mensch auf das Tier statt. Auch die Listeriose kann vom Hund auf den Menschen übertragen werden. Gelangt der Erreger Pasteurella meltocida in offene Wunden des Menschen oder wird er über das Beißen und über Kratzwunden übertragen, kann dies Wundinfektionen auslösen (vgl. Otterstedt 2001, S. 126f.). Mir persönlich ist aber bis heute kein Fall bekannt, bei dem es jemals, innerhalb einer oder durch eine tiergestützte Interventionsform, zu solch einer Übertragung/Erkrankung gekommen ist.
Ebenso betreute mein Hund mit mir, pädagogisch, in den letzten vier Jahren über 98 Kinder in der Kinder- und Jugendhilfe und keines dieser Kinder entwickelte jemals eine Allergie gegen Hundehaare oder wurde durch den Tierkontakt krank.
Trotzdem sollten folgende allgemeine Maßnahmen für eine hundgestützte Pädagogik vorbeugend im Hygieneplan für Kinder und Mitarbeiter erwähnt sein: *„eine artgerechte Haltung, gesunde Ernährung von*

---

37 Erreger: Salmonella spp., Campyllobacter jejuni, Cryptosporidium spp. und Giardia lamblia

Mensch und Tier, vermeiden von Küssen des Tieres, Hände waschen bzw. Händedesinfektion bei abwehrgeschwächten Personen" (Schwarzkopf 2003, S. 110).

Das Waschen der Hände sollte von den Kindern und Mitarbeitern nach jedem Kontakt und vor jedem Kontakt mit dem Tier erfolgen, vor und nach dem Essen sowieso.

Nach Otterstedt sollte ebenso eine Vermeidung des Ableckens des Mundes bzw. einer offenen Wunde durch das Tier stattfinden (vgl. Otterstedt 2001, S. 131).

Sollte ein Tier beim Spielen mit den Kindern doch einmal eine Kratzwunde hinterlassen, ist diese gleich mit klarem Wasser auszuspülen oder zu desinfizieren. Generell hat der Tierhalter darauf zu achten, dass, zur Vermeidung des Risikos von Hautabschürfungen, die Krallen des Hundes regelmäßig vom Tierarzt verschnitten werden, wenn sich das Tier sie nicht von selbst abläuft (vgl. Otterstedt 2001, S. 129).

Auch der Kontakt mit Kotresten, Urin, Speichel oder Erbrochenem des Hundes muss unterlassen werden und dieses muss stets so schnell wie möglich entsorgt werden. Dafür sollten sich im Gruppenraum Handschuhe, eine Schaufel, Lappen und Desinfektionsmittel befinden (vgl. ebd., S. 131).

Generell muss der Tierhalter darauf achten, dass der Hund vor dem pädagogischen Einsatz in Arbeitsgemeinschaften, die Möglichkeit bekommt, um sich zu entleeren. Ist der Hund länger im Hort anwesend, sollten mit den Kindern regelmäßig, alle zwei bis drei Stunden, „Gassizeiten" eingeplant werden. Hunde-WC-Tüten sind von den Kindern stets draußen mitzuführen und entsprechend zu entsorgen. Der Hund darf niemals auf den Spielplatz oder in den Sandkasten der Kinder urinieren und koten!

Auch die Trink- und Fressgefäße des Tieres müssen, mindestens zwei Mal wöchentlich, desinfiziert und täglich unter klarem, fließendem Wasser ausgespült werden. Die Hundedecke sollte alle zwei Tage von Schmutz und Haaren befreit werden und an der frischen Luft ausgeschüttelt werden sowie zweimal im Monat mindestens mit 60 Grad Celsius in der Waschmaschine gewaschen werden.

Zum Thema der artgerechten Haltung sollten Kinder, Mitarbeiter und Tierhalter wissen, dass dem Tier täglich frisches Wasser gereicht werden soll, der Hund nicht *„aus der Toilette säuft"* (vgl. ebd., S. 128), sie verhindern müssen, dass das Tier Mülleimer durchstöbert oder Kot von anderen Tieren frisst und niemals schlecht durchgegartes Fleisch oder unpasteurisierte Milch gereicht bekommt. In beiden letzteren Dingen lassen sich oft nicht abgetötete Erreger finden, die Erkrankungen auslösen kön-

nen und auf andere Lebewesen übertragen werden können (vgl. ebd., S. 128).
Während der Essenszeiten in der Einrichtung, ist der Hund von den Tischen und Speisen der Kinder fern zu halten und sollte nicht am Tisch gefüttert werden.
Kinder mit einer schon bestehenden Tierhaarallergie sollten sich generell in der Zeit, in der das Tier pädagogisch eingesetzt wird, nicht in seiner Nähe aufhalten, d.h. für die Zeit vorbeugend in die Gruppe eines anderen Erziehers integriert werden. Außerdem sollte ein Staubsauger oder Besen in dem Raum, in dem die tiergestützte Pädagogik stattfindet, vorhanden sein, mit denen die Kinder selbst oder der Erzieher nach Anwesenheit des Tieres alle Haare entfernen, damit die Haare nicht in die Taschen und Spielsachen und vielleicht auf das nächst eingenomme Butterbrot der Kinder verschleppt werden. Dieses Entfernen von Haaren muss täglich bei Einsatz des Tieres stattfinden. Ebenso werden die Kinder dazu angehalten, eine Fusselrolle zur Entfernung der Hundehaare auf der Kleidung zu nutzen. Diese o.g. Hygienemaßnahmen und Maßnahmen zur artgerechten Haltung des Hundes müssen in den Hygieneplan aufgenommen werden.
Im Hygieneplan ist zudem zu verzeichnen, dass das Tier jährlich geimpft wird, alle drei Monate entwurmt und regelmäßig gegen Haarlinge, Zecken und Flöhe mit entsprechenden Präparaten behandelt wird. An den Hygieneplan sind entsprechende Impfnachweise anzufügen sowie ein Beleg über eine mindestens einmal jährliche Gesundheitsuntersuchung durch einen Tierarzt (vgl. Schwarzkopf 2003, S. 113).

5.4.2 Versicherungsschutz

Durch z. B. einen nicht richtigen und nicht artgerechten Umgang mit einem Hund, kann es, muss aber nicht, Ärger mit so einem Tier geben. Generell sollte ein Hund im Vorfeld durch einen Tierarzt oder Tiertherapeuten auf eine Eignung für die tiergestützte Intervention geprüft werden. Es ist von selbst zu verstehen, dass ein pädagogisch eingesetzter Hund auch zu dieser Arbeit geeignet sein muss. Freude im Umgang mit Menschen, ein nicht-aggressives Wesen, ein gutes Sozialverhalten und das bedingungslose Akzeptieren der Rangordnung zwischen Mensch und Tier von Seiten des Hundes, sind nur einige Grundkomponenten, die gegeben sein sollten, wenn ein Tier innerhalb einer tiergestützten Pädagogik genutzt wird. Warum? Damit man im Vorfeld das Risiko für Schäden durch einen Hund minimiert. Ebenso sollten die Adressaten

(hier also Hortkinder) lernen, wie sie richtig artgerecht mit dem Tier umgehen, es nicht provozieren, quälen oder ärgern, damit es nicht zu einer Steigerung des natürlichen Aggressionsverhalten (knurren, Drohgebärden oder beißen) bei so einem Tier kommt. In der Arbeit mit einem Tier und mit Kindern gilt immer Prävention vor Intervention!
Tritt doch einmal ein Schaden im Zusammenhang mit einer tiergestützten Pädagogik am Menschen oder an Sachgegenständen auf, die durch das Tier zu Stande gekommen sind, benötigt jede Einrichtung, die einen Hund regelmäßig pädagogisch nutzt, eine eigene Haftpflichtversicherung (nur dafür). Wird ein Hund hier fest als Arbeitsinstrument pädagogisch eingesetzt, gilt er rein rechtlich als Nutztier oder Berufstier und verliert seinen privaten Status als „Gesellschafts- oder Luxustier". Somit muss sich die Einrichtung im Vorfeld eine entsprechende Nutztierhaftpflicht suchen. Auch Agsten schreibt dazu:

> *„Allgemein ist dieser Bereich aber Neuland und sehr problematisch, da nach dem Gesetz der Tierhalter bzw. seine Haftpflichtversicherung nicht für ein Tier haftet, das dem Beruf zu dienen bestimmt ist (BGB § 833), wenn der Besitzer die notwendige Sorgfalt walten ließ!"*
>
> (Agsten 2009, S. 102)

Daran sieht man, dass hier eine eigene separate Nutz- oder Berufstierhaftpflicht anzuraten wäre. Auch ein Freiberufler, der nach Aufträgen in verschiedenen Einrichtungen eine tiergestützte Pädagogik mit seinem Tier anbietet, braucht unbedingt so eine Versicherung, damit er im Schadensfall abgesichert ist. Entweder muss er selbst so eine Versicherung abschließen, womit aber seine Kosten um einiges steigen und die Löhne höher sein müssen oder die Einrichtungen, an denen er freiberuflich arbeitet, schaffen sich im Vorfeld so eine eigene Nutz- und Berufshaftpflicht an.

Wird ein Hund ausdrücklich nur ehrenamtlich pädagogisch eingesetzt und nicht hauptberuflich oder freiberuflich, kann hier, nach Genehmigung im Vorfeld, die Tierhalter-Privathaftpflicht des Besitzers zum Tragen kommen. Viele Tierhalter-Privathaftpflichtversicherungen in Deutschland unterstützen ehrenamtliche tiergestützte Aktivitäten, indem sie im Schadensfall dafür aufkommen.
Jedoch muss das jeder im Vorfeld mit seiner Versicherung klären und es sich am besten schriftlich bestätigen lassen. Wird sie nicht informiert, kann es passieren, dass sie auch für Schäden außerhalb der Einrichtung

nicht mehr haftet, *„da ihr vorsätzlich etwas verschwiegen wurde und sie dadurch nicht haften muss"* (Agsten 2009, S. 103) (vgl. Agsten 2009, S. 103).
Bei grober Fahrlässigkeit des Erziehers, welcher die tiergestützte Pädagogik durchführt, ist es auch denkbar, dass seine Berufshaftpflicht im Schadensfall einspringt, wenn sie im Vorfeld über den Einsatz des Tieres im Berufsfeld benachrichtigt wurde und ihre Zustimmung gegeben hat (vgl. ebd., S. 103).
Da es aber nirgendwo einen eindeutig festgelegten Paragraphen gibt, der den Versicherungsschutz innerhalb der tiergestützten Pädagogik in sozialen Einrichtungen in Deutschland regelt, ist es als sehr notwendig anzusehen, dass dieser Sachverhalt, im Falle des Auftretens von Personen- und Sachschäden durch das Tier, bald durch den Gesetzgeber klar geregelt wird.
Treten, z. B. in Horten, Schäden an Personen ohne ein Zuwirken des Tieres auf, die zwar während einer tiergestützten Pädagogik eintreten, wenn z. B. ein Kind oder Pädagoge einfach stolpert und sich verletzt, muss hier in der Regel die Unfallversicherung der Einrichtung greifen, da ja das Tier keine „Schuld" trifft (vgl. Agsten 2009, S. 102).

5.4.3 *Anforderungen an den pädagogisch eingesetzten Hund*

Um eine hundgestützte Pädagogik in Form von Arbeitsgemeinschaften im Hort durchführen zu können, muss das eingesetzte Tier körperlich gesund, belastbar[38] und gepflegt sein, regelmäßig entsprechend der Hygienevorschriften geimpft und entwurmt werden sowie keine Flöhe, Milben, Zecken und Haarlinge haben. Gegen Ungezieferbefall ist es regelmäßig mit entsprechenden Mitteln zu behandeln (z. B. mit Spot-on Produkten, einmal monatlich) (vgl. Bundesministerium der Justiz (TierSchG § 2/§ 3) 2006/vgl. Schwarzkopf 2003, S. 113).
Ist ein Tier erkrankt, sollte es geschont werden und nicht in der tiergestützten Pädagogik eingesetzt werden. Es braucht dann Erholung und Zeit zur Genesung. Mögliche Gefahren einer Infektionsübertragung auf den Menschen müssen in bestimmten Krankheitsfällen beachtet werden. Auch mit Kindern kann man das vereinzelte Fernbleiben des Tieres durch Krankheit zum Thema machen, da sie lernen müssen, dass Krank-

38 Man darf aber nicht vergessen, dass einen Hund auch während der pädagogischen Arbeit mit Kindern Ruhephasen gegönnt werden müssen und die Aktivitäten mit ihm auch entsprechend seiner körperlichen Tagesverfassung gestaltet werden sollten.

heit genauso wie Gesundheit, wie Leben und Tod zum Dasein von Mensch und Tier gehören.
Nach Simantke und Stephan sind prinzipiell alle Tiere für den pädagogischen Einsatz geeignet, *„die am Menschen interessiert sind und auf den Menschen zugehen, die gut handhabbar sind und die Grenzen aufzeigen, jedoch nicht gefährlich werden können"* (Simantke/Stephan 2003, S. 300).
Ein Einsatz eines Hundes innerhalb der tiergestützten Pädagogik mit Hortkindern stellt einige Anforderungen an das Wesen und den körperlichen Zustand eines Tieres.
Der Hund sollte ein freundliches Wesen besitzen, ausgeglichen sowie interessiert an Kindern, geduldig und belastbar (bis zu einer bestimmten Grenze) und nicht aggressiv sein (vgl. Otterstedt 2001, S. 146).
Außerdem sollte das Tier nicht träge sein, nicht zu dick und nicht Bewegung scheuen, da Kinder im Hortalter sich meistens körperlich gern und viel bewegen.
Ebenso sollte das Tier die Nähe von Menschen gewöhnt sein und im alltäglichen Miteinander in der Mensch-Tier-Interaktion in seiner Sozialisation gelernt haben, menschliches Verhalten einzuschätzen und *„nonverbale Signale* [von Menschen] *verstehen zu lernen."* (Otterstedt 2001, S. 139; Einfügung: J. J.).
Ein Hund muss außerdem einen guten Gehorsam aufweisen, artgerecht erzogen sein, grundlegende Kommandos gut beherrschen und sich entsprechend seines Wesens als Gruppen- bzw. Rudeltier seinem Besitzer als „Rudelleittier" unterordnen können (vgl. ebd, S. 138f.).
Ein gut erzogener Hund kennt Verhaltenstabus, die sein Besitzer nicht duldet und ein Besitzer der konsequent erzieht, hat in der Erziehung bestimmte unerwünschte auftretende Verhaltensweisen [39] des Hundes unterbunden und nicht geduldet.

> *„Entscheidend für die erfolgreiche Arbeit ist dabei die Beziehung zwischen Hund und Besitzer, die Bindung und die gegenseitige Bereitwilligkeit, miteinander zu kommunizieren."*
>
> (Große-Sietrup 2003, S. 116)

Der Golden Retriever wird gern für die pädagogische Arbeit mit Menschen und auch als Blindenbegleithund genutzt, da die Rasse sehr sensi-

---

[39] Z. B. das Anspringen von Menschen auf der Strasse, das Betteln nach Futter bei Tisch, das Koten in die Wohnung (außer bei Krankheit des Tieres) oder das Zerstören von Gegenständen, Möbeln, Teppichen und das Abreißen von Tapeten von Wänden.

bel ist und über eine große Anhänglichkeit verfügt. Auch Labradore bringen günstige Eigenschaften, wie seelische und physische Belastbarkeit, mit sich. Aber auch Mischlinge, welche eine Menge vereinter vorteilhafter Eigenschaften verschiedener Hunderassen in sich tragen können, können für eine tiergestützte Interventionsform, wie die tiergestützte Pädagogik mit Kindern oder eine therapeutische Begleitung von Menschen, geeignet sein (vgl. Otterstedt 2001, S. 140). Hierbei ist vorrangig nicht die Rasse entscheidend, sondern die Eigenschaften eines Hundes.

Auch hängt es immer von der Erziehung des Tieres und den Bedürfnissen der Adressaten ab, welcher Hund am Besten für die tiergestützte Pädagogik geeignet ist. Trotz geeigneter Eigenschaften eines Hundes für eine tiergestützte Pädagogik im Hort, muss das Tier schrittweise an die Kinder herangeführt werden, sich an die Lautstärke der Kinder beim Spielen und Sprechen gewöhnen und einen Rückzugsort im Haus bekommen bzw. jederzeit vom Pädagogen bei drohender Überlastung aus der Gruppe heraus genommen werden können. Hunde sind zwar seit Jahrtausenden domestizierte Geschöpfe, aber niemand sollte für ihr Verhalten die „Hand ins Feuer" legen, da in ihnen genetisch immer noch ein Stück Wildtier/Wolf steckt, das bei Bedrängung oder in von ihm wahr genommenen Gefahrensituationen Aggressionen zeigen kann.

Außerdem sollten die Gruppen der Kinder, die sich mit dem Hund beschäftigen nicht zu groß sein[40], da man sich vorstellen kann, wie überfordert ein Tier ist, wenn 15 Kinder es fast gleichzeitig anfassen, sehr laut sprechen und hektisch sind.

5.4.4 Technisch-räumliche Anforderungen

Kindertageseinrichtungen, wie Horte, die eine hundgestützte Pädagogik anbieten, müssen überprüfen, ob sie innerhalb der Einrichtung und auf dem Außengelände den artgerechten Bedürfnissen eines Hundes nachkommen können. Die Areale, in denen z. B. hundgestützte Arbeitsgemeinschaften stattfinden sollten, können im Gebäude und draußen sein. Ein Garten mit viel Bepflanzung und einer Wiesenfläche bieten Raum

---

40 Als ich über Jahre eine tiergestützte Pädagogik für Kinder anbot, durften nicht mehr als sieben bis zehn Kinder in einer Gruppe innerhalb der hundgestützten Pädagogik teilnehmen. Da ein Hund sonst überlastet wird und schon nach kurzer Zeit Überlastungssymptome wie Ermüdung, eine Rückzugstendenz und Sturheit (geht nicht mehrt weiter und bleibt auf der Stelle stehen) etc. zeigen kann, rate ich dies zu beachten.

zur Durchführung hundgestützter Angebote. In einer natürlichen Umgebung, wie in einem Garten oder angrenzenden Stadtpark, fühlt sich meistens ein Hund wohler, als wenn er die meiste Zeit nur in Räumen gehalten wird. Deswegen ist es anzuraten, einen Großteil der pädagogisch-tiergestützten Angebote im Hort nach draußen an die frische Luft zu verlegen. Das hat gleichzeitig auch einen gesundheitsfördernden Effekt für die Kinder, die aber stets mit wetterfester Kleidung ausgerüstet sein sollten.

Innerhalb eines Gruppenraumes sollte ein abgegrenzter Bereich, eine Ruhezone, für das Tier eingerichtet werden, in der z. B. ein Korb mit einer Decke steht. Ebenfalls sollte für den Hund ein ungestörter Trinkplatz eingerichtet werden mit einem entsprechenden Gefäß, der wie der Ruheplatz regelmäßig gereinigt wird.

Mit den Kindern zusammen kann im Gruppenraum, vielleicht über dem Hundekorb, ein Haken befestigt werden, an dem Hundegeschirr und Leinen aufgehängt werden können. Ebenso empfiehlt sich, wie in den Praxiszielen für die hundgestützte Pädagogik schon erwähnt (mathematischer Bildungsbereich), ein Schubfach im Schrank für das Tier einzurichten, in dem eine Fellbürste und Hundekottüten Platz haben. Dies impliziert gleichzeitig ein Ordnungssystem für Kinder.

Durch bestimmte Aktivitäten, wie z. B. ein Crosslauf mit dem Hund, eignet sich auch die Ausstattung des Tieres mit einem Hundelaufgeschirr und einer entsprechenden Joggingleine. Spielt der Hund gern, sollte er in der Einrichtung ein Lieblingsspielzeug bekommen. Auch eine Langlaufleine eignet sich für Kommandoübungen gut. Außerdem sollten Mülleimer, in dem Speisereste entsorgt werden, einen Platz bekommen, der für das Tier nicht erreichbar ist, damit es keine Abfälle frisst.

5.4.5 Adressatenanforderungen einer hundgestützten Pädagogik

Die Adressaten des hundgestützten Projektmodells sind hier die Hortkinder. Bei Bedarf können auch Eltern mit in die tiergestützte Arbeit einbezogen werden. Auch hundgestützte Ausflüge und Wanderungen eignen sich, um daran Eltern zusammen mit ihren Kindern teilnehmen zu lassen. Auch Arbeitsgemeinschaften sind denkbar, in denen Kinder ihre eigenen Familienhunde (wenn vorhanden) mitbringen, sie den anderen Teilnehmern vorstellen und einen kleinen Vortrag zum Verhalten, zu den Eigenschaften des Tieres und seinem Tagesablauf vorbereiten. Dabei können die Kinder von ihren Eltern unterstützt werden, die in der Hortzeit an den Arbeitsgemeinschaften mit teilnehmen und die ihren

Kindern im Umgang mit dem Tier helfen, da das Tier den anderen Heranwachsenden und dem Erzieher noch fremd ist und sie es in seinem Verhalten noch nicht einschätzen können. Egal, ob bei den Kindern oder Eltern, ein artgerechter Umgang mit dem Tier hat immer oberste Priorität. Ein horteigener Hund sollte in dieser Zeit, eher erst einmal getrennt von den eintreffenden Familienhunden, gehalten werden. Wenn es möglich ist und beide Hunde sich verstehen, können sie nach intensiver Kontaktaufnahme auch unter Aufsicht und Kontrolle der Eltern, des Erziehers und der Kinder miteinander spielen. Die Eltern haben in dem Fall zu verantworten, dass ihr Hund gesund ist, keine Würmer, Flöhe, Läuse, Haarlinge und Milben hat, die vielleicht auf den anderen Hund überspringen oder ihn übersiedeln könnten (auch auf die Kinder).
Von den Heranwachsenden ist ebenso in allen anderen Stunden/Zeiten, in denen die Arbeitsgemeinschaften laufen, die Übernahme von Mitverantwortung für das Tier wichtig, z. B. in der Einhaltung der Hundepflege, den Hygienemaßnahmen und Umgangsregeln. Zum Beispiel sollten die Kinder akzeptieren, dass sie dem Hund eventuell Ruhephasen einräumen müssen, wenn er Ermüdungssymptome und Desinteresse an Aktivitäten zeigt. Dabei ist dann die Flexibilität des Erziehers gefragt, der mit den Kindern in der Zeit, in der sich das Tier ausruht, z. B. ein Wissensquiz zu Hunderassen veranstaltet.
Wenn Kinder sich zu den Arbeitsgemeinschaften mit dem Tier anmelden, sollte das immer auf der Basis von Freiwilligkeit und Interesse am Umgang mit einem Hund basieren. Kinder, die große Angst vor Hunden haben, sollten nicht teilnehmen. Manche Kinder haben schlechte Erfahrungen mit Hunden gemacht, das sollte man als pädagogische Fachkraft akzeptieren. Es gibt aber auch ängstliche Kinder, die dennoch Interesse am Tier haben und gern an einer Arbeitsgemeinschaft mitwirken würden. Diesen Kindern kann man folgendes anbieten: Sie beobachten das Tier und die hundgestützten Aktionen mit einem gewissen Abstand, um sich ein Bild über das Tier zu machen. Zudem kann man ihnen eine Stunde Einzelarbeit außerhalb der Arbeitsgemeinschaften anbieten, bei der der Hund und das ängstliche Kind sich langsam näher kommen.
Außerdem sollte kein Kind an den Arbeitsgemeinschaften teilnehmen, was eine Allergie gegen Hundehaare oder Tierhaare allgemein hat oder was z. B. offene Wunden an den Händen durch Hauterkrankungen trägt, um eine Infektion bei ihm zu verhindern. Auch Kinder mit Magen-Darminfektionen, deren Erreger auf andere Kinder und das Tier übertragen werden können, sollten bis zur Gesundung dem Angebot fern bleiben (vgl. Agsten 2009, S. 113/vgl. Otterstedt 2001, S. 126f. und S. 131).

Zum Thema Allergie gegen Hunde ist zu sagen, dass es Menschen gibt, die auf eine Hunderasse allergisch reagieren und auf andere nicht. In diesem Fall sollte einfach, unter Erlaubnis der Eltern, ausprobiert werden, wie es sich mit einer Allergie gegen den Horthund verhält (vgl. Agsten 2009, S. 113).

5.4.6 Anforderungen an die pädagogische Kraft, die eine hundgestützte Pädagogik durchführt und an andere Mitarbeiter der Einrichtung

Der Erzieher oder Sozialpädagoge, der mit Kindern im Hort eine hundgestützte Pädagogik anbietet, muss im Vorfeld erst einmal verschiedene personelle, fachliche und methodische Vorraussetzungen erfüllen. Er sollte die Einrichtung in ihren baulichen, strukturellen und innergruppalen Gegebenheiten kennen. Außerdem sollte die pädagogische Fachkraft die Kinder kennen und sie in ihrem Verhalten und ihren unterschiedlichen Bedürfnissen einschätzen können.

Eine gewisse Sicherheit bzw. Berufserfahrung im pädagogischen Feld sollte vorhanden sein, vorzugsweise eine fachliche und methodisch-pädagogische Qualifikation, wie eine Berufsausbildung zum Erzieher, Sozialassistenten, Heil- oder Sonderpädagogen oder Sozialpädagogen (vgl. Agsten 2009, S. 86f.).

Die pädagogische Fachkraft sollte ebenso eine Sicherheit, eine gewisse Ausgeglichenheit in ihrer Arbeit mit den Heranwachsenden an den Tag legen, denn die Stimmungsübertragung der Bezugsperson des Tieres (hier z. B. des Erziehers) überträgt sich unweigerlich auf den Hund, welcher als sensibles Wesen nonverbale Signale und prosodische Kommunikationselemente, wie die Stimmlage des Menschen, sehr gut und schnell wahrnehmen kann. Auch Signale einer vermehrten Unsicherheit und Angespanntheit mit schnellerer Herzfrequenz und zunehmender Schweißproduktion nimmt ein Tier schneller wahr, als ein Mensch (vgl. Cordt 2006, zit. in: Agsten 2009, S. 86).

Ebenso ist eine Sachkenntnis über Hunde wichtig, die eine pädagogische Fachkraft haben muss, wenn sie hundgestützte Angebote mit Kindern durchführt, um wichtige relevante Wissensinhalte an Kinder weitergeben zu können und sie in die tiergestützte pädagogische Arbeit zu integrieren. Themen wie *„das Lernverhalten von Hunden"* (Agsten 2009, S. 87), Hunderassenkenntnisse, eine veterinärmedizinische Gesundheitspflege, die Entwicklungsphasen jener Tiere sowie medizinische Kenntnisse zum Körper von Hunden und das Kennen der Grundlagen des Tierschutzge-

setzes und von Hygienemaßnahmen im Umgang mit dem Tier sind dabei von Bedeutung (vgl. ebd., S. 87).
Grundsätzlich sollte sie auch ihren Hund richtig artgerecht pflegen und führen[41] und es muss ein gegenseitiges Vertrauen zwischen Besitzer und Tier herrschen. Rauschenfels meint:

> *„Wenn wir einen geeigneten Hund unter geeigneten Voraussetzungen zu therapeutisch/pädagogischen Zwecken nutzen [...] wird dies bei geeigneter Herangehensweise auf allen Seiten große Freude bereiten und in den meisten Fällen auch förderliche Wirkung haben. [...] Wichtiger als der blinde Gehorsam sind also unsere offenen Augen für die verschiedenen Signale [...] Die gemeinsame Feinkommunikation kann durch die vier Vs, Verständigung, Verständnis, Vertrauen und Verbundenheit, zu einem blinden Vertrauen führen."*
>
> (Rauschenfels 2006, zit. in: Agsten 2009, S. 91)

Ebenso ist es ratsam für die Durchführung einer tiergestützten Pädagogik mit dem Hund, als Erzieher (wenn es geht mit dem Tier zusammen) eine fachlich-methodische Weiterbildung oder Ausbildung im Feld der tiergestützten Interventionsformen zu absolvieren, wie es z. B. das Institut für soziales Lernen mit Tieren in Wedemark (Deutschland) anbietet. Bei dieser berufsbegleitenden Weiterbildung zur tiergestützten Pädagogik und Therapie wirken als Dozenten führende wissenschaftliche Größen auf dem Gebiet mit Prof. E. Olbrich, Dr. C. Otterstedt, Linda Tellington-Jones und Dr. S. Greiffenhagen mit (vgl. Olbrich/Otterstedt 2003, S. 497/S. 503).
Solch eine Aus- bzw. Weiterbildung kann die Qualität der jeweiligen tiergestützten Intervention verbessern.
Für die anderen Mitarbeiter der Einrichtung, in der hundgestützte pädagogische Angebote gemacht werden, gelten für die Einrichtung und für den Umgang mit dem Tier festgelegte Vorschriften und Hygienemaßnahmen, genauso wie für den Erzieher, der das Tier anleitet und die Kinder. Ebenso müssen sich die Mitarbeiter auch erst einmal damit arrangieren, dass jetzt ein Hund ihre Arbeit und ihren Weg durch das Gebäude kreuzen könnte. Tierliebe ist nicht allseits verbreitet und manche Mitarbeiter haben auch Angst vor Hunden. Hat aber die Einrichtung

---

41 Wichtig ist dabei auch, dass der Hund nicht als Statussymbol für den eigenen Erfolg des Pädagogen und den Zuwachs an externer Anerkennung durch andere benutzt wird und das Tier nicht über seine Kräfte hinaus überanstrengt wird. Der Tierbesitzer sollte seinen Hund gut kennen und dessen Signale verstehen.

und ihre übergeordnete Behörde so ein hundgestütztes pädagogisches Projekt genehmigt, müssen sie sich in der Regel damit arrangieren. Dabei sollten auch von den Kindern und von Seiten des pädagogischen Hundeführers ängstliche Verhaltensweisen von Mitarbeitern akzeptiert und nicht weiter provoziert werden. Wichtig ist, dass man mit Mitarbeitern Kompromisse schließt und Einigungsprozesse vollzieht, die den Einsatz des Tieres oder der Tiere im Gebäude bzw. auf dem Gelände angehen und regeln (vgl. Agsten 2009, S. 99).

5.5 *Allgemeine Planungs- und Handlungsschritte für ein Hortjahr*

Im Folgenden wird eine konkrete organisatorische Planung für den Ablauf und die Verantwortlichkeiten innerhalb einer „Hunde-Arbeitsgemeinschaft" für ein Hortjahr erarbeitet. Als Beispiel hierfür soll das Hortjahr 2009/2010 dienen. Die richtige Organisation der ganzen pädagogisch-tiergestützten Arbeit im Projektmodell entscheidet am Ende über ihren Erfolg. Zur Information, das Hortjahr 2009/2010 erstreckte sich gemäß der Schul- und Ferienzeiten des Bundeslandes Sachsens vom 10. August 2009 bis zum 25. Juni 2010.

Planungs- und Organisationseinheit eins

Erstens muss eine Konzeptionierung für die anstehende hundgestützte Pädagogik in Form von Arbeitsgemeinschaften formuliert werden. Wichtige Punkte, die darin enthalten sein müssen, sind der juristische und pädagogische Orientierungshintergrund[42], die Festlegung auf eine oder mehrere Adressatengruppen, die Inhalte und allgemeinen und daraus abzuleitenden Praxisziele für die Erziehung und Bildung der Hortkinder, verbunden mit einer Methodik, entsprechend einzuhaltenden Hygienevorschriften im Umgang mit dem Tier in der Einrichtung, eine konzeptionelle Leitidee und Handlungsprinzipien[43], auf die das Projekt aufbaut.

---

42 hier das Kinder- und Jugendhilfegesetz § 22, § 35a des KJHG (Eingliederungshilfe für seelisch behinderte Kinder und Jugendliche), das Gesetz zur Förderung von Kindern in Tageseinrichtungen (SächsKitaG) und der Sächsische Bildungsplan für Kindertagesstätten.

43 Handlungsprinzipien können z. B. Alltagsnähe, Freiwilligkeit, Demokratisierung (Mitbestimmungsstrukturen der Adressaten), Integration sowie eine Arbeit unter Gleichheits- und Gleichbehandlungsgrundsätzen in Bezug auf die Behandlung der Adressaten sein.

Auch die konkrete Organisation des Angebotes[44], eine bestimmte geforderte fachlich-methodische Qualifikation des Personals, was ein Angebot durchführt und die benötigten baulichen bzw. materiellen Voraussetzungen, um eine tiergestützte Pädagogik mit einem Hund durchführen zu können, sind hierbei von Bedeutung. Für die Projektentwicklung mit ihrer Konzeptionalisierung muss ein Verantwortlicher bestimmt werden, wie z. B. die pädagogische Kraft, die die hundgestützten Arbeitsgemeinschaften durchführen wird. Auch eine Entwicklung in einem Mitarbeiterteam wäre möglich.

Planungs- und Organisationseinheit zwei

Die Vorlage des Konzepts bei der Einrichtungsleitung, dem Träger der Einrichtung und die Einholung der Arbeits- bzw. Durchführungserlaubnis für die Arbeit sind danach von Bedeutung. Dabei ist es sinnvoll, das Gespräch mit der Hortleitung und dem Vorstand des Hortes zu suchen, um die Glaubwürdigkeit und Ernsthaftigkeit der geplanten Arbeit zu demonstrieren. Von der Hortleitung wird ein Termin bzw. Stichtag der Entscheidung über die Ablehnung bzw. Genehmigung gesetzt, die sich wiederum mit dem Träger der Einrichtung bespricht. Wenn das Hortjahr 2009/2010 beispielhaft Anfang August 2009 anfängt, dann wäre eine Entscheidung der Vorgesetzten bis Mitte Juli günstig, um sich bei Genehmigung noch um Organisatorisches im Vorfeld vor Beginn der Arbeit zu kümmern. Auch eine parallele Information an das Gesundheitsamt (Hygieneplan) wäre in dieser Organisationsphase ab Mitte Juli bei Genehmigung des Projektes günstig. Dabei wird das Zeugnis eines aktuellen Gesundheitschecks durch einen Tierarzt, eine Bestätigung der letzten Impfung und Entwurmung des Tieres an den Hygieneplan heran geheftet. Dies führt der Projektverantwortliche durch. Ist das Projektmodell, für das eine bestimmte Laufzeit, (vielleicht erst mal als Testphase von zwei Jahren) eingeplant wird, erst einmal genehmigt, kann es im Hortprogramm verankert werden. Jetzt muss sich der Verantwortliche um den Versicherungsschutz kümmern. Fehlende Versicherungen können jetzt noch abgeschlossen werden.

[44] z. B. der Einsatz eines oder mehrerer Hunde bei sieben bis zehn Kindern pro Gruppe (mit und ohne Integrationshintergrund) sowie die Betreuung durch eine und zwei pädagogische Fachkräfte und der Punkt wann und wo die tiergestützte Arbeit stattfinden soll.

Planungs- und Organisationseinheit drei

Ist voran Genanntes erledigt, werden bis Ende August 2009 die Eltern der Kinder durch Plakate und Aushänge im Hortgebäude über die geplante tiergestützte Pädagogik informiert. Ein Aktionstag wird festgelegt, an dem Eltern mit ihren, am Angebot interessierten Kindern, auf die Leitung des Projektes und das Tier im Hortgelände treffen können. Hier können ein erster Kontakt zum Tier aufgenommen werden und Fragen durch Eltern und Kinder zum Ablauf sowie zu Inhalten des Angebotes gestellt werden.

Bei fortwährendem Interesse bekommen die Kinder einen Elternbrief, auf dem alle wichtigen Informationen zum Projekt enthalten sind, mit nach Hause. Bis zwei Wochen nach dem Kennlerntermin können die Kinder sich entscheiden, ob sie teilnehmen wollen, also bis Mitte September. Beim Hortleiter, bei dem die Zettel eingehen, wird eine Teilnahmeliste für maximal zehn Kinder pro Arbeitsgemeinschaft (AG) ausgehangen, auf der sich die Kinder einschreiben und verbindlich anmelden können.

In der Zwischenzeit wird auf einer wöchentlichen Dienstberatung die Mitarbeiterschaft über die zukünftige Anwesenheit des Tieres in der Einrichtung informiert. Alle zeitlichen und organisatorischen Belange können hier geklärt werden. Der Hygieneplan wird jedem ausgehändigt und Fragen können von den Mitarbeitern zur Beantwortung an die AG-Leitung gerichtet werden. Die Leiter der Basisgruppen sind dafür verantwortlich, jedes teilnehmende Kind der Arbeitsgemeinschaften für die Zeit einzutakten und zum Veranstaltungsort (Treff: z. B. Hortgelände am Eingangstor) zu schicken.

Bis Mitte September besorgt die AG-Leitung entsprechende Utensilien, wie ein Laufgeschirr, einen Wassernapf, eine Hundebürste und einen Hundekorb mit einer Decke. Wenn man Glück hat, wird die Finanzierung dessen vom Träger der Einrichtung übernommen, sind wenig Gelder vorhanden, muss die AG-Leitung die Utensilien selbst finanzieren oder sich selbst Sponsoren suchen. Zum Beispiel unterstützt die Ostsächsische Sparkasse Dresden jährlich lohnenswerte Projekte von sozialen Einrichtungen. Auch das Jugendamt einer Gemeinde oder verschiedene Firmen könnten als Sponsoren in Frage kommen, genauso können solche Projekte ebenso über Förderwettbewerbe oder Initiativen finanziert werden. Ein Mitarbeiter allein kann die Kosten auf Dauer nicht aus seiner privaten Tasche bezahlen, gerade im ehrenamtlichen Bereich. Diese Unterstützung erwirbt man durch eine gezielte Bewerbung beim Sponsor, bei dem die entsprechende Konzeptionierung der hundgestützten Projektarbeit in Arbeitsgemeinschaften vorgelegt wird. Ebenso muss sich die

AG-Leitung um einen eigenen Gruppenraum kümmern, der von den Kindern und dem Tier dauerhaft für Innenaktivitäten genutzt werden kann. Solch ein Raum stellt auch eine Ausweichmöglichkeit bei schlechtem Wetter da.

Planung- und Organisationseinheit vier

Ab Ende September werden dann die zwei hundgestützten Angebote in Form von Arbeitsgemeinschaften mit den Kindern durchgeführt. Die hundgestützten Arbeitsgemeinschaften finden ganzjährig statt. Die ersten Stunden werden darauf ausgelegt, dass die Kinder, die aus den Basisgruppen unterschiedlicher Jahrgänge der Klasse eins bis vier kommen, sich erst einmal kennen lernen können. Dazu eigenen sich sozialpädagogische Kennlernspiele. Auch eine erste intensive Kontaktaufnahme der Kinder zum Tier und umgedreht wird stattfinden. In der ersten Kennlernstunde werden ebenso Ideen zusammen mit den Kindern gesammelt, bezüglich der Aktivitäten innerhalb der tiergestützten Arbeitsgemeinschaft. Alle gesammelten Ideen werden zusammen mit den Kindern auf einen großen Bogen Papier aufgeschrieben und dann in einen großen Wandkalender eingetragen, der in den Gruppenraum gehängt wird. Auch die Einigung über Regeln im Umgang mit dem Tier und mit anderen Kindern findet in den Erststunden statt, genauso wie eine umfassende Belehrung zum Umgang mit Hunden.

Die weiteren Stunden der Arbeitsgemeinschaften werden jeweils, auch unter Berücksichtigung der Bedürfnisse und Wünsche der Kinder, von der AG-Leitung in ihrer Durchführung geplant. Materialien zum Basteln und Zeichnen können jeweils vor den entsprechenden Aktivitäten aus dem Bastelschränken der Einrichtung geholt werden.

Die durchgeführten hundgestützten Aktivitäten und die am jeweiligen Tag teilnehmenden Kinder werden in einer Liste dokumentiert, auf der vor Beginn der Angebote auch konkrete Praxisziele, bezüglich der Durchführung , Erziehung und Bildung formuliert werden. Diese werden nach jeder Stunde, bei Erfüllung, abgehakt (Evaluation). Außerdem können zur regelmäßigen Dokumentation jedes viertel Jahr, jeweils zu einem Termin in beiden Arbeitsgemeinschaften, die Aktivitäten auf Fotos festgehalten werden.

Wenn für hundgestützte Aktivitäten oder Ausflüge ein Zweitbetreuer oder Zweithund benötigt wird, wird jeweils immer zwei Wochen vor dem entsprechenden Termin der Durchführung der Arbeitsgemeinschaften die Hortleitung informiert, die organisatorisch den Zweitbetreuer in den Dienstplan eintaktet.

Auch im Krankheitsfall des Ersttieres kann nach Absprachen, individuell auf ein Zweittier als Vertretung zurückgegriffen werden, wenn vorhanden. Ist das Zweittier individuell in der Einrichtung anwesend, gelten im Umgang mit ihm die gleichen Regeln, wie mit dem Ersttier. Eine zweite Hundedecke wird dann ebenso, als Ruhestätte im Raum integriert, genauso wie ein provisorisches zweites Trinkgefäß.
Zu jedem durchgeführten pädagogisch-tiergestützten Konzept gehört ebenso eine Evaluation der pädagogischen hundgestützten Arbeit, die aber von der Dokumentation über Fotos, der Erfassung der Anwesenheit der Kinder in Teilnahmelisten und dem Festhalten für entstehende Kosten, die in die Arbeitsgemeinschaften einfließen, zu trennen sind, weil diese der Einrichtungsleitung erst einmal nur reine Zahlen liefern und eine Hilfe zur Erfassung der Teilnehmerzahlen oder der entstehenden Kosten über ein Jahr für die Abrechnung sind. In der Kostendokumentation werden, z. B. anfallende zusätzliche Kosten für Hundefutter, Transportkosten des Tieres (Fahrkarten), Hundespielzeug, Kosten für zusätzliche Entwurmungsmittel, aber auch für die Beschaffung spezieller Arbeitsutensilien und Materialien (z. B. gekaufte Zutaten für die Herstellung von Gebäck für das Tier) dokumentiert. Die Evaluation gilt in der Praxis eher der Überprüfung und Sicherung der Qualität der hundgestützten Pädagogik.

5.5.1 Phasen/Abläufe einer tiergestützten pädagogischen Interventionseinheit

Eine tiergestützte pädagogische Maßnahme, z. B. in Form einer Arbeitsgemeinschaft im Hortwesen, ist eine professionelle, systematische und strukturierte (heil-, sozial)pädagogische Interventionsform, die von Seiten der teilnehmenden Adressaten stets auf Freiwilligkeit basiert und in der, an der Seite einer entsprechend qualifizierten pädagogischen Fachkraft, min- destens ein geeignetes Tier, unter einer bestimmten heil- bzw. sozialpädagogischen Zielsetzung, zum Einsatz kommt.
Je nach voran definierten konkreten Handlungszielen (z. B. nach S.M.A.R.T.), können diese sich auf einzelne Phasen der tiergestützten pädagogischen Maßnahme beziehen, aber auch auf eine gesamte Interventionseinheit.

Eine tierpädagogische Interventionseinheit lässt sich stets in fünf Phasen einteilen:

1. ***Phase der individuellen Planung und Vorbereitung der tierpädagogischen Maßnahme*** (vgl. Badelt-Vogt 2004, S. 23)
2. ***Beginn- und Einstiegsphase*** (vgl. Kahlisch 2010, zit. in Nestmann/Beckmann/Wesenberg 2010, S. 9)
3. ***Phase der gezielten tiergestützten heil- und sozialpädagogischen Förderung und Pädagogik***
4. ***End- und Abschiedsphase*** (vgl. Kahlisch 2010, zit. in Nestmann/Beckmann/Wesenberg 2010, S. 9)
5. ***Dokumentations- und Evaluationsphase*** (vgl. Badelt-Vogt 2004, S. 26)

Die fünfte Phase kann theoretisch auch parallel zur gesamten Interventionseinheit ablaufen, wenn z. B. eine zweite, nach wissenschaftlichen Kriterien beobachtende Person, unabhängig von der durchführenden Fachkraft, nach bestimmten zuvor gesetzten Evaluationskriterien mit Hilfe verschiedener Evaluationsinstrumente, die tiergestützte pädagogische Maßnahme im Hort überprüft. Auch hier können währenddessen ebenso Dokumentationen vorgenommen werden.
Diese fünfte Phase kann sich aber auch durchaus an die vierte anschließen, indem die pädagogische Fachkraft, die auch die Maßnahme durchgeführt hat, diese dokumentiert, überprüft bzw. nachbereitet.

Vorab ist noch anzumerken:
Egal, ob sich die pädagogische Fachkraft und ihr Hund in Phase zwei, drei oder vier der tiergestützten Intervention befinden, sollte das Tier bei zu beobachtbaren Stressverhalten oder ähnlichem, stets, zumindest kurz aus der entsprechenden Situation herausgenommen werden, den Raum verlassen bzw. kurz eine Auszeit bekommen. Deshalb sollte der Tierbesitzer stets achtsam, bezüglich des Hundeverhaltens (im Umgang mit den Kindern) sein, sein Tier genau kennen und die Kommunikation zwischen Hund und Hundebesitzer sollte stimmen und nach klarer Abfolge erfolgen. Ebenso sollte die pädagogische Fachkraft die teilnehmenden Kinder in ihrem Verhalten, ihren Fähigkeiten und Einschränkungen genau kennen, um einfach die Kinder selbst, die Gruppe insgesamt, aber auch das Tier in eventuell riskanten Situationen präventiv zu schützen. Gemeint ist damit, z. B. dass ein Erstklässler, der sehr klein und zart von seiner Körperstatur ist, niemals allein mit dem Hund an der Leine auf der Straße gelassen werden darf, wenn man absehen kann, dass der Heranwachsende das Tier nicht allein halten kann, im Falle , wenn z. B. ein anderer Hund auf der Straße oder im Park kommt oder man sich mit den Kindern im öffentlichen Straßenverkehr bewegt. Dies ist alles wichtig, um Unfälle und andere unangenehme Situationen zu vermeiden.

Deshalb sollte das Tier außerhalb des Hortgeländes bei kleineren Kindern bis zehn Jahre stets doppelt angeleint vom Erzieher mit geführt werden. Ebenso sollte ein Tier zusammen mit einem Kind nie unbeaufsichtigt gelassen werden (vgl. Nestmann/Beckmann/Wesenberg 2010, S. 9ff.).

Zu Phase 1: ***die individuelle Planung und Vorbereitung der tierpädagogischen Maßnahme*** (vgl. Badelt-Vogt 2004, S. 23)

Hierbei geht es um folgende wichtige Punkte, welche nicht vergessen werden sollten.

- Gemessen an den Bedürfnissen der Adressaten, werden konkrete Handlungsziele für die zu planende Interventionseinheit festgelegt. (Bitte auch durch Adressaten geäußerte Vorschläge mit einbinden!)
- Der Ablauf wird inhaltlich geplant, d.h. welche Aktivitäten sollen heute stattfinden? Welche Aufgabe spielt das Tier dabei (vgl. Badelt-Vogt 2004, S. 23)?
- Wetterlage beachten und Aktivitäten danach planen (ob im Gebäude oder in freier Natur)
- einzelne Inhalte einer tiergestützten Pädagogik werden gedanklich, je nach Zielsetzung methodisch aufbereitet
- Bitte die Tasche mit nötigen Utensilien, wie Dokumentationsheft oder Evaluationsbogen einpacken (vgl. Badelt-Vogt 2004, S. 23)!
- Benötigte Hunde- bzw. Aktivitätsutensilien nicht vergessen (z. B. lange und kurze Leine, Hundekamm, Bastelmaterialien)! *„Handtuch zum Reinigen der Pfoten, Wasserschüssel, Leckerli und Spielzeug"* (Badelt-Vogt 2004, S. 23) (vgl. Badelt-Vogt 2004, S. 23).
- Vor dem Start der tiergestützten Pädagogik im Hort sollte das Tier noch einmal unbedingt eine Ruhephase, fern von störenden Reizen, bekommen.
- *„Hund kurz zum Lösen ausführen"* (Badelt-Vogt 2004, S. 23)
- dem Tier regelmäßig Wasser anbieten, egal ob im Raum oder unterwegs (vgl. Badelt-Vogt 2004, S. 25)
- Achtung: Achten Sie darauf, dass das Tier ausgeruht ist und gesundheitlich in der Lage, um in der tiergestützten Pädagogik eingesetzt zu werden (auch Hunden geht es nicht jeden Tag gleich).
- Auf dem Terrain oder in dem Raum, in dem die tiergestützte Pädagogik stattfindet, sollten keine Essensreste herumliegen und vorhandene weggeräumt werden (vgl. Badelt-Vogt 2004, S. 25).

Zu Phase 2: ***die Beginn- und Einstiegsphase*** (vgl. Kahlisch 2010, zit. in Nestmann/Beckmann/Wesenberg 2010, S. 9)

- Treffpunkt mit dem Hund stetig zur selben Zeit ansteuern/gilt auch für die Kinder
- Kinder begrüßen/Kinder begrüßen sich auch untereinander, Hund wartet in der Zeit separat und liegend, mit 2m Abstand vor der Gruppe auf einer kleinen Decke (vgl. Badelt-Vogt 2004, S. 24)
- Begrüßungsritual mit dem Tier habitualisieren; Hund begrüßt jedes Kind separat nacheinander in einer Reihe (z. B. mit dem Kommando „Pfötchen“) und bekommt von jedem Teilnehmer ein kleines Futterstück als Belohnung gereicht (vgl. Kahlisch 2010, zit. in Nestmann/Beckmann/Wesenberg 2010, S. 9ff.)
- sich selbst und das Tier vorstellen, wenn es sich um das erste Treffen handelt (vgl. Kahlisch 2010, zit. in Nestmann/Beckmann/We senberg 2010, S. 10/vgl. Badelt-Vogt 2004, S. 22)
- Bitte das Thema und Vorgehen der heutigen Fördereinheit mit den Kindern besprechen!
- Belehrung der Kinder; Kinder wiederholen regelmäßig die Regeln im Umgang mit einem Hund, damit das Wissen gefestigt wird und zur Habitualisierung beträgt (z. B. in einem kleinen Quiz namens „Wer kann sich noch an die meisten Umgangsregeln mit einem Hund erinnern?“)
- wettergerechte Kleidung der Kinder überprüfen und wenn nötig wechseln lassen
- jedes Kind vorher Händewaschen lassen (aus Erfahrung kleben oft noch Reste der letzten Mahlzeit an der Haut oder die Hände sind vom letzten Sandkastenspiel schmutzig)
- Raum für soziale Annäherungsrituale der Kinder untereinander schaffen; Kindern Zeit lassen, um sich mitzuteilen; Kinder erzählen oftmals spontan von erlebten Erfahrungen während der Schulwoche oder vom eigenem Haustier (Kinder wollen sich artikulieren und ausdrücken!)
- ängstliche und schüchtere Kinder im Umgang mit dem Tier und anderen Gruppenmitgliedern unterstützen und mit einbinden

Zu Phase 3: ***die Phase der gezielten tiergestützten heil- und sozialpädagogischen Förderung und Pädagogik***

Dies ist die Phase, in der von der pädagogischen Fachkraft gezielt Übungen, Spiele und Aktivitäten mit den Kindern und dem Tier angeregt, an-

geleitet und unterstützt werden sollten. Diese Aktivitäten sollten vor dem Hintergrund der zuvor gesetzten konkreten Erziehungs- und Bildungsziele (z. B. laut Sächsischem Bildungsplan für Kindertagesstätten) durchgeführt und entsprechend methodisch umgesetzt werden.
Dabei ist Folgendes wichtig und möglich:

- die Kinder, gemäß ihren Fähigkeiten und Interessen, gezielt zur Aktion mit dem Tier anleiten, sie unterstützen, gegebenenfalls Grenzen setzen und konstruktive Tipps geben
- die Kinder handeln aktiv, kreativ und können selbst alternative Lernwege zu Lernzielen suchen und ausprobieren, sie kommunizieren mit dem Tier und untereinander
- tiergestützte pädagogische Praxisbeispiele und Fördermöglichkeiten, gemäß den Punkten 4 und 5.2.1, kommen hier zum Tragen und können angewandt werden
- jede Lern- bzw. Übungseinheit, in der volle Konzentration von den Kindern gefragt ist, sollte aus eigener Erfahrung nicht mehr als sieben Minuten in Anspruch nehmen (wenn länger, dann Pausen einbinden oder in Blöcke staffeln)

Zu Phase 4: ***die End- und Abschiedsphase*** (vgl. Kahlisch 2010, zit. in Nestmann/Beckmann/Wesenberg 2010, S. 9)

- den Kindern langsam die Zeit des Endes ankündigen
- pädagogische Maßnahmen beenden
- die Kinder übernehmen Verantwortung und helfen bei Aufräumarbeiten alle mit
- ein Verabschiedungsritual einbinden (vgl. Kahlisch 2010, zit. in Nestmann/Beckmann/Wesenberg 2010, S. 9–13)
- Informieren der Kinder über den nächsten Termin (vgl. ebd., S. 13)
- Austausch mit Kindern über eventuelle Wünsche/Interessen bezüglich zukünftiger Aktivitäten
- kleine Feedbackrunde einbauen (konstruktive Beurteilungsfähigkeit der Kinder fördern)
- Die Kinder waschen sich die Hände.

Zu Phase 5: ***die Dokumentations- und Evaluationsphase*** (vgl. Badelt-Vogt 2004, S. 24)

- *„Dokumentation und Zielkontrolle*
- *Kurze Dokumentation von Art und Dauer der Aktivitäten*

- *Reflexion des Verhaltens und der Reaktionen der Teilnehmer*
- *Überprüfung und eventuelle Ergänzung der Beurteilungskriterien*
- *Reflexion darüber, welche Ziele in welchem Umfang erreicht wurden [z. B. anhand geeigneter Evaluationsinstrumente (Fragebogen etc.)]*
- *Eventuell die Ziele überprüfen*
- *Mögliche Probleme ansprechen und hinterfragen"* (Badelt-Vogt 2004, S. 26; Einfügung: J. J.)

5.6 *Evaluationsvorschläge*

„Evaluation heißt messen und bewerten" (Hekele 2005, S. 179). Evaluationsinstrumente (also geeignete Messverfahren) sollen sich hier vorrangig auf das Messen und Bewerten, der in S.M.A.R.T. formulierten Praxisziele aus den Bildungs- und Erziehungsbereichen des Sächsischen Bildungsplanes für die regelmäßig stattfindenden hundgestützten Arbeitsgemeinschaften, beziehen. Die Evaluation dient der Qualitätssteuerung und Qualitätssicherung der Arbeit mit den Kindern und dem Tier im Hort. Was man messen und bewerten will, legt die Leitung der Arbeitsgemeinschaften am Besten durch Absprache mit der Einrichtungsleitung des Hortes vor Beginn der stattfindenden hundgestützten Angebote fest. Mit verschiedenen Evaluationsmethoden kann, z. B. überprüft werden, ob in einem bestimmten Zeitraum konkrete Praxisziele aus den einzelnen Bildungsbereichen des Bildungsplanes nach der Methode S.M.A.R.T. erreicht wurden.
Als Evaluationsinstrumente sind folgende beispielhaft vorzuschlagen:
Zur Überprüfung der Praxisziele nach S.M.A.R.T. bietet sich, z. B. als quantitatives Evaluationsinstrument, ein gezielter kindgerechter geschlossener Fragebogen mit fünf Antwortmöglichkeiten (Skalierung) an, auf dem die Kinder aus ihrer Sicht ankreuzen sollen, inwieweit sie bestimmte Praxisziele erreicht haben oder nicht. Dabei sind die Fragen von einzelnen Praxiszielen aus den Bildungsbereichen des Sächsischen Bildungsplanes ausgehend, sprachlich so einfach wie möglich und verständlich für die Kinder zu formulieren und es ist ihnen beim Ausfüllen des Fragebogens Hilfestellung zu geben. Ein Praxisziel aus dem somatischen Bildungsbereich war z. B. das regelmäßige Händewaschen nach jedem Kontakt mit dem Tier bzw. nach jeder Arbeitsgemeinschaft.
Daraus lässt sich in einem Fragebogen beispielhaft eine kindgerechte Frage formulieren, die Kinder, bezüglich eines Zeitraumes der letzten vier Arbeitsgemeinschaftstermine, beantworten sollen.

↓

1. Wie oft hast du dir nach den letzten vier AG-Terminen die Hände nach dem Kontakt mit dem Tier gewaschen?
Anzukreuzen wäre jeweils ein Feld im Rahmen von fünf Skalierungen mit den Bezeichnungen „immer", „fast immer", „weiß nicht", „gelegentlich" oder „nie" (vgl. Kromney 2002, S. 361/S. 379).
Um z. B. zu überprüfen, ob Integrationskinder, bezüglich der Erreichung der Praxisziele, Fortschritte in ihrer Entwicklung bzw. ihrem Verhalten machen, ist es möglich, dass sich der AG-Leiter vor jeder Stunde des Jahres eine Liste mit ausgewählten festgelegten Praxiszielen aus jeden Bildungsbereich anlegt, mit denen evaluiert wird, ob zwei Kinder (vorher ausgewählt, vielleicht Kinder mit ADHS) diese Ziele erreicht haben oder nicht. Dabei kann er zwei Kategorien pro Praxisziel abhaken, nämlich: „erreicht"/„nicht erreicht". Um dies festzustellen, agiert er als teilnehmender Beobachter in den Arbeitsgemeinschaften, der die Chance auf eine Zielerreichung durch seine Arbeit und die Initiierung von Bildungs- und Lernprozessen weitgehend mit beeinflusst. Diese Kontrolle der Praxisziele, bezüglich der zwei Kinder, könnte ebenso eine zweite außenstehende unabhängige Person, die die Arbeitsgemeinschaften beobachtet, durchführen. Jedoch sollte im Vorfeld immer genau definiert werden, wann ein Praxisziel erreicht wird.
Ebenso kann sich die Leitung einer Arbeitsgemeinschaft eine Liste mit selbst auferlegten Zielen anlegen, um zu überprüfen, ob sie sie in der pädagogischen Arbeit erreicht hat oder nicht. Dabei gäbe es wieder zwei Antwortmöglichkeiten: „erreicht" oder „nicht erreicht". Sie soll dabei durch eine Einschätzung ihrer eigenen Arbeitsqualität, bezüglich ihrer selbst gesetzten Ziele, evaluieren. Selbst gesetzte Ziele könnten für die pädagogische Fachkraft als Beispiel sein: der pünktliche Beginn der Arbeit immer mittwochs und donnerstags um genau 14.00 Uhr, das Mitbringen aller benötigten Arbeitsutensilien für die Arbeitsgemeinschaften, das Einhalten des Impftermines des Tieres, einmal im Jahr (immer zum gleichen Monat im Jahr), das Verabreichen der Entwurmungskur (Hund), pünktlich alle zwei Monate, das Ausführen eines Reflektionsgespräches mit den Kindern in der Arbeitsgemeinschaft, mindestens einmal im Monat, die pünktliche Abgabe der Teilnehmerliste an die Hortleitung, zwei Wochen nach Beginn der jährlich laufenden Arbeitsgemeinschaften, die Planung, Organisation und Durchführung eines offenen Kinder-Eltern-Nachmittages zum Kennen lernen des Tieres und der hundgestützten pädagogischen Aktivitäten.

Ein weiteres Evaluationsinstrument könnte ein Wissensquiz sein, bei dem es nach dem Bestehen des Wissenstestes für Kinder eine Urkunde ausgehändigt gibt. Das Wissensquiz bezieht sich auf mathematische, naturwissenschaftliche sowie hygienische und pflegerische Kenntnisse im Umgang mit einem Hund und will überprüfen, wie viel Kinder den Test zum artgerechten Umgang und hundgerechten Wissen mit mindestens 80% richtiger Antworten bestehen. Bei den Fragen des Quiz ist immer nur eine Antwort richtig und für jede exakte Antwort gibt es einen Punkt. Die Urkunde über das Bestehen wird nur ausgehändigt, wenn die Kinder 80% der Antworten richtig beantwortet haben. Alle Wissensinhalte, die abgefragt werden, wurden zuvor ausgiebig in den Arbeitsgemeinschaften behandelt. Für die Fragen im Wissensquiz sind nur eindeutige Antworten möglich. Beispiele für Fragen könnten sein: Wie viel mal hört ein Hund besser als ein Mensch? Wie oft ist ein Hund im Jahr zu impfen? Ist Bitterschokolade für einen Hund gesund? Nenne neben einem Ohrreiniger für Hunde zwei weitere Pflegeutensilien!

6 Curriculare Einbettung einer tiergestützten Pädagogik in die Fachschulausbildung zum Erzieher/zur Erzieherin in Sachsen (berufspädagogische Untersuchung)

Im Folgenden soll das Thema der tiergestützten Pädagogik auf einen berufspädagogischen Diskurs ausgeweitet werden. Dabei wird untersucht, inwieweit sich das Thema der tiergestützten Pädagogik in die Fachschulausbildung des Erziehers, laut Sächsischen Lehrplan für die Fachschule in der Fachrichtung Sozialpädagogik, integrieren lässt und warum es in den Lehrplan aufgenommen werden sollte (Punkt 6.1). Nach der Rechtfertigung zur Integration eines Lehr- und Lernbereiches zum Thema der tiergestützten Pädagogik kommt es zur Einordnung von acht Unterrichtsstunden in eine Stoffeinheit des Sächsischen Lehrplanes für die Erzieherausbildung. Außerdem ist hier eine thematisch mittelfristige Planung, bezüglich der Lehr- und Lerninhalte zu finden. Im Abschnitt 6.1 dieses Kapitels sollen ebenso die benötigten beruflichen Kompetenzen für die Durchführung einer tiergestützten Pädagogik zusammengefasst und herauskristallisiert werden.
Für den Lehr- und Lernbereich der tiergestützten Pädagogik, am Beispiel einer hundgestützten Pädagogik, wird anschließend ein ausführlicher Stundenentwurf für die zwei zusammenhängenden Unterrichtsstunden entwickelt. Der Punkt 6.2 und der darauf folgende Abschnitt dieses Kapitels zeigen auf, welche sozialen und anthropogenen Komponenten der Schüler sowie welche räumlich-technischen Voraussetzungen eine Lehrkraft bei der Unterrichtsplanung sowie Unterrichtsanalyse zum Themenfeld zu beachten hat. In Punkt 6.2.2 werden für die zwei Unterrichtsstunden zum Thema tiergestützte Pädagogik Lehr- und Lernziele bestimmt. Ausgehend von den Lernzielen sind für eine gelungene und sinnvolle Unterrichtsstunde die Auswahl der richtigen Lerninhalte (hier zur tiergestützten Pädagogik) und die dazugehörige Unterrichtsmethodik (Punkt 6.2.3., unter der Verwendung bestimmter Lernmedien, wichtig. Lehr- und Lernziele, Lehrinhalte, die Unterrichtsmethoden und verwendbare Unterrichtsmedien stehen in einem aufeinander bezogenen Wechselverhältnis zueinander. Im Anhang unter Punkt 9.6 befindet sich ein kompletter, ausführlicher Beispielunterrichtsentwurf für die ersten zwei zusammenhängenden Unterrichtsstunden der geplanten Stoffeinheit der tiergestützten Pädagogik, laut Stoffverteilungsplan (Anhang 9.4). Dieser Beispielunterrichtsentwurf soll die Fachschüler der Fachrichtung Sozialpädagogik ins Thema der tiergestützten Pädagogik einführen.

6.1 Einbettung in den Sächsischen Lehrplan und Rechtfertigung einer Unterrichtssequenz im Lehr- und Lernbereich

Die bio-psycho-sozialen Hilfeeffekte, die Tiere auf Kinder haben, ermöglichen eine Förderung ihres psychosozialen, kognitiven, sensomotorischen und insgesamt somatischen Entwicklungszustandes und tragen zu einer Gesunderhaltung bei (vgl. Nestmann 1994, S. 71).
Diese Sachverhalte laden dazu ein, darüber nachzudenken, diese Effekte viel mehr in die (sozial)pädagogische Betreuung von Kindern in Kindertagesstätten zu integrieren und die Bildungs- und Erziehungsarbeit der Lehrer, Sozialpädagogen, Erzieher, Heilpädagogen und Sozialassistenten durch Tiere unterstützen zu lassen, damit sich Kinder ganzheitlich und altersgemäß entwickeln können.
Nestmann weist in seinem entwickelten bio-psycho-sozialen Wirkungsgefüge hilfreicher Tiereffekte auf den Menschen darauf hin, dass sich das menschliche Gesundheitsverhalten durch ein Tier, z. B. durch einen Hund, enorm verbessern kann, denn durch das Spazierengehen mit dem Hund (z. B. innerhalb pädagogisch tiergestützter Angebote) bewegt man sich an der Luft, die Sauerstoffzufuhr im Körper wird verbessert, man trainiert durch Bewegung seine Muskulatur und es kommt zu einer allgemeinen Aktivierung der Motorik im Körper. Durch Bewegung kann man ebenso Übergewicht entgegen wirken (vgl. Nestmann 1994, S. 71).
Zu den nachgewiesenen hilfreichen und gesundheitsfördernden physiologischen Tiereffekten zählen auch mögliche positive biochemische Veränderungen und hormonelle Prozesse im menschlichen Körper. Wissenschaftler der Universität in Warwick in Großbritannien fanden durch Untersuchungen von Speichelproben an Schülern heraus, dass regelmäßige Tierkontakte ein stabileres Immunsystem bei Schulkindern bewirken (vgl. Austein 2002, S. 167/vgl. Nestmann 1994, S. 71).
Zu psychologischen Wirkfaktoren von Tieren stellte Davis im Jahr 1987 fest, dass es bei Jugendlichen einen großen Zusammenhang zwischen einer intensiven Verbindung zwischen einem Hund und einem positiven Selbstbild gibt (vgl. Davis 1987, zit. in: Endenburg 2003, S. 122).
Auch die soziale Unterstützung, innerhalb regelmäßiger Tier-Mensch-Interaktionen, kann nicht in Frage gestellt werden (vgl. Endenburg 2003, S. 123).
Der Brite Messent weist auf die kontakt- und kommunikationsstabilisierende Wirkung von Tieren hin und Levinson, der Vater der tiergestützten Therapie, belegte schon in den 60iger Jahren die hilfreichen Effekte seines Hundes Jingle als „sozialen Eisbrecher". Levinson schaffte es über

die ausgleichende und sozial förderliche Wirkung seines Hundes, Kontakt zu einem kleinen schwer zugänglichen und verhaltensgestörten Patienten (den Ärzte und andere Therapeuten schon aufgegeben hatten) aufzubauen und konnte ihn schließlich psychotherapeutisch mit Hilfe des Tieres behandeln (vgl. Levinson 1962, S. 60f./vgl. Messent 1983, S. 37ff./vgl. Messent 1985, zit. in Nestmann 1994, S. 69).
Verbesserte allgemeine und schulrelevante Sozialkompetenzen durch eine intensive Beziehung zu einem Hund wiesen Bergler und Hoff in einer im Jahr 2006 publizierten Studie bei 13- bis 15-Jährigen nach. Die Personen aus der Untersuchungsgruppe mit einem regelmäßig intensiven Kontakt zu einem Hund in der Familie zeigten höhere soziale, aber auch gleichzeitig hochgradigere kognitive Kompetenzen, im Bezug auf den Lebensraum Schule, hatten weniger Probleme mit Mitschülern in einem Team zusammenzuarbeiten und waren Argumenten von anderen gegenüber aufgeschlossener als die Vergleichsgruppe (vgl. Bergler/Hoff 2006, S. 9–15).
Nun besitzen aber nicht alle Kinder ein Haustier. Bauen sie aber während einer langfristig angelegten pädagogisch tiergestützten Arbeit durch konkrete Aktivitäten mit dem Tier eine ebenso intensive Beziehung zu ihm auf, ist anzunehmen, dass dies ihnen dieselben sozialen Vorteile für ihre Entwicklung verschaffen kann, wie Kindern mit Haustieren, denn der regelmäßige intensive Bezug und Kontakt zu einem Tier ist ausschlaggebend für seine psychosoziale Entwicklungsförderung (vgl. Bergler/Hoff 2006, S. 9–15).
Um aber eine tiergestützte Pädagogik in Erziehungs- und Bildungseinrichtungen durchführen zu können, bedarf es Mitarbeiter, welche fachlich und methodisch in diesem Gebiet qualifiziert sind. Es reicht nicht allein aus, ein Tier zu besitzen, es in eine Einrichtung mitzubringen und den Dingen seinen Lauf zu lassen, um Kinder in ihrer Entwicklung zu fördern und zu unterstützen. Hinter einer guten tiergestützten, kindgerechten Pädagogik, z. B. mit einem Hund, stehen nicht nur gute pädagogisch fachlich-methodische Kompetenzen bei pädagogischem Fachpersonal. Hier sind auch Wissensinhalte über Hunderassen und ihr Lern- sowie Entwicklungsverhalten, über die veterinärmedizinische Gesundheitspflege sowie medizinische Kenntnisse zum Körper von Hunden und das Kennen der Grundlagen des Tierschutzgesetzes und von Hygienemaßnahmen im Umgang mit dem Tier in sozialen Einrichtungen gefordert (vgl. Agsten, S. 87).
Ebenso sollten Erzieher, welche eine tiergestützte Pädagogik mit Kindern oder Jugendlichen durchführen, auch wissen, welche bio-psycho-

sozialen Wirkungen von Tieren auf den Menschen ausgehen, die sinnvoll für die Förderung und Erziehung von Kindern genutzt werden können.
Auch ein Wissen über den Versicherungsschutz einer tiergestützten Pädagogik ist hier von Vorteil (vgl. Agsten, S. 102f.).
Ebenso muss ein berufliches Interesse neben den tiergestützten Wissensinhalten und Kompetenzen bei der pädagogischen Fachkraft vorhanden sein sowie die Freude im Umgang mit so einem Tier.
Da es in Deutschland in medizinischen, sozialen und psychologischen Arbeitsfeldern immer mehr Projekte im Feld der tiergestützten Interventionsformen gibt und die positive Wirkung von Tieren auf den Menschen unumstritten ist, bedarf es auch um ein geschultes Personal, dass für diesen Arbeitsbereich ausgebildet ist. Bei Interesse soll jeder Mensch Zugang zu Bildung bekommen, unabhängig seines sozialen Status. Da die tiergestützte Pädagogik oft im (sozial- und heil)pädagogischen Bereich in Einrichtungen zur Erziehung, Förderung und Bildung von Kinder und Jugendlichen angesiedelt ist, empfiehlt es sich sehr Ausbildungsinhalte dazu in die staatlichen Lehrpläne, z. B. in den Sächsischen Lehrplan zur Ausbildung von Erziehern, aufzunehmen.
Gibt es festgelegte berufliche und anerkannte Qualitätsstandards für die tiergestützte Intervention in medizinischen, pädagogischen und pflegerischen Berufen, wäre auch die Förderung von solchen Qualifizierungsmaßnahmen, innerhalb der Erwerbslosenhilfe bzw. Arbeitsloseneingliederung durch die Bundesagentur für Arbeit und die Arge der jeweiligen Städte, sehr empfehlenswert.
Zur Überprüfung der Integrationsfähigkeit eines Lehr- und Lernbereiches zur allgemeinen tiergestützten Pädagogik soll der Sächsische Lehrplan für die Erzieherausbildung genutzt werden.
Nach der Charakteristik des Berufsbildes des Erziehers ist es, u.a. seine Aufgabe, kindliche *„Bildungsprozesse zu ermöglichen, zu unterstützen und anzuregen"* (Sächsisches Staatsministerium für Kultus 2008, S. 5).
Im Lernfeld vier der Erzieherausbildung heißt es:

> *„Die Fachschülerinnen und Fachschüler planen, gestalten, begleiten, dokumentieren und reflektieren […] Bildungs- und Erziehungsprozesse in verschiedenen Tätigkeitsfeldern."*
>
> (ebd., S. 22)

Des Weiteren soll angehenden Erziehern u.a. vermittelt werden, dass sie bei der Anregung von kindlichen Erziehungs- und Bildungsprozessen, sich in ihrem fachlich-methodischen Handeln an den Absichten des

Sächsischen Bildungsplanes für Kindertagesstätten orientieren (vgl. ebd., S. 22).

Da im Kapitel vier und fünf dieses Buches bewiesen wurde, dass sich eine tiergestützte Pädagogik (hier am Beispiel eines Hundes) theoretisch, als auch praktisch, durchaus mit ganzheitlichen Erziehungs- und Bildungszielen des Sächsischen Bildungsplanes für Kindertagesstätten verbinden lässt und hier Anwendung findet, ist vorzuschlagen, den Lehr- und Lernbereich der tiergestützten Pädagogik ins vierte Lernfeld des Sächsischen Lehrplanes für Erzieher einzuordnen. An drei inhaltlichen Punkten des Lernfeldes lässt sich hier die tiergestützte Pädagogik integrieren. Der Inhaltsbereich *Bildung* und *Erziehung* kommt hierfür, bezüglich der vorgeschlagenen Orientierung am Sächsischen Bildungsplan und der *„Unterstützung kindlicher Entwicklung in den Bildungsbereichen"* (vgl. Sächsisches Staatsministerium für Kultus 2008, S. 23) zur Einbettung des Lehr- und Lernbereiches, in Frage.

Ebenso passt das Thema der tiergestützten Pädagogik in den vierten Inhaltsbereich des Lernfeldes vier[45] unter den Punkt *„Möglichkeiten und Bedingungen der Gestaltung einer entwicklungsanregenden Umwelt unter Berücksichtigung aller Bildungsbereiche"* (ebd., S. 23), weil die tiergestützte Pädagogik in ihrer Umsetzung, als auch theoretisch, wie in der Konzeptionierung (Punkt 5) und in der Analyse des Sächsischen Bildungsplanes für Kindertagesstätten (Punkt 4), alle Entwicklungsbereiche[46] bedienen kann und man mit ihr Bedingungen und Wege schaffen kann, um Kinder in einer Lern- und Spielumgebung ganzheitlich zu fördern. Für das Stoffgebiet der tiergestützten Pädagogik ist es sinnvoll, mindestens acht Unterrichtsstunden einzuplanen, um es u.a. auch von den tiergestützten anderen Interventionsformen (AAA und AAT) abzugrenzen. Die vorgeschlagenen acht Stunden könnten sich thematisch folgendermaßen in einen Stoffverteilungsplan (mittelfristig) gliedern, den der Leser im Anhang unter Punkt 9.4 findet.

---

45 Der Inhaltsbereich heißt „Planung, Gestaltung, Evaluation und Dokumentation pädagogischer Prozesse" (Sächsisches Staatsministerium für Kultus 2008, S. 23)

46 Somatischer, sozialer, kommunikativer, ästhetischer, naturwissenschaftlicher und mathematischer Entwicklungsbereich

6.2 *Entwicklung einer ausführlichen Stundenplanung für zwei zusammenhängende Unterrichtsstunden im Themenbereich „Tiergestützte Pädagogik"*

Um eine Unterrichtsstunde vollständig zu planen, muss ein Lehrer im Planungsprozess von Bedingungs- über Entscheidungsfelder gehen, wie sie im *Strukturmodell von Schulz* der lerntheoretischen Didaktik verwendet werden, die am Ende individuelle anthropogene Auswirkungen und soziale Folgen auf den tatsächlichen Unterricht haben. Zur Überschaubarkeit wird eine etwas ergänzte Strukturskizze nach Ott aufgezeigt, die der Leser im Anhang unter Punkt 9.5 findet (vgl. Ott 2000, S. 96).
Dabei bilden die anthropogenen und sozial-kulturellen Voraussetzungen der Schüler, die Bedingungsfelder der Planung, die wiederum Auswirkungen auf die Entscheidungsfelder das Thema der Stunde, die Unterrichtsmethodik und Medienwahl haben. Diese Entscheidungsfelder bedingen sich, wie auch in der Strukturskizze erkennbar, untereinander wechselseitig. Die anthropogenen Voraussetzungen in dieser Planung sind die Art der vertretenen Lerntypen in den Klassen, das Alter der Fachschüler, ihre *„Begabung, ihre Vitalität, Charaktereigenschaften, [ihre] Vorbildung"* (Ott 2000, S. 96; Einfügung: J.J.) im Bereich der tiergestützten Pädagogik. Von diesen Bedingungen hängt nun wiederum die Wahl der verwendeten Unterrichtsmethoden und der im Unterricht verwendeten Medien ab. Im Thema Vorbildung gilt es für den Lehrer zu wissen, in welchem Ausbildungsjahr die Schüler sind, ob sie vielleicht im Vorfeld schon einmal Kontakt mit einer tiergestützten Pädagogik hatten, vielleicht in Praktika der Ausbildung, oder ob sie sich vielleicht ehrenamtlich auf Kinder- und Jugendfarmen engagieren, die oftmals auch eine tiergestützte Pädagogik anbieten. Manche Fachschüler haben vielleicht schon selbst als Adressaten solcher Angebote in vergangenen Jahren zum Thema Erfahrungen gesammelt haben. Vielleicht gibt es auch Auszubildende, die sich regelmäßig Dokumentationen im Fernsehen dazu anschauen und dadurch Wissen erlangen. Es gibt sicher auch Schüler, welche noch gar kein Wissen über eine tiergestützte Pädagogik vorweisen können. Auch, ob Lernende, z. B. selbst ein Haustier, wie einen Hund, besitzen und schon Vorkenntnisse in der Hundepflege oder dem Lernverhalten des Tieres vorweisen können, können im Unterricht als inhaltliche Anknüpfpunkte vom Lehrer genutzt werden (vgl. Ott 2000, S. 96).
Als soziokulturelle Bedingungen, die in die Unterrichtsplanung hineinspielen, sind z. B. das Sprachverhalten, die Religion und Nationalität der Schüler zu betrachten. Die Religion und Nationalität spielt soweit in die

tiergestützte Pädagogik hinein, dass man sich vor Augen halten muss, das in manchen Kulturen ein anderes Wertesystem, im Bezug auf den Umgang mit Tieren, herrscht. In Südamerika zum Beispiel besitzen Meerschweine einen anderen Wert als in Mitteleuropa, sie werden zum Essen gezüchtet und anschließend geschlachtet. Hinduisten verehren Kühe als Mutter des Lebens und heilige Geschöpfe, den man kein Leid zufügen darf.

Einige Muslime, aber nicht alle, sehen Hunde als unreine Geschöpfe an (ihre Körpersekrete sind unrein), schwarze Hunde können bei streng Gläubigen mit dem Bösen assoziiert werden (vgl. Agsten 2009, S. 111).

Diese Aspekte muss man beachten, wenn sich z. B. Muslime in einer Ausbildungsklasse befinden, Kinder in hinduistisch geprägten Familien groß geworden sind oder eine Zeit ihres Lebens in Südamerika verbracht haben.

Vorher ist noch zur Vollständigkeit zu sagen, dass das, in Punkt 9.5 der Arbeit, aufgezeigte Strukturmodell nach Schulz drei wichtigen Planungsprinzipien folgt, nämlich dem Prinzip der Interdependenz, was soviel heißt, dass alle vier Entscheidungsfelder, aber auch Bedingungsfelder, die den Unterrichtsprozess bestimmen, sich wechselseitig bedingen und beeinflussen. Das impliziert auch, dass kein Strukturelement davon unwichtiger ist, als das andere. Ein zweites Prinzip ist das der Variabilität, was soviel sagt, dass die Schüler ebenso, neben dem Lehrer, die Chance zur Mitsteuerung und Mitgestaltung der Unterrichtsstunden bekommen sollten. Ein drittes Planungsprinzip ist das der Kontrollierbarkeit. Es stellt die Überprüfbarkeit des eigenen Unterrichts in den Vordergrund und

> *„bedeutet die Überprüfung der eigenen Vorbereitung (Unterrichtsplanung) und des tatsächlichen Unterrichtsverlaufs (Unterrichtsanalyse) durch den Lehrer, nicht gemeint ist die Überprüfung des Lernerfolges der Schüler."*
>
> (Ott 2000, S. 96), (vgl. Ott 2000, S. 96)

Die konkrete Unterrichtsplanung findet der Leser im Anhang unter Punkt 9.6, wobei hier von folgenden anthropogenen und sozialkulturellen Bedingungsfeldern als *Musterbeispiel* für die folgende Beispielunterrichtsplanung ausgegangen wurde:

Alle Fachschüler der Erzieherausbildung sind hier zwischen 17 und 25 Jahre alt, die Klasse besuchen 25 Schüler, sie besitzen alle den Schulabschluss der mittleren Reife, sind alle deutscher Nationalität, fünf davon sind in die christlichen Glaubensgemeinschaften des Protestantismus und Katholizismus eingebunden. Die Fachschüler sind sehr freundlich

und hilfsbereit untereinander und sie zeigen eine gute Mitarbeit (im Allgemeinen). Die Klasse ist Gruppen- und Partnerarbeiten gegenüber sehr aufgeschlossen. Die Schüler befinden sich alle im 3. Ausbildungsjahr und sind für das gesamte Lehrpersonal sehr zugänglich. Im Allgemeinen haben alle Lernenden nur wenige Verständnisschwierigkeiten bei Textarbeiten und fünf Schüler der Klasse benötigen in der Regel mehr Zeit zum Erfassen der Textinhalte, die vom Lehrer in den Unterricht einzukalkulieren ist. Von den 25 Fachschülern sind vier männlich und der Rest weiblich. Das Sprachverhalten der Fachschüler ist im Allgemeinen flüssig und reich an Fachtermini im Unterricht. Ein männlicher Schüler und zwei weibliche Schüler treten, in der Regel, durch ihre gute Mitarbeit im Unterricht hervor. Die Aufmerksamkeit der meisten Schüler ist in den ersten drei Unterrichtsstunden besser, als in den restlichen eines Schultages. Zwei Schüler waren in ihrer Schulzeit selbst Adressaten einer tiergestützten Pädagogik. Ein Schüler besuchte regelmäßig eine tiergestützte Arbeitsgemeinschaft in der Grundschule, bei der das Verhalten von Zootieren untersucht und dokumentiert wurde. Eine andere Schülerin besuchte mehrmals die Woche, im Rahmen der offenen Kinder- und Jugendarbeit, ein tiergestütztes pädagogisches Projekt auf einer Jugendfarm, bei dem sich Kinder und Jugendliche um das Wohl von Pferden, Ziegen, Hunden und Kaninchen kümmerten. Die Hälfte der Klasse hat zuvor im Fernsehen mindestens schon eine Dokumentation zum Thema gesehen und elf Schüler hatten noch nie Kontakt mit dem Thema der tiergestützten Pädagogik oder einer anderen tiergestützten Interventionsform.
Anschließend ist noch hinzuzufügen, dass diese gerade aufgeführten anthropogenen und sozialkulturellen Momente nur beispielhaft und fiktiv gewählt wurden, aber durchaus der Realität einer Fachschulklasse für Sozialwesen entsprechen können. Jede Lehrkraft muss wissen, dass diese Voraussetzungen von Klasse zu Klasse variieren und sollte sich bei seiner Unterrichtsplanung und Stundengestaltung an den vor Ort aufzufindenden Gegebenheiten orientieren.

6.2.1 Organisatorisch-technische Rahmenbedingungen

Die organisatorisch-technischen Rahmenbedingungen sollen sich hier auf die Ausstattung des Kurs- bzw. Klassenraumes beziehen. Eine Lehrkraft muss bei der Unterrichtsplanung berücksichtigen, welche technischen Hilfsmittel ein Klassenzimmer enthält und welche Arbeitsmateria-

lien sie für die Durchführung des spezifischen Fachunterrichtes benötigt, damit die Unterrichtsstunden reibungslos ablaufen.
Für die geplanten Unterrichtsstunden bedarf es einer Wandtafel (mit bereitgestellter Kreide), die in den meisten Räumen einer Schule vorhanden ist. Ebenso benötigt die Lehrkraft Magnete, die sie vor Ablauf der zwei geplanten Unterrichtsstunden, um die es hier geht, noch zu besorgen hat. Die Magnete werden für eine Gruppenpräsentation benötigt, damit die einzelnen Arbeitsgruppen die beschrifteten DIN A3 Bögen zu den bio-psycho-sozialen Wirkungen von Tieren auf den Menschen der Klasse vorstellen können. Die DIN A3 Blätter aus farbigen Zeichenkarton besorgt die Lehrkraft vor der Lehr- und Lerneinheit, damit sie im Unterricht genutzt werden können. Die Lehrkraft sollte für die Stunde mit 25 Schülern ebenso 75 kleine Karteikarten (jeder Schüler bekommt drei Karten gereicht) bereithalten, damit das anstehende Brainwriting am Anfang der Lerneinheit stattfinden kann. Ebenso werden für die Durchführung der zwei Unterrichtsstunden ein Overheadprojektor und eine Folie benötigt.

6.2.2 Festgelegte Lehr- und Lernziele zweier Unterrichtsstunden

Die Lehr- und Lernziele ergeben sich aus den zuvor aufgezeigten Bedingungsfeldern. Sie sind schließlich ausschlaggebend für die Unterrichtsinhalte, die Wahl der Unterrichtsmethoden und für die der verwendeten Medien. Sie hängen aber auch von der fachlich-methodischen Qualifikation ab, die durch bestimmte Lerninhalte beim Lernenden erreicht werden soll. Die im Anhang, unter Punkt 9.4, aufgezeigten Themen für die ersten beiden Unterrichtsstunden sind hierfür innerhalb der Lehr- und Lernzielbestimmung und der ausführlichen Unterrichtsplanung (Punkt 9.6) relevant.
Lehr- und Lernziele für die geplanten zwei zusammenhängenden Unterrichtsstunden für eine Einführung in das Themenfeld der tiergestützten Pädagogik sind:
Die Lehrkraft führt die Fachschüler ins Thema der tiergestützten Pädagogik ein. Die Schüler reflektieren ihren eigenen Wissens- bzw. Erfahrungshorizont, bezüglich einer tiergestützten Pädagogik. Die Schüler erarbeiten sich, mit der Unterstützung des Lehrers, eine Begriffsbestimmung für die tiergestützte Pädagogik mit Kindern und Jugendlichen. Darunter fällt eine Erarbeitung der allgemeinen Funktionen und Ziele der tiergestützten Pädagogik. Die Fachschüler lernen Tierarten kennen, mit denen eine tiergestützte Pädagogik, in welcher Art und Weise auch

immer, möglich ist. In einer Gruppenarbeit untersuchen sie die bio-psycho-sozialen Wirkungen von Tieren auf den Menschen. Dafür stellt die Lehrkraft die entsprechenden Texte (siehe 9.6) bereit.
Ein weiteres Lernziel besteht darin, dass alle Fachschüler sich während der zwei geplanten Unterrichtsstunden an einer Partnerarbeit und Gruppenarbeit beteiligen und darin mit Mitschülern kommunizieren, Einigungsprozesse vollziehen sowie auch gemeinsame sowie individuelle Problemlösewege finden und in den Unterricht integrieren. Des Weiteren sollen alle Fachschüler, nach der in den Unterricht integrierten Gruppenarbeit, frei vor der Klasse ihre Gruppenergebnisse präsentieren und sich zudem aufmerksam an Lehrer-Schüler-Gesprächen, während der Unterrichtsstunden, beteiligen.

6.2.3 Festgelegte Lerninhalte und dazugehörige didaktisch-methodische Instrumente

Zum Anfang der zwei Unterrichtsstunden kommt es zu einem Brainwriting. Diese Methode soll einen Einstieg ins Thema der tiergestützten Pädagogik ermöglichen, mit der die Fachschüler gezielt eine Problemstellung angehen können, nämlich der Aufgabe zu folgen, alle Gedanken, die ihnen zum Thema tiergestützte Pädagogik einfallen, gut leserlich, auf kleinen Karteikarten festzuhalten. Hierbei sollen eventuell vorhandene Erinnerungen bei den Lernenden an das Thema geweckt werden, die schon einmal im Laufe ihres Lebens damit in Berührung gekommen sind. Altes Wissen kann so reaktiviert werden. Auch die Lernenden, die noch nie etwas mit einer tiergestützten Pädagogik zu tun hatten, können dazu gegebenenfalls Ideen entwickeln, denn aus den zwei Worten „tiergestützt" und „Pädagogik" lassen sich sicher Assoziationen zu bereits gelernten Inhalten in der Ausbildung knüpfen. Zumindest wird von Fachschülern im 3. Ausbildungsjahr erwartet, dass sie einwandfrei den Begriff der Pädagogik definieren und ihn noch mit dem Wort „tiergestützt" verbinden können. Auch die nachfolgenden Erklärungen der Lernenden zu ihren angefertigten Karteikarten sollen in einem Lehrer-Schüler-Gespräch zum Einstieg ins Thema genutzt werden. Dazu werden einige Lernende vom Lehrer dazu aufgefordert, ihre erarbeiteten Ergebnisse an der Tafel zu präsentieren. In einem lockeren sowie offenen Lehrer-Schüler-Dialog können die Fachschüler von ihren bereits gesammelten Erfahrungen zum Thema berichten. Hat ein Lernender schon ausgiebige Erfahrungen mit dem Arbeitsfeld der tiergestützten Pädagogik gemacht und war, z. B., in der Vergangenheit vielleicht selbst

Adressat einer tiergestützten Intervention, kann er seine Erinnerungen in einem kleinen Schülervortrag vor den anderen der Klasse und der Lehrkraft wiedergeben. Die Ideen und Erfahrungen der Fachschüler mit dem Thema geben der Lehrkraft Anlass, daran inhaltlich anzuknüpfen und in einem Lehrer-Schüler-Gespräch, die Lernenden nach Aktivitäten zu fragen, die innerhalb einer tiergestützten Pädagogik mit einem Tier in einer bestimmten Art und Weise möglich sind (z. B. die Fellpflege bei Hunden und Pferden, das Füttern von Tieren oder das Bauen und Verschönern eines Kaninchenstalls auf einem Kinder- und Jugendbauernhof). Diese Ideen lassen sich gut an einer Tafel ordnen und daraus lassen sich für jeden Ordnungsbereich Hauptcharakteristika, Typisierungen oder Signalwörter finden und schließlich ein Fazit daraus ziehen (siehe Anhang 9.6, Tafelbild 1). Erste gewonnene Erkenntnisse über tiergestützte Aktivitäten, innerhalb einer tiergestützten Pädagogik, lassen sich dann in wenigen Sätzen zusammenfassen und systematisieren (Anhang 9.6, Tafelbild 1).

Das darauf folgende Mindmapping (auf dem Arbeitsblatt A1/A1.1, Anhang 9.6) soll mit bereits erschlossenem Wissen der Stunde verknüpft werden. Es dient dazu, die tiergestützte Pädagogik in Hauptkategorien[47] zu ordnen und sich für jede Kategorie Beispiele auszudenken, um den Wissenshorizont im Thema zu erweitern und um im Anschluss schließlich eine Begriffsbestimmung für die tiergestützte Pädagogik in Partnerarbeit zu entwickeln. Das Partnerlernen, während des Ausfüllens der Mindmap und während der Begriffsbestimmung, soll den Lernenden durch den Banknachbarn eventuelle gegenseitige Unterstützung bei der Behandlung neuer Lerninhalte geben. Im Anschluss geht es um eine Gruppenarbeit, in der jeweils immer zwei Gruppen mit vier bis fünf Personen sich mit einem Text und einer dazugehörigen Aufgabenstellung befassen (bezüglich des bio-psycho-sozialen Wirkungsgefüges[48] (nach Nestmann) von Tieren).

Im Gruppenlernen gilt es das soziale Lernen und die sozialen Kompetenzen der Fachschüler zu fördern, indem sie in der Gruppe zu Einigungsprozessen, bezüglich einer innergruppalen Aufgaben- und Rollen-

---

47 Hauptkategorien fragen nach: Welche Beteiligten (u.a. Adressaten) gibt es bei einer tiergestützten Pädagogik? Welche Intention verfolgt die tiergestützte Pädagogik? An welchen Orten und in welchen Arbeitsfeldern kann sie angesiedelt sein? Auf welche Art und Weise kann ein Tier dabei genutzt werden? Welche Aktivitäten sind innerhalb einer tiergestützten Pädagogik möglich?

48 Zwei Arbeitsgruppen sind für die Untersuchung der physiologischen, zwei für die psychologischen und zwei für die sozialen Wirkungen eingeteilt, die Tiere auf Menschen haben können.

verteilung kommen müssen. Dabei können gemeinsame, aber auch individuelle Lernwege gegangen werden und unterschiedliche Systematisierungs- und Problemlösetechniken der Schüler in die Arbeit mit eingebracht werden. Die Lernergebnisse der Gruppenarbeiten werden auf DIN A3 Blättern festgehalten und anschließend durch die jeweiligen Gruppenmitglieder präsentiert und ausgewertet. In einem kleinen Schülervortrag trägt jeder Lernende ein Stück seiner selbst erarbeiteten Lerninhalte vor und verfestigt sie dadurch auch in seinem Gedächtnis. Außerdem übt er dabei seine rhetorischen Fähigkeiten. Die drei besten Gruppenarbeiten werden für alle Schüler, für ihren Hefter und zum Lernen kopiert, nachdem sie einer Kontrolle der Lehrkraft mit gegebenenfalls nötiger Ergänzung unterzogen wurden.

7 Schlusswort

Die Beziehung zwischen Menschen und Tieren war in verschiedenen Epochen, von der Frühzeit bis heute, sehr unterschiedlich und war jeweils abhängig von der jeweiligen Kultur- und Gesellschaftsform sowie Religion der Menschen (vgl. Otterstedt 2003, S. 15).
Seit der Sesshaftwerdung der Menschen bis zur Zeit der Industrialisierung im 19. Jahrhundert, waren Tiere für den Menschen vor allem Fleisch- und Rohstofflieferanten, halfen ihnen vom Feld und Markt Lasten Heim zu tragen und waren vorwiegend Arbeitsmittel. Wohlhabende Menschen leisteten sich in diesen Zeiten Tiere, wie Schoßhunde oder Pferde, als eine Art Statussymbol. Durch die gegenseitige Abhängigkeits- und Nutzenkonstellation baute sich oftmals zwischen Mensch und Tier eine enge Verbindung, eine Art Symbiose oder auch Du-Beziehung auf und der Mensch sah sich in der Verpflichtung, für seine Tiere zu sorgen, sie zu füttern und zu pflegen (vgl. Otterstedt 2003, S. 25).
Mit der einsetzenden Industrialisierung im 19. Jahrhundert veränderte sich diese Art der Beziehung zwischen Mensch und Tier. Menschen wanderten zu Scharen in Städte ab, um dort zu leben und zu arbeiten. Tiere wurden zunehmend, von ihnen entfernt, in Großmastbetrieben gehalten. Viele Menschen hatten immer weniger Bezug zur Natur und zu Tieren auf dem Land. Die Beziehung, wie sie zuvor zwischen Mensch und Tier bestanden hatte, änderte sich. Das Tier bekam den Status einer Sache und Menschen gingen in den anwachsenden Städten ihrem Leben nach (vgl. Otterstedt 2003, S. 25).

> *„Die neue Mensch-Tier-Beziehung provozierte jedoch Naturwissenschaft und Philosophie (Tierethik) […] sich für die Lebensqualität, inzwischen auch für die lebendige Natur einzusetzen."*
>
> (Otterstedt 2003, S. 25; Auslassung: J.J.)

Im zwanzigsten und darauf folgendem Jahrhundert wurde das Tier nicht mehr nur als Nahrungslieferant oder Statussymbol angesehen, es wurde ebenso Vertrauter und Freund des Menschen, aber auch Forschungsobjekt. Das Haustier war nun, in seiner emotionalen Verbindung und seiner durch den Menschen zugeschriebenen sozialen Bedeutung, die Antwort auf die Sehnsucht des Menschen, Kontakt mit seinem selbigen Ursprung, der Natur, aufzunehmen. Zunehmend wuchs auch das Interesse der Wissenschaft, das Verhalten von Tieren, z. B. im Namen der Psychologie, und die Mensch-Tier-Beziehung zu erforschen (vgl. ebd., S. 25).

Nach und nach erkannten die Medizin, die Psychologie und die Sozialwissenschaften, die positiven bio-psycho-sozialen Wirkungen, die bei intensivem Kontakt und einer engen Beziehung zwischen Mensch und Tier zum Vorteil des Menschen für seine Gesundheit und sein Wohlergehen genutzt werden konnten. So wurde seit den 60iger Jahren des 20. Jahrhunderts die Mensch-Tier-Beziehung mit seinen Auswirkungen für Mensch und Tier zunehmend erforscht. Tiere wurden zunehmend in therapeutischen und pädagogischen Kontexten eingesetzt und die tiergestützten Interventionsformen der tiergestützten Aktivitäten, Pädagogik und Therapie etablierten sich zunehmend, durch immer mehr nachgewiesene positive bio-psycho-soziale Wirkungen von Tieren auf den Menschen im Alltag und in professionellen beruflichen Kontexten (vgl. Nestmann 1994, S. 64–74).

In den vorangegangenen Kapiteln, zwei bis fünf der vorliegenden Arbeit, wurde sich vor allem mit der Kind-Tier-Beziehung und deren Auswirkungen auf die kindliche Entwicklung, besonders im Hort- bzw. Grundschulalter, beschäftigt. Durch Einbezug entsprechender Fachliteratur, konnte der positive pädagogische Nutzen von Tieren, wie z. B. Hunden, auf die kindliche Erziehung und Bildung, nachgewiesen werden. Der Sächsische Bildungsplan für Kindertagesstätten mit seinen ganzheitlichen Entwicklungs- und Bildungszielen wurde in eine tiergestützte Pädagogik für das Hortwesen integriert und damit verbunden. Es ließ sich vor allem im vierten und fünften Kapitel nachweisen, dass eine tiergestützte Pädagogik mit einem Hund im Hort, z. B. in Form von Arbeitsgemeinschaften, durchaus in der Lage ist, ganzheitlichen Erziehungs- und Bildungszielen nachzukommen. An konkreten Beispielen für jeden Bildungsbereich des Sächsischen Bildungsplanes für Kindertagesstätten wurden theoretische Inhalte und Zielsetzungen mit praktisch realisierbaren Anwendungsvorschlägen verknüpft. Diese Art der Anwendung wurde von mir, als eine sozial- und berufspädagogische Fachkraft und Aktionistin der tiergestützten Pädagogik, seit dem Jahr 2006 im Hortwesen, auf Hortfesten oder Ferienveranstaltungen der Kinder- und Jugendhilfe initiiert, praktiziert, konzeptioniert, dokumentiert, evaluiert und getestet.

Das hier vorgestellte Projektmodell innerhalb einer professionellen tiergestützten Pädagogik für das Hortwesen ist durchaus auf andere Kindertagesstättenbereiche oder Arbeitsfelder der Kinder- und Jugendhilfe in ähnlicher Konstellation übertragbar und kann für die Arbeit dort mit den Kindern und Jugendlichen genutzt werden. Diese hundgestützte Projektarbeit ist ganzheitlich ausgerichtet, d.h. alle Bildungsbereiche von Kindern im Hortalter ansprechend.

Die Arbeit mit Mensch und Tier soll ebenso einen heilpädagogischen Nutzen haben, nämlich in Einrichtungen, in denen vermehrt Kinder mit Entwicklungsverzögerungen und seelischen Behinderungen anzutreffen sind. Auch Familien, die sich in einer schlechteren sozioökonomischen Lage befinden, als die Allgemeinheit, sollen durch solch eine tiergestützte Pädagogik/Heilpädagogik in der Erziehung ihrer Kinder unterstützt und entlastet werden. Ebenso soll das Konzept „DogSupportsChild", von seiner Ethik her, keine Unterschiede in der Behandlung, Bildung und Erziehung von Kindern mit und ohne Handicap machen, für Akzeptanz, Gleichbehandlung, Integration, Toleranz, Subjekt-, Ressourcen- und Lebensweltorientierung stehen, aber dennoch die unterschiedlichen Bedürfnisse der kleinen Klienten und ihrer Familien wahrnehmen und darauf reagieren, und das in einer ganzheitlichen, integrativen und präventiven Art und Weise, indem die Arbeit mit Hund und Kind die Kinder dort abholt, wo sie gerade stehen und das unabhängig von ihrer sozialen Herkunft!

Um z. B. psychosozialen Problemen angemessen im Voraus zu begegnen und Kindern und Familien da zu helfen, wo soziale Krisen sich abzeichnen (im Alltag), sollen mit gefährdeten und von psychosozialen Schwierigkeiten betroffenen Kindern des Hortes, z. B. psychosoziale Kompetenzen in einer hundgestützten Pädagogik trainiert werden, Wissen und Methoden zur allgemeinen Wissenserschließung soweit vermittelt werden, dass die hundgestützten Angebote, ergänzend mit anderen erzieherischen und Bildungsangeboten des Hortes, präventiv, in Bezug auf die Adressaten, wirken. Das sind, z. B., Kinder, die Sprachbehinderungen, autistische Züge oder eine ADHS-Symptomatik aufweisen. Neben speziellen Förderzielen für Kinder mit ADHS, wurden in der Projektentwicklung für die hundgestützte Praxisarbeit auch andere wichtige Punkte beachtet, die eine professionelle tiergestützte Arbeit ausmachen. Zu nennen sind da der gesetzliche Rahmen, auf die die hundgestützte pädagogische Arbeit aufbaut, aber auch der Versicherungsschutz und die qualitativen Anforderungen, die erfüllt sein müssen, um eine pädagogische Arbeit mit Hund und Kind durchzuführen. Auch geeignete Planungsschritte, Abläufe einer tiergestützten pädagogischen Maßnahme, Dokumentations- und Evaluationsinstrumente wurden im fünften Kapitel für eine hundgestützte Pädagogik im Hort vorgeschlagen. Diese Inhalte und Planungsschritte wurden durch mich in der Praxis erprobt und eignen sich für eine komplikationslose Umsetzung.
Wünschenswert wäre eine flächendeckende Etablierung tiergestützter pädagogischer Angebote, auch wenn der Versicherungsschutz und die

Finanzierung zu den schwierigsten Umsetzungshürden gehören. Deshalb ist eine zusätzliche, eindeutige, gesetzliche Abänderung im Versicherungswesen und Tarifverträgen der einzelnen Berufsgruppen wünschenswert.

Es gibt sicher viele nützliche soziale Projekte in Kindertageseinrichtungen, darunter auch welche innerhalb der tiergestützten Pädagogik, die aber auch finanziert werden müssen. Auch hier wäre eine Integrationsmöglichkeit, unter der Auflage gesetzlicher Bestimmungen (Hygiene etc.), flächendeckend in Regeleinrichtungen wünschenswert. Aber die Praxis sieht leider oftmals noch so aus, dass solche Projekte sich oft nur durch Spenden, durch Gelder von gewonnen Wettbewerben (soziale Preisausschreiben) oder durch „den Griff in die eigene Tasche" des Tierhalters finanzieren. In anderen Ländern werden sehr hohe Stundenlöhne für die tiergestützte Therapie und Pädagogik genommen und sind selbstverständlicher und anerkannter, als in Deutschland. Die professionelle Arbeit mit Mensch und Tier sollte angemessen entlohnt werden, da es keine einfache, eine nützliche und effektive Arbeit auf psychosozialer, pflegerischer und pädagogischer Ebene ist. Das belegen mittlerweile die vielfachen wissenschaftlichen Studien zum Nutzen tiergestützter Interventionsformen und positiver bio-psycho-sozialer Wirkungen auf die Entwicklung und Gesundheit des Menschen.

Auch ein großes Lob ist hier an viele ehrenamtliche Kräfte in Deutschland zu richten (z. B. an die vielzähligen aktiven Mitglieder im Verein Tiere helfen Menschen e.V.), die soziale Einrichtungen tatkräftig mit ihren Tieren unterstützen. Gerade vielen Kindern und Familien, denen es sozial und wirtschaftlich schlecht geht, kann solch ein tiergestütztes pädagogisches Angebot helfen und es ist schön in der Praxis zu sehen, wie viele Kinder aktiv, verantwortungsübernahmebereit und glücklich sind, wenn sie zusammen mit einem Tier den Einrichtungsalltag bestreiten können. Würde es keine ehrenamtlichen Mitstreiter im Gebiet der tiergestützten Interventionsformen geben, würden die Angebote nur Familien und Menschen erreichen, die es sich leisten können und nicht die, die arm sind und es manchmal bitternötig haben. Daher kann eine tiergestützte ehrenamtliche Maßnahme auch ein Stück versuchen, Kinderarmut und deren sozialen und wirtschaftlichen Folgen mit Erziehung und Bildung entgegenzuwirken, mit dem Ziel das Gemeinwohl zu verbessern und ein Lächeln ins Gesicht so mancher Heranwachsenden zu zaubern, die es nicht so einfach im Leben haben.

Um eine tiergestützte Pädagogik durchführen zu können, bedarf es ebenso methodisch-sachlicher Kompetenzen für diese Art der Pädagogik. Das letzte Kapitel der Arbeit plädiert für eine Aufnahme einer Stoffeinheit zum Thema tiergestützte Pädagogik in den Sächsischen Lehrplan für Erzieher. Auch eine Aufnahme in den Lehrplan der Sozialassistenten- und Altenpflegeausbildung wäre sinnvoll. Der Einsatz von Erziehern in sozial- und heilpädagogischen Arbeitsfeldern ist vielseitig. Auch ein Einsatz innerhalb tiergestützter pädagogischer Angebote in Kindergärten, Horten, sozialpädagogischen Tagesgruppen oder auf Kinder- und Jugendbauernhöfen etc. ist für diesen Beruf denkbar.

Während meiner Lehramtsausbildung und danach, unterrichtete ich mehrere Stunden lang angehende Sozialassistenten zum Thema der tiergestützten Pädagogik. Das Interesse der Auszubildenden am Thema war sehr groß und es ließ sich sehr gut in die Unterrichtspraxis integrieren. Stoffinhalte, wie z. B. bio-psycho-soziale Wirkungsfaktoren von Tieren auf den Menschen, ließen sich sehr gut im Unterricht vermitteln. Bezüglich der vielen wissenschaftlich belegbaren positiven Tiereffekte für den Menschen, die es so lange geben wird, wie es Tiere und Menschen gibt und sie eng miteinander interagieren, bietet es sich an, die Angebotsformen der tiergestützten Pädagogik in sozialpädagogischen und pflegerischen Arbeitsfeldern auszubauen und auch pädagogische, sozialpflegerische und medizinische Fachkräfte darin auszubilden. Der in Punkt sechs zu findende Unterrichtsentwurf gibt ein Beispiel von unzähligen Möglichkeiten wieder, wie der Lehr- und Lernbereich der tiergestützten Pädagogik in die Fachschulausbildung für Erzieher, fachlich und methodisch-didaktisch aufgearbeitet, zu integrieren wäre.

8 Literaturverzeichnis

Agsten Lydia: HuPäSch. Hunde in die Schulen - und alles wird gut!? Norderstedt: Books on Demand GmbH 2009.

Austein, R. (Hrsg.): Haustiere fördern die Kindergesundheit. In: Der Spiegel (2002) Heft 26, S. 167.

Badelt-Vogt, A. ; in Zusammenarbeit mit dem KDA und dem Diözesan-Caritasverband für das Erzbistum Köln e.V. (2004): Tiergestützte ehrenamtliche Besuchsdienste bei Demenzkranken, Entwicklung eines Qualitätsstandards, Projektarbeit innerhalb der Weiterbildung/Qualifizierung „Tiere öffnen Welten" zum fachgerechten Einsatz von Hunden, Katzen und Kaninchen in der Altenhilfe. URL: http://www.alzheimer forum.de/3/1/6/9/Badelt-Vogt.pdf, Download vom 01.06.2010

Badura, B.: Sozialpolitik und Selbsthilfe aus traditioneller und aus sozial-epidemiologischer Sicht. In: Badura , B./Ferber, C.v.(Hrsg.): Selbsthilfe und Selbstorganisation im Gesundheitswesen, München/Wien: Oldenbourg Verlag 1981.

Banaschewski, T.: Aufmerksamkeitsdefizit- Hyperaktivitätsstörungen, State of the Art. In: Häßler, F. (Hrsg.): Das ADHS Kaleidoskop. State of the Art und bisher nicht beachtete Aspekte von hoher Relevanz. Berlin: Medizinisch Wissenschaftliche Verlagsgesellschaft 2009, S. 1–23.

Bastian, R./Allgemeiner Sozialdienst der Landeshauptstadt Dresden: Hilfeplan eines Klienten innerhalb der Erzieherischen Hilfen § 32 KJHG (Aktenzeichen verschlüsselt****). Dresden: Sozialpädagogische Tagesgruppe des Verbunds Sozialpädagogischer Projekte e.V. 2006.

Bastian, R./Becker I.: Konzeption für die Optimierung von Erziehungs- und Bildungsprozessen zur gezielten individuellen Prävention in den Kindertagesstätten des VSP e.V. in Dresden-Prohlis. Dresden: Fachberatung des Verbunds Sozialpädagogischer Projekte e.V. 2005.

Benecke, N.: Der Mensch und seine Haustiere. Stuttgart: Theiss-Verlag 1994.

Bergler, R.: Mensch und Hund. Psychologie einer Beziehung. Köln: Agrippa Edition 1986.

Bergler, R./Hoff, T.: Heimtiere und schulisches Leistungs- und Sozialverhalten. Schriftreihe Psychologie der Mensch-Tier-Beziehung. Regensburg: S. Roderer Verlag 2006.

Braun, C./Schmidt, M.: Das Hundebesuchsprogramm in der Altenpflege. In: Olbrich, E./Otterstedt, C. (Hrsg.): Menschen brauchen Tiere. Grundlagen und Praxis der tiergestützten Pädagogik und Therapie. Stuttgart: Kosmos Verlag 2003, S. 325–333.

Bronisch, Th.: Der Suizid.2. Auflage, München: Beck Verlag 1996.

Bundesministerium für Gesundheit (2010): Zappelphilipp, Traumsuse-was verbirgt sich hinter ADHS (8. März 2010). URL: http://www.bmg.bund.de/SharedDocs/Standardartikel/DE/AZ/A/Glossarbegriff-ADHS.html, Download vom 20.03.2010

Bundesministerium der Justiz (2000): Gesetz zur Verhütung und Bekämpfung von Infektionskrankheiten beim Menschen, § 16, § 33, § 36. URL: http://bundesrecht.juris.de/ifsg/inhaltsverzeichnis.html, Download vom 27.09.2009

Bundesministerium der Justiz (2006): Tierschutzgesetz Deutschland, Abschnitt 1–2. URL: http://bundesrecht.juris.de/tierschg/BJNR012770972.html#BJNR012770972BJNG000103377, Download vom 08.08.2009

Deider, Cl.: Mit Baby hinter Gittern. Dresden: Sächsische Zeitung vom 04.05.2010 (Artikel-ID: 11333902).

Delta Society (2009): Animal-Assisted Activities (AAA).The formal definition of Animal-Assisted Activities. URL: http://www.deltasociety.org/Page.aspx?pid=319, Download vom 30.07.2009

Duden - Das Neue Lexikon in 10 Bänden: Bd. 5. INDI–LAU. 3. Auflage, Mannheim/Leipzig/Wien/Zürich: Dudenverlag 1996, S. 1589.

Endenburg, N.: Der Einfluß von Tieren auf die Frühentwicklung von Kindern als Voraussetzung für tiergestützte Psychotherapie. In: Olbrich, E./Otterstedt, C. (Hrsg.): Menschen brauchen Tiere. Grundlagen und Praxis der tiergestützten Pädagogik und Therapie. Stuttgart: Kosmos Verlag 2003, S. 121–130.

Frick-Tanner, E./Tanner-Frick, R.: Tiergestützte kinder- und jugendtherapeutische Praxis. In: Olbrich, E./Otterstedt, C. (Hrsg.): Menschen brauchen Tiere. Grundlagen und Praxis der tiergestützten Pädagogik und Therapie. Stuttgart: Kosmos Verlag 2003, S. 130–139.

Forman, E.: Gesund durch Tiere. Mensch-Tier-Konzepte für die Gesundheitsförderung und Prävention. Saarbrücken: VDM Verlag Dr. Müller 2007.

Frömming, H.: Die Mensch-Tier-Beziehung. Theorie und Praxis tiergestützter Pädagogik. Saarbrücken: VDM Verlag Dr. Müller 2006.

Geise, W. (Tierschutzbeauftragter der Universität Würzburg): Ethik und Tierversuche. Letzte Aktualisierung : 21.07.2009. URL: http://www.stabsstelleau.zv.uni-wuerzburg.de/tierschutz/ethik_tierversuch/, Download vom 11.08.2009

Gerweck, G.: Das Recht der Tiere. Persönliches Plädoyer für den Tierschutz. Stuttgart: Kosmos Verlag 1997.

Göhre, C./Horn, D.: ADHS und tiergestützte Therapie. In: Häßler, F. (Hrsg.): Das ADHS Kaleidoskop. State of the Art und bisher nicht beachtete Aspekte von hoher Relevanz. Berlin: Medizinisch Wissenschaftliche Verlagsgesellschaft 2009, S. 191–196.

Greiffenhagen, S./Buck-Werner, O.N.: Tiere als Therapie. Neue Wege in Erziehung und Heilung. Mürlenbach/Eifel: Kynos Verlag 2007.

Gusella, S.: Forensische Sozialisation mit Tieren. In: Olbrich, E./Otterstedt, C. (Hrsg.): Menschen brauchen Tiere. Grundlagen und Praxis der tiergestützten Pädagogik und Therapie. Stuttgart: Kosmos Verlag 2003, S. 430–437.

Hekele, K.: Sich an Jugendlichen orientieren. Ein Handlungsmodell für subjektorientierte Soziale Arbeit. Weinheim/München: Juventa Verlag 2005.

Hornsby, A.: Hunde helfen Menschen. Mürlenbach/Eifel: Kynos Verlag 2000.

Jaszus, R./Büchin-Wilhelm, I. u.a.: Sozialpädagogische Lernfelder für Erzieherinnen, 1BKSP. Stuttgart: Holland und Josenhans Verlag 2004.

Kämpf-Jansen, H.: Ästhetische Forschung. Wege durch Alltag, Kunst und Wissenschaft zu einem innovativen Konzept ästhetischer Bildung. 2. Auflage, Köln: Salon Verlag 2002.

Kinderland Sachsen e.V. (2009): Projekt „Spielwiese" der Kinder- und Jugendfarm Dresden-Weißig. URL:
http://www.delsastre.de/spielwiese/main1.htm, Download vom 30.07.2009
http://www.delsastre.de/spielwiese/main2.htm, Download vom 30.07.2009
http://www.delsastre.de/spielwiese/main3.htm, Download vom 30.07.2009

Klimke, V.: Gruppenbild mit Dackel. Warum wir Tiere brauchen. Leipzig/Stuttgart: Hirzel Verlag 2002.

Krebs, M. (UdK-Berlin) (2007): Entwicklungspsychologie Grundschulalter. Dimensionen der Entwicklung. URL: http: //www.opp.udk-berlin.de/opp/uploads/d/d0/Entwicklung.pdf, Download vom 20.07.2009

Kromney, H.: Empirische Sozialforschung. 10. Auflage, Opladen: Leske + Budrich 2002.

Kuhlen, R.: Informationsethik. Umgang mit Wissen und Informationen in elektronischen Räumen. Konstanz: UVK Verlagsgesellschaft 2004.

Kunzmann, P./Burkhard, F.-P./Wiedemann, F.: dtv-Atlas Philosophie. 11. aktualisierte Auflage, München: Deutscher Taschenbuch Verlag 2003.

Lieckfeld, C.-P.: Das verwandte Fremde. Wozu braucht der Mensch das Tier? In: GEO (1999) Heft 12, S. 54–74.

Levinson, B. M.: The dog as a „co-therapist". In: Mental Hygiene 46 (1962), S. 59–65.

Meyer, M.: Einsatz von Hunden bei polizeilichen Vernehmungen/Anhörungen von Zeugen und Geschädigten von Gewaltstraftaten. In: Olbrich, E./Otterstedt, C. (Hrsg.): Menschen brauchen Tiere. Grundlagen und Praxis der tiergestützten Pädagogik und Therapie. Stuttgart: Kosmos Verlag 2003, S. 423–430.

Messent, P.: Social facilitation of contact with other people by pet dogs. In: Katcher, A.H./Beck A. M. (Hrsg.): New perspectives on our lives with companion animals. Philadelphia: University of Pennsylvania 1983, S. 37–47.

Mietzel, G.: Pädagogische Psychologie des Lernens und Lehrens. Ein Lehrbuch. 8., überarbeitete u. erweiterte Auflage, Göttingen/Bern/Wien: Hofgrefe Verlag 2007.

Münder, J. (u.a.): Frankfurter Lehr- und Praxiskommentar zum KJHG/SGB VIII, 3. völlig überarbeitete Aufl., Münster: Votum Verlag 1999.

Mütherich, B.: Die Problematik der Mensch-Tier-Beziehung in der Soziologie: Weber, Marx und die Frankfurter Schule. Münster: LIT Verlag 2000.

Nestmann, F.: Tiere helfen heilen (Antrittsvorlesung am 01.07.1993). In: Wissenschaftliche Zeitschrift der Technischen Universität Dresden 4 (1994) Heft 4, S. 64–74.

Nestmann, F., Beckmann, A., Wesenberg, S. (Forschungsgruppe Mensch-Tier-Beziehung Dresden an der TU-Dresden) (Hrsg.): Schulungsmanual 2010 des DFG Forschungsprojektes „Tiergestützte Intervention bei Demenzkranken“. Tierische Tandems - ein Tiergestütztes Trainingsprogramm für Demenzkranke. Dresden: Technische Universität Dresden 2010.

Olbrich, E.: Biophilie: Die archaischen Wurzeln der Mensch-Tier-Beziehung. In: Olbrich, E./Otterstedt, C. (Hrsg.): Menschen brauchen Tiere. Grundlagen und Praxis der tiergestützten Pädagogik und Therapie. Stuttgart: Kosmos Verlag 2003, S. 68–76

Ott, Bernd: Grundlagen des beruflichen Lernens und Lehrens. Ganzheitliches Lernen in der beruflichen Bildung, 2. überarbeitete Auflage. Berlin: Cornelsen 2000.

Otterstedt, C.: Kultur- und religionsphilosophische Gedanken zur Mensch-Tier-Beziehung. In: Olbrich, E./Otterstedt, C. (Hrsg.): Menschen brauchen Tiere. Grundlagen und Praxis der tiergestützten Pädagogik und Therapie. Stuttgart: Kosmos Verlag 2003, S. 15–31.

Otterstedt, C.: Tiere als therapeutische Begleiter. Gesundheit und Lebensfreude durch Tiere - eine praktische Anleitung. Stuttgart: Kosmos 2001.

Rauschenfels, Ch./Otterstedt, C.: Tiere in sozialen Projekten. Chanchen und Verantwortung im Tierbesuchsdienst. In: Olbrich, E./Otterstedt, C. (Hrsg.): Menschen brauchen Tiere. Grundlagen und Praxis der tiergestützten Pädagogik und Therapie. Stuttgart: Franckh-Kosmos-Verlag GmbH 2003, S. 385–404.

Sächsisches Staatsministerium für Kultus (Hrsg.): Lehrplan für die Fachschule/ Fachbereich Sozialwesen in der Fachrichtung Sozialpädagogik (Erzieher/ Erzieherin) für die Klassenstufen 1–3. Dresden: Sächsisches Druck- und Verlagshaus AG 2008.

Sächsisches Staatsministerium für Soziales (2007): Der Sächsische Bildungsplan- ein Leitfaden für pädagogische Fachkräfte in Krippen, Kindergärten und Horten sowie für Kindertagespflege (auf dem Kita Bildungsserver Sachsen). URL: http://www.kita-bildungsserver.de/downloads/download-starten/did=37, Download vom 10.08.2009

Scharf, K.: Die Wirkung von Tieren auf Menschen. In: Kuratorium Deutsche Altenhilfe (Hrsg.): Tiere öffnen Welten. Ideen–Projekte–Leitlinien zum fachgerechten Einsatz von Hunden, Katzen und Kaninchen in der Altenhilfe. Köln: farbo print + media GmbH 2007, S. 17–21.

Schwarzkopf, A.: Hygiene: Voraussetzung für die Therapie mit Tieren. In: Olbrich, E./Otterstedt, C. (Hrsg.): Menschen brauchen Tiere. Grundlagen und Praxis der tiergestützten Pädagogik und Therapie. Stuttgart: Franckh-Kosmos-Verlag GmbH 2003, S. 106–115.

Schwarzkopf, A:/Olbrich, E.: Tiergestütze Pädagogik. Lernen mit Tieren. In: Olbrich, E./Otterstedt, C. (Hrsg.): Menschen brauchen Tiere. Grundlagen und Praxis der tiergestützten Pädagogik und Therapie. Stuttgart: Franckh-Kosmos-Verlag GmbH 2003, S. 253–267.

Simantke, C./Stephan, I.: Der Einsatz von Nutztieren im (sonder-)pädagogischen Arbeitsfeld. In: Olbrich, E./Otterstedt, C. (Hrsg.): Menschen brauchen Tiere. Grundlagen und Praxis der tiergestützten Pädagogik und Therapie. Stuttgart: Franckh-Kosmos-Verlag GmbH 2003, S. 296–303.

Große-Siestrup, C: Tierschutzgerechte Arbeit mit Tieren. In: Olbrich, E./Otterstedt, C. (Hrsg.): Menschen brauchen Tiere. Grundlagen und Praxis der tiergestützten Pädagogik und Therapie. Stuttgart: Franckh-Kosmos-Verlag GmbH 2003, S. 115–120.

Thiersch, H./Grunwald, Kl./Köngeter S.: Lebensweltorientierte Soziale Arbeit. In: Thole, W. (Hrsg.): Grundriss Soziale Arbeit. Ein einführendes Handbuch. Opladen: Leske + Budrich 2002, S. 161–178.

Tügel, H.: Tiere als Therapeuten. Wie sie Menschen heilen helfen. In: GEO (2001) Heft 3, S. 86–112.

Uerpmann, H.-P. am Institut für Ur- und Frühgeschichte und Archäologie des Mittelalters der Universität Tübingen/Mitteilungen der Gesellschaft für Urgeschichte, Nr.16 (2007): Von Wildbeutern zu Ackerbauern – Die Neolithische Revolution der menschlichen Subsistenz, S. 55–75 (PDF–Auszug). URL: http://www.urgeschichte.uni-tuebingen.de/fileadmin/downloads/GfU/2007/055-074_GFU_Mitteilung16_ mail.pdf, Download vom 29.07.2009

Vanek-Gullner, A.: Lehrer auf vier Pfoten. Theorie und Praxis einer hundgestützten Pädagogik. Wien: öbvhpt Verlags GmbH & Co. KG 2007.

Verbund Sozialpädagogischer Projekte (VSP) e.V. (Hrsg.): Broschüre: Einblicke in die Arbeit. Grundlagen-Praxis-Aussichten. Dresden: Albatec Dresden GmbH 2001.

Vernooiji, M. A./Schneider, S.: Handbuch der tiergestützten Intervention. Grundlagen, Konzepte, Praxisfelder. Wiebelsheim: Quelle & Meyer 2008.

Wagner, K. (Therapeutischer Reitverein e.V. Görlitz) (2009): Pferde hautnah erleben. URL: http://www.therapeutischerreitverein.de/2.html, Download vom 23.08.2009

9 Anhang

9.1 *Beispiel einer Mindmap: „Regeln im Umgang mit einem Hund und im täglichen Miteinander“*

Unsere Regeln für den Umgang mit einem Hund, uns selbst und mit Gruppenmitgliedern

„Was ein Hund braucht und mag“

- ausreichend frisches Wasser
- tägliches Wasserwechseln in Trinkgefäßen
- Streicheleinheiten
- eine Belohnung für richtig ausgeführte Befehle „Leckerli“
- genügend Pausen
- Auslauf („regelmäßiges Gassi, mindestens zweimal in sechs Stunden)
- ein sauberes Körbchen
- saubere Trink- und Fressgefäße
- Nahrung zu einer festen Tageszeit
- klare, langsam und ruhig gesprochene Kommandos
- Fellpflege (Bürsten)
- Ein Floh– und Zeckenhalsband

Wünschenswertes im Umgang mit unseren Gruppenmitgliedern und uns selbst

- einander aussprechen lassen und zuhören
- einander nicht beleidigen oder schlagen
- einander nicht anschreien (auch wegen den empfindlichen Ohren des Hundes)
- nicht stehlen
- einander Hilfestellung geben bei Problemen im Alltag oder im Umgang mit dem Hund
- andere um Rat fragen, ist kein Problem
- Händewaschen nach dem Kontakt mit dem Hund, vor und nach dem Essen

„Was ein Hund nicht mag und nicht braucht“

- lautes Geschrei
- am Schwanz ziehen oder schlagen
- sich nicht auf den Hund setzen oder drunter legen
- Zusammenstoßen mit Bällen, Rollern oder Fahrrädern
- Fressen von Abfällen auf der Straße und im Hortgelände (keine Abfälle liegen lassen)
- sich schlagende und beleidigende Kinder
- Würgen am Halsband
- Hineinstecken von Fingern in Körperöffnungen (Maul, Nase, After)
- Ausreißen von Haaren
- das Reichen von Nahrungsresten aus der Brotbüchse
- das Füttern bei Tisch
- das Ableinen im Straßenverkehr oder ohne Zustimmung des Erziehers
- Störungen am Ruheplatz

9.2 Konkret definierte Handlungsziele für die Praxis in Erziehung und Bildung nach S.M.A.R.T.

Im folgenden Abschnitt erfolgt die Konkretisierung der Handlungsziele für die tiergestützte Bildung und Erziehung für den sozialen, kommunikativen, ästhetischen, naturwissenschaftlichen und mathematischen Bildungsbereich, anschließend an Punkt 5.3 des Buches.

Bereich zwei: Soziale Bildung und Erziehung

Allgemeines Hauptziel für die soziale Entwicklung eines Hortkindes ist die Ausbildung eines sozialverträglichen Charakters mit Tugenden, wie Empathie, Fürsorglichkeit, Kooperations- und Perspektivübernahmefähigkeit, Frustrationstoleranz und Konfliktbewältigungsfähigkeit. Dabei spielt auch das Einhalten und Akzeptieren von Regeln für ein soziales Miteinander eine Rolle. Aber auch das Grenzen setzen des Einzelnen, um sich von anderen Kindern als Individuum abzugrenzen, ist hier als Ziel zu nennen.
Aber auch die Ausbildung einer individuellen gesunden Persönlichkeit bei jedem Kind mit genügend Selbstwirksamkeitserfahrungen, Handlungskompetenz und damit zusammenhängender Selbstsicherheit und genügend Selbstwert, sind von Bedeutung.

Daraus lassen sich folgende Praxisziele einer hundgestützten Pädagogik für Arbeitsgemeinschaften im Hortwesen ableiten:
Mit den Kindern werden zu Beginn eines Hortjahres in den Arbeitsgemeinschaften gemeinsam Regeln im Umgang mit dem Tier und der Gruppe erarbeitet. Regelverstöße werden zu Sprache gebracht, bessere Handlungsalternativen mit den Kindern besprochen und bei groben Verstößen, wie z. B. Gewalt gegen das Tier oder andere Kinder, folgen Sanktionen von Seiten des Erziehers.
Im Umgang mit dem Tier, in seiner Erziehung, im Üben von Befehlen mit ihm, lernen die Kinder bei jeder Veranstaltung, dem Tier Grenzen zu setzen. Akzeptiert das Tier das Kind als „Rudelführer“, hat dies ein Gefühl der Selbstwirksamkeit und Handlungskompetenz zur Folge. Kinder drükken ebenso ihre individuellen Bedürfnisse in der entsprechenden Situation verbal aus, um anderen ihre Position klar zu verdeutlichen und Grenzen zu setzen.
Durch das Verhalten des Tieres in individuellen Situationen, z. B. über seinen offenen Rückzug oder seine Flucht vor den Kindern, sind diese ge-

zwungen, sich in die Lage des Tieres hineinzuversetzen, seine Grenzen zu akzeptieren und sich in Geduld zu üben.
In der Übernahme von Tierpflegeaufgaben, als Teilnahmebedingung für die Arbeitsgemeinschaften, wird das Verantwortungsgefühl der Kinder gegenüber anderen Lebewesen geschult und die Hilfsbereitschaft gefördert (Wasser reichen, Fellpflege, Reinigung des Hundeplatzes).
Die Kinder bekommen bei jeder tiergestützten Veranstaltung die Aufgabe, sich mit Gruppenmitgliedern über die Reihenfolge zu einigen, wer, wann aus der Gruppe, während eines Spaziergangs, den Hund an der Leine führen darf.
In Rollenspielen (einmal in sechs Wochen) üben Kinder, unter Einbezug des Tieres, das Lösen von Konflikten (siehe Punkt 4.2: Rollenspiel „ Verletzter Hund").
Kinder bekommen, bei Bedarf, genügend Raum zur körperlichen Wahrnehmung am Tier, um emotionale und körperliche Wärme und ein Angenommenwerden zu erfahren (vgl. Sächsisches Staatsministerium für Soziales 2007, (soziale Bildung) S. 1–18).
Diese Gelegenheit sollen Mädchen und Jungen (wie z. B. das Anschmiegen an das Tier) gleichsam und unabhängig von gesellschaftlich geprägten Rollenklischees erhalten.

Bereich drei: Kommunikative Bildung und Erziehung

Allgemeine Hauptziele für die kommunikative Förderung von Kindern in den hundgestützten Arbeitsgemeinschaften sind, sich artikulieren zu können, seine Bedürfnisse und Gefühle anderen mitzuteilen, dabei Wörter in der richtigen syntaktischen Reihenfolge sprachlich und schriftlich zu verwenden, aber auch zu lernen, nonverbale Kommunikationstechniken zu nutzen und nonverbal ausgesendete Signale durch andere zu verstehen, die Bedeutung von Zeichen und Symbolen kennen zu lernen und sie im Alltag zu nutzen. Ebenso lernt das Kind in seiner Entwicklung, verbale Äußerungen und differente Standpunkte von Dialogpartnern zu verstehen und miteinander zu verknüpfen.

Daraus lassen sich verschiedene Praxisziele für die hundgestützten Arbeitsgemeinschaften nach S.M.A.R.T. ableiten:
Die Kinder des Hortes bekommen, mindestens bei jeder zweiten Veranstaltung, genug Raum und Zeit, um ihre eigenen Erfahrungen mit dem Tier oder mit eigenen Haustieren anderen Kindern und dem Erzieher mitzuteilen.

Dabei werden, z. B., realistische Erfahrungen mit eigenen Haustieren oder dem eingesetzten pädagogischen Hund thematisiert.
Die Kinder werden bei jeder Veranstaltung dazu angehalten, Fragen zum Tier und zum Umgang mit ihm stellen zu können.
Die Kinder des Hortes halten einmal in zwei Monaten, zusammen mit Hilfe ihres Erziehers, die wichtigsten Erlebnisse mit dem Hund in ihrer Arbeitsgemeinschaft in einem „Erlebnisheft" schriftlich fest. Dabei wird jedes Kind dazu angehalten, mindestens zwei Sätze in das Heft zu schreiben.
Die Kinder schreiben, mindestens einmal im Quartal, Geschichten über Erlebnisse mit dem horteigenen Hund, berichten von ihren Erfahrungen darin und stellen die Geschichten im Hortgebäude aus.
Die Körpersprache des Hundes wird von den Kindern beobachtet und mit dem Erzieher zu jedem Termin der stattfindenden Arbeitsgemeinschaft thematisiert. Dabei werden, z. B. das „Schwanzwedeln" und die „Spielstellung des Tieres" beobachtet. Auch Kinderbücher zur Deutung des Hundeverhaltens kommen dabei zum Einsatz.
Die Kinder üben mit dem Hund in jeder Veranstaltung der Arbeitsgemeinschaften Kommandos über den Einsatz nonverbaler Körperzeichen.
Dabei wird zuerst ein sprachlich geäußerter Befehl, wie „Sitz", mit einem Handzeichen gekoppelt und der Hund wird soweit konditioniert (unter pädagogischer Anleitung), dass er am Ende den Befehl allein durch Einsatz des Handzeichens ausführt. Straßenverkehrsschilder mit Symbolen werden beim Spaziergehen mit dem Tier kennengelernt, um sich mit dem Hund richtig und sicher im Straßenverkehr zu bewegen (vgl. Sächsisches Staatsministerium für Soziales 2007, (kommunikative Bildung) S. 1–14).

Bereich vier: Ästhetische Bildung und Erziehung

Allgemeine Hauptziele in der ästhetischen Bildung und Erziehung sind:
Kinder finden künstlerische Ausdrucksmöglichkeiten (zeichnen, basteln, musizieren, Theaterspielen etc.), um mit genügend bereitgestellten Arbeitsmaterialien, wie Stiften, Stoffen, Farben, Kleber, Papierbögen, Ton und Instrumenten ihre Erlebnisse, Gefühle und Stimmungen frei auszudrücken und sich im Umgehen mit genutzten Materialien zu üben. Dabei sind ihrer Phantasie keine Grenzen gesetzt.
Kinder gestalten den Lebens-, Spiel- und Lernraum Hort mit ihren kindlichen Fertigkeiten und Möglichkeiten.

Diese allgemeinen Ziele können folgendermaßen, unter Einbezug einer hundgestützten Pädagogik in Arbeitsgemeinschaften, konkretisiert werden:

Die Kinder des Hortes gestalten einmal im Quartal eine Wandzeitung in der Gruppe, auf der sie den pädagogisch eingesetzten Hund für andere Kinder der Einrichtung vorstellen (mit Fotos, selbst gezeichneten Bildern, Kollagen etc.).
Kinder töpfern Fress- und Trinkschalen für den Hund (einmal im Jahr).
Kinder basteln mit Stoffen, Farben und Pappe eine „Hundefamilie", mit der sie dann ein eigenes Puppenspiel gestalten, was von den Kindern selbst auf Video aufgenommen wird und anderen Gruppen im Hort vorgespielt werden kann (einmal im Jahr).
Die Heranwachsenden bekommen einmal im halben Jahr die Möglichkeit, ein eigenes Lied über Hunde zu schreiben, was sie dann mit Trommeln, Gitarre und Flöte und mit Melodien untermauern können.
Kinder kreieren zur Weihnachtszeit aus selbst zusammengestellten Rezepten, aus Hundekochbüchern Gebäck für den horteigenen Hund. Sie lernen die Konsistenz der Zutaten kennen, sie richtig zu verwenden, und ihnen ist es dabei frei überlassen, ob sie aus dem Teig Buchstaben, Formen oder Bildchen gestalten (vgl. Sächsisches Staatsministerium für Soziales 2007, (ästhetische Bildung) S. 1–16).

Bereich fünf: Naturwissenschaftliche Bildung und Erziehung

Zusammengefasst sind als wichtigste allgemeine Hauptziele einer naturwissenschaftlichen Bildung und Erziehung folgende zu benennen:
Kinder sollen darin von pädagogischen Fachkräften unterstützt werden, eigene Fragestellungen zu entwickeln, um sich, gemäß ihrer Interessen, naturwissenschaftliche Wissensinhalte anzueignen und mit pädagogischer Hilfe ihre Hypothesen zu Naturvorgängen zu überprüfen. Dabei sollen die Heranwachsenden in direkten Kontakt mit der belebten und unbelebten Natur (und ihren Elementen wie Tiere, Steine, Pflanzen, dem Wetter etc.) kommen, um durch eine Wahrnehmung mit allen Sinnen, Phänomene der Natur zu erkennen. Hortkinder sollen natürliche Materialien, wie z. B. Sand, Schnee oder ein „Büschel" Hundefell mit dem eigenen Körper und technischen Hilfsmitteln, wie z. B. Lupen, Mikroskopen oder Büchern erforschen können. Dabei ist es wünschenswert, dass Kinder lernen, sich Methodiken zu einem nachhaltig ökologischen Umgehen mit der Natur anzueignen und zum Erhalt der Natur ein ökologisches Bewusstsein auszubilden. Ein Erforschen von Naturzusammenhängen erfordert von den Kindern Phantasie und divergente Denkfähigkeiten. Dabei ist die angeborene kindliche Neugier zum Weltentdecken zu nutzen und in der naturwissenschaftlichen Bildung daran anzuknüpfen.

Kinder im Hort, innerhalb der hundgestützten Arbeitsgemeinschaften, lernen den (oder die) eingesetzten Hund(e) in ihrem Verhalten kennen, beobachten die tierische hundetypische Körpersprache, lernen sie mit Hilfe von Büchern und des Erziehers deuten und darauf artgerecht und angemessen zu reagieren. Dabei sprechen sie in der Gruppe darüber, anhand welcher nonverbalen Signale des Tieres Angst, Freude, Lust zu spielen und Beschwichtigungsgesten zu erkennen sind.
Kinder lernen einmal zu einer Veranstaltung im Jahr die richtigen Ernährungsgewohnheiten eines Hundes kennen.
Sie erfahren von einem Tierarzt oder Erzieher Einzelheiten über Hundekrankheiten und nötige Impfungen für das Tier (einmal jährlich).
Dieses Wissen lässt sich zum Teil später auf eigene Haustiere übertragen und nutzen.
Kinder erforschen im Winter, in zwei Veranstaltungen, die Spuren des pädagogisch eingesetzten Hundes und anderer Tiere, wie Vögel, Eichhörnchen oder Stadtfüchse im Schnee und lernen mit Büchern, die Spuren dem jeweiligen Tier zuzuordnen. Zur Festigung des Aussehens der Tierspuren im Gedächtnis zeichnen die Kinder sie vor Ort ab.
Die Hortkinder lernen in jeder Veranstaltung, anhand von beobachteten Hunden auf der Straße, Hunderassen kennen und sie zu benennen.
Durch einen einmal jährlichen Besuch in einer Hundeschule, lernen die Kinder verschiedene Hunderassen in ihrer Größe und anderen äußeren Merkmalen kennen.
Die Heranwachsenden erforschen Hundefell mit Tast-, Seh- und Geruchssinn und schauen sich seine Beschaffenheit unter dem Mikroskop an (einmal im halben Jahr).
Die Kinder sammeln einmal im Quartal Abfälle und Müll, wie weggeworfene Essensreste, Glasscherben und Plastikreste auf dem Hortgelände zum Schutz des Hundes und zur Erhaltung der Natur ein. Dabei bekommen sie erklärt, dass sich, z. B. das Tier und sie selbst an Glasscherben verletzen können, dass das Tier durch Fressen von Abfällen krank werden kann und sich Plastikmüll nicht allein in der Natur abbaut.
Im Zuge einer momentanen ökologisch nachhaltigen Hortgeländeumgestaltung säen die Kinder unter pädagogischer Anleitung einen Rasen, den sie regelmäßig gießen und später zum Herumtollen mit dem Tier nutzen können.
Für den Hund wird einmal jährlich, über drei Veranstaltungen, von den Hortkindern eine Hundehütte aus natürlichen Materialien auf dem Hortgelände gebaut. Dazu benutzen sie biegsame Weidenruten, eingesammelte lose Äste, Blätter, Lehm und Moos (vgl. Sächsisches Staatsministerium für Soziales 2007, (naturwissenschaftliche Bildung) S. 1–16).

Bereich sechs: Mathematische Bildung und Erziehung

Allgemeine mathematische Bildungs- und Erziehungsziele sind:
Kinder lernen Größen sowie Formen von Gegenständen kennen, die sie anschließend in ein mathematisches Ordnungssystem einordnen. Sie nutzen praktische Ordnungssysteme in ihrem Alltag, wie z. B. Uhren, Kalender, aber auch festgelegte Schubladen für Kleidung und eingegrenzte Spielecken, die dazu beitragen, feste und strukturierte Ordnungs- und Aufbewahrungssysteme in ihrem Leben zu schaffen und mit diesen zu leben. Daneben entwickeln sie, mit Hilfe von Uhren und Kalendern, ein Zeitverständnis.
Die Kinder des Hortes werden auch außerhalb des Mathematikunterrichtes der Schule gefördert, ein Mengen-, Zahlen- und Raumverständnis zu entwickeln. Zum Erfassen von Mengen und Größen werden von den Heranwachsenden Messutensilien, wie Waagen, Lineale, Maßbänder oder Messbecher genutzt. Zum Entwickeln des Raumverständnisses gehört die Förderung des räumlichen Denkens- und Wahrnehmens.
Um nun Praxisziele präzise und konkret für die hundgestützte Förderung, Bildung und Erziehung zu formulieren, ist zu sagen, dass Kinder, mit Hilfe von nebeneinander gelegten Bildern (auf denen verschiedene Hunde unterschiedlicher Größe zu sehen sind), Hunde in eine kleine, mittelgroße und große Hunderassenkategorie einordnen.
Kinder ermitteln einmal im halben Jahr, mit Hilfe des Erziehers und einer Waage, das Gewicht des pädagogisch eingesetzten Hundes.
Danach messen sie, mit Hilfe einer Küchenwaage und der Mengenernährungsempfehlung für Größenkategorien von Hunden auf der Futterpakkung, die erforderliche Futtertagesration für den Hund im Hort ab.
Kinder schätzen einmal im Jahr die Schulterhöhe des pädagogisch eingesetzten Hundes ab und überprüfen ihre Schätzung danach mit einem Maßband.
Die Hortkinder versuchen, mit Hilfe mehrdimensionaler bunter Hundebilder, die jeweiligen Hunderassen auf ihnen zu erkennen und zu beschreiben.
Innerhalb eines abgetrennten Bereiches im Gruppenraum, wird am Jahresanfang auf einer Fläche ein kleines „Hundeparadies" geschaffen, auf dem Kinder sinnvoll ein Hundekörbchen, einen Wassernapf und eine Hundespieldecke anordnen sollen, so dass der Hund einen Ruhe- und Trinkplatz bekommt.
Eine Halterung an der Wand, neben den aufgehängten Jacken der Kinder, wird am Jahresanfang mit ihnen geschaffen, an der Hundeleinen, das Hundegeschirr und eine Hundepfeife aufgehängt werden. Nach jeder Veran-

staltung werden die Hundeutensilien daran aufgehängt. Ein für jedes Kind zugängliches Schubfach wird als Ordnungsfach für das Hundespielzeug, die Fellbürste und die Hunde-WC-Tüten von den Heranwachsenden ausgesucht.
In einem Kalender, der für jedes Kind zugänglich an der Wand hängt, werden mit den Hortkindern zusammen jeden Monat Reinigungszeiten für das Hundekörbchen eingetragen und Verantwortliche für die regelmäßige Fellpflege, Korbreinigung und Wasserreichung festgelegt. Mit Hilfe einer selbst mitgebrachten Armbanduhr lernen Kinder, Zeiten innerhalb der „Hunde-Arbeitsgemeinschaften" einzuhalten, z. B. das pünktliche Erscheinen am Treffpunkt (vgl. Sächsisches Staatsministerium für Soziales 2007, (mathematische Bildung) S. 1–16).

9.3 Beispiel: Anmelde- und Informationsbogen für Eltern

Stadt, Datum

Liebe Eltern,
auch in diesem Hortjahr bieten wir Ihren Kindern wieder an, mehrmals die Woche, je nach Wunsch, an verschiedenen Arbeitsgemeinschaften teilzunehmen.
Ab dem .... (Datum) (mittwochs) werden wieder zwei Hunde-Arbeitsgemeinschaften stattfinden. In diesen Arbeitsgemeinschaften haben die Kinder die Möglichkeit, Kontakt mit „......................“, einer mittelgroßen und lieben Hundedame, aufzunehmen.
Hier wird es eine Einführung in das Leben des Hundes geben, die Kinder können spielerisch etwas über das Verhalten, die Hundepflege und die Sprache des Vierbeiners lernen, an langen Spaziergängen mit dem Tier ins Grüne teilnehmen, Kommandoübungen praktizieren oder auch an tiergestützten Bastelspaß teilnehmen. Hiermit bitte ich Sie schriftlich festzuhalten, ob Ihr Kind an dieser AG teilnehmen darf. Eine Belehrung der Kinder zum Umgang mit dem Tier und zu situationsangepassten Hygienemaßnahmen (z. B. Händewaschen nach der Beschäftigung mit dem Tier) findet statt. Das Tier wird vierteljährlich entwurmt, jährlich geimpft, regelmäßig mit Antifloh- und Antizeckenmittel behandelt und ist gesund.
Ihr Kind sollte, wenn es teilnehmen will, keine Allergie gegen Hunde haben.

Zeit: immer dienstags zwischen 14 und 15 Uhr (Gruppe 1)
immer dienstags zwischen 15 und 16 Uhr (Gruppe 2)
Ort: Treff auf dem Hortgelände (vor dem Tor)

Meinem Sohn/meiner Tochter .... wird hiermit die Erlaubnis erteilt, an einer Hunde-AG teilzunehmen.
Ja/Nein (bitte Zutreffendes ankreuzen)

Stadt, Datum ....
(Unterschrift der Eltern/des Erziehungsberechtigten)

9.4. Beispiel für eine thematisch-mittelfristige Planung des Unterrichts

Termin	Stunde, Uhrzeit	Themen/Inhalte der Stunden
1. Dienstag 15.01.	3. Stunde 9.30–10.15 Uhr	Einführung in die tiergestützte Pädagogik, pädagogisch genutzte Tierarten, Ziele und Funktionen einer tiergestützten Pädagogik
2. Dienstag 15.01.	4. Stunde 10.25–11.10 Uhr	Begriffsbestimmung, bio-psycho-soziale Wirkungen von Tieren auf den Menschen
3. Donnerstag 17.01.	6. Stunde 12.45–13.30 Uhr	Besuch einer Einrichtung und Hospitation bei einer hundgestützten Pädagogik im Hortwesen
4. Donnerstag 17.01.	6. Stunde 13.50–14.20 Uhr	Besuch einer Einrichtung und Hospitation bei einer hundgestützten Pädagogik (z. B. im Hortwesen), Auswertung und Reflektionsgespräch
5. Freitag 18.01.	1. Stunde 7.30–8.15 Uhr	pädagogische Bereiche der Anwendung der tiergestützten Pädagogik, Hygienemaßnahmen der tiergestützten Pädagogik am Beispiel eines Hundes
6. Freitag 18.01.	2. Stunde 8.25–9.10 Uhr	das Tierschutzgesetz, räumlich-technische Anforderungen einer tiergestützten Pädagogik am Bsp. eines Hundes im Hort
7. Dienstag 22.01.	3. Stunde 9.30–10.15 Uhr	Anforderungen an Kinder und Jugendliche im Umgang mit einem Hund in der tiergestützten Pädagogik, Anforderungen an einen Erzieher in der tiergestützten Pädagogik (fachlich-methodische Kenntnisse)
8. Dienstag 22.01.	4. Stunde 10.25–11.10 Uhr	Wissenstest, Abgrenzung der tiergestützten Pädagogik von tiergestützter Therapie und tiergestützten Aktivitäten

Weiterführend sind auch praktische Übungseinheiten mit einem Hund in Rollenspielen oder sogar mit Kindern möglich sowie die Behandlung der einzelnen Phasen einer tiergestützten Pädagogikstunde. Ebenso sollten Themen, wie der Versicherungsschutz innerhalb einer tiergestützten Pädagogik, nicht außer Acht gelassen werden, so dass die Lernenden das „Grundwerkzeug“ (Wissen und Kompetenzen) mit auf den Berufsweg bekommen. Ebenso wäre das Wissen über die Phasen einer tiergestützten Maßnahme von Vorteil, damit die FachschülerInnen lernen, solch eine tiergestützte pädagogische Stunde, einen Besuchsdienst oder eine Arbeitsgemeinschaft inhaltlich und methodisch zu planen und zu strukturieren.
Als weiterführende Projektarbeit im Themenfeld, wäre auch eine Verknüpfung mit Lernfeld neun des Sächsischen Lehrplanes *(„Pädagogische Konzeptionen erstellen und Qualitätsentwicklung“)* für die ErzieherInnenausbildung möglich, indem die FachschülerInnen ein eigenes individuelles Konzept mit Inhalten, Zielen, Methodenvielfalt und Adressatenbezügen für eine tiergestützte Pädagogik (z. B. mit Kindern oder Jugendlichen) planen. Dies könnte in Partnerarbeit oder Arbeitsgruppen in Projektwochen geschehen.

9.5 *Strukturskizze: Bedingungs- und Entscheidungsfelder für die Unterrichtsplanung*

Quelle: Ott 2003, S. 5; (erklärende graphische) Einfügungen: J. J.

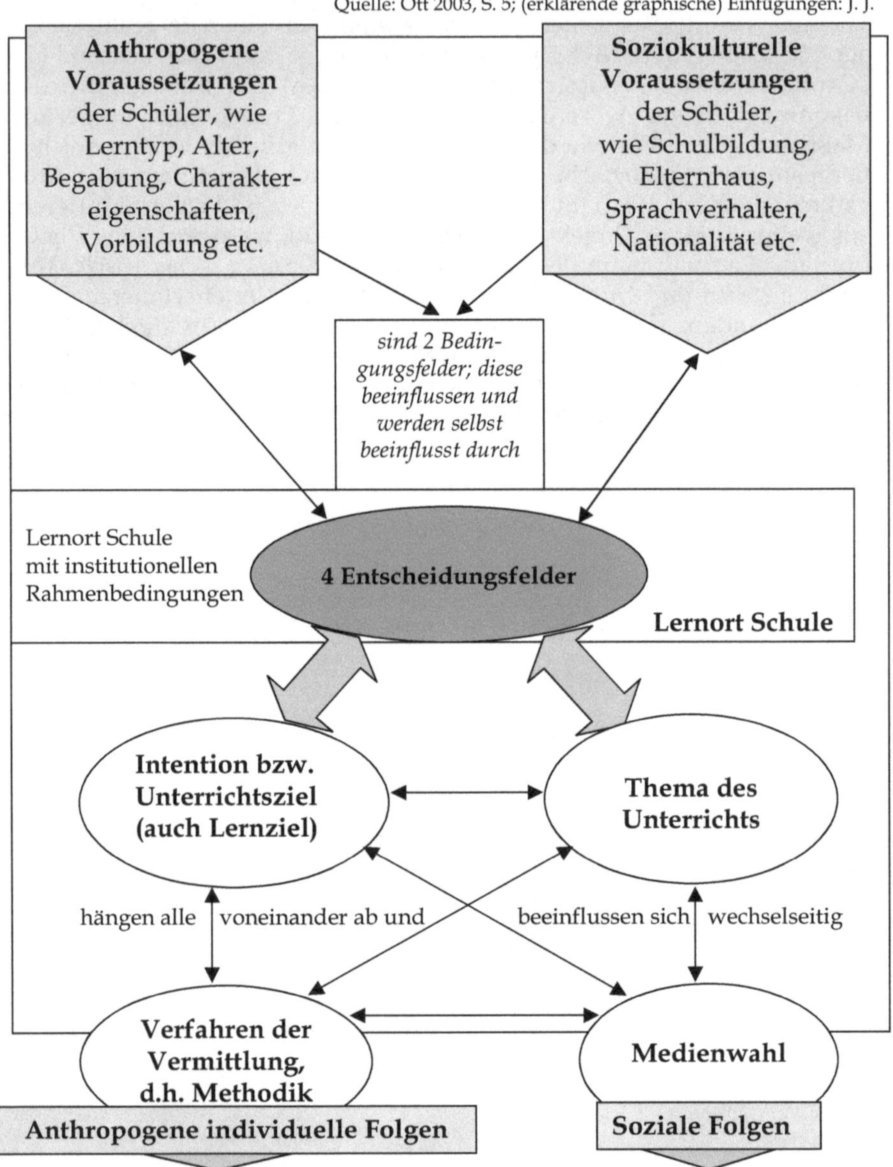

9.6 *Beispiel für eine Unterrichtsplanung (tabellarisch) mit Unterrichtsmaterialien zum Stundenentwurf*

Unterrichtsverlauf für zwei aufeinander folgende Unterrichtsstunden (45 min)

Lehrer/in: –X– **Kurs/Klasse:** 3. Lehrjahr, Erzieherausbildung, **Thema der Unterrichtsstunde:** Einführung in die tiergestützte Pädagogik mit Kindern und Jugendlichen

Lernziele: Was ist eine tiergestützte Pädagogik? Welche Ziele und Funktionen hat sie? Welche Tiere werden dazu benutzt? Welche Wirkungen können Tiere auf Kinder und Jugendliche haben?

Einordnung des Unterrichtsthemas ins Lernfeld: Lernfeld IV(Lehrplan für angehende ErzieherInnen/ Bildungs- und Entwicklungsprozesse) anregen und unterstützen

Zeit	Didaktische Funktionen	Lehreraktivitäten/ Organisationsform des Lehrens	Schüler-aktivitäten	Methode	Sozial-formen des Lernens	Medien	Bemerkungen
1. Stunde	Einstimmung, Motivierung Aktivierung für das Thema	Begrüßung, Lernziel, Thema der Stunde nennen und Überschrift an Tafel schreiben Jede(r) Lernende erhält Karteikarten/ Aufgabe stellen: Was stellen Sie sich unter tiergestützter					
4 min	Einstieg ins Thema Reaktivierung von bereits vorhandenem Wissen	Pädagogik vor? Ideen sollen gesammelt und Vorwissen einbezogen werden? Karten an Tafel anheften lassen, mit Magneten an Tafel heften, SchülerInnen fragen, was sie mit Beispielen meinen, sollen ihre Ideen näher erläutern (3 Bsp. herausnehmen zum Erläutern)	Jeder schreibt seine Gedanken auf Karteikarten (stichpunktartig) Heften ihre Antworten an Tafel und gehen auf ihre Plätze zurück	Brainwriting	Einzellernen, jeder überlegt für sich und schreibt seine Gedanken auf die Karteikarte	Tafel, Karteikarten, Magnete	Erwartete Ergebnisse: Tiere erziehen Kinder, Tiere helfen dem Erzieher, Kinder streicheln Hunde, Kinder lernen Verantwortung für ein Tier zu übernehmen, Hunde begleiten den Schulalltag von Kindern, es gibt eine tiergestützte Pädagogik mit Hunden, Pferden und Ziegen etc. Über die Karteikarten stellt sich heraus, dass eine Schülerin schon relativ gute Kenntnisse auf dem Gebiet hat und selbst mehrere Jahre auf einer Jugend-farm an tiergestützten pädagogischen Angeboten teilgenommen hat.

2 min		Lehrer reagiert auf Aussagen	Drei Personen begründen, erklären ihre Aussagen, Ideen			Tafel, Karteikarten, Magnete	
		Lehrer fordert Schülerin auf etwas über die Aktivitäten der von ihr erlebten tiergestützten Pädagogik zu berichten	Schülerin berichtet über ihre Erfahrungen	Lehrer-Schüler-Gespräch	Frontal-lernen		
2 min			andere Schüler hören zu	Schüler-vortrag			
	Ersterar beitung der ersten Fakten, Inhalte zum Thema	Danach fragt der Lehrer alle Schüler gezielt danach, was Kinder auf so einer Jugendfarm, bezüglich des erzählten Beispiels, alles mit Tieren tun könnten	Mehrere Schüler melden sich oder einzelnen werden dran genommen		Frontal-lernen, Einzellernen		
6 min	Erarbeitung Stoffinhalte	Lehrer gibt Feedback auf die Aussagen der Schüler und schreibt die wichtigsten Punkte mit und ordnet sie an Tafel nach Themengebieten,	Übernahme Tafelbild	offenes Lehrer-Schüler-Gespräch	Frontal-lernen, Einzellernen		Am Ende ergibt sich ein erstes Tafelbild über Aufgaben und Inhalte einer tiergestützten Pädagogik mit Kindern und Jugendlichen **T1 (Tafelbild 1)**

3 min 6 min	Erstaneignung	Lehrerin schließt von den Tätigkeiten, die Kinder mit und für Tiere ausführen, auf mögliche pädagogische Funktionen einer tiergestützten Pädagogik und fragt Schüler nach den Funktionen der genannten Tätigkeitsfelder in der tiergestützten Pädagogik Lehrerin verfasst einen Abschlusssatz über die päd. Funktion einer tiergestützten Pädagogik unter Tafelbild	Schüler melden sich und tragen pädagogische Funktionen einer tiergestützten Pädagogik zusammen Übernahme Abschlusssatz	offenes Lehrer-Schüler-Gespräch Logisch-analytisch Logisches Schließen	Frontal-lernen, Einzellernen	Tafel Hefte der Schüler Tafel, Hefte der Schüler	Tafelbild 1 wird erweitert, um die Erziehung-, Bildungs- und insgesamt pädagogischen Funktionen einer tiergestützten Pädagogik **Erreichtes Lernziel:** **Kennen erster Inhalte einer tiergestützten Pädagogik mit Kindern und erster Funktionen, bezüglich der Entwicklung und Förderung von Kindern. Die Schüler kennen erste Tierarten, mit denen eine tiergestützte Pädagogik möglich ist.**

2 min		Aufruf zur Partnerarbeit, an zwei Arbeitspartner wird jeweils zusammen ein Arbeitsblatt (A1) ausgeteilt, erklärt Aufgabenstellung, die auch noch mal auf dem Arbeitsblatt steht	Schüler suchen sich Arbeitspartner, meist Banknachbar	kurzer Lehrer-vortrag zur rklärung der Aufgaben-stellung	Frontal-lernen	Arbeitsblatt (A1) mit Mindmap (nicht ausgefüllt)	**Lernziel: Erarbeitung einer Begriffsbestimmung zur tiergestützten Pädagogik, mit Hilfe eines Mindmapping.**
20 min	Erarbeitung der Stoffinhalte mit bereits vorhandenem Wissen	Lehrer gibt Hilfestellung, steht für Fragen offen, hält sich teilweise bei den Arbeitspartnern auf zur Hilfestellung	Gehen dem Arbeitsauftrag in Partnerarbeit nach, stellen bei Bedarf Fragen	Partner-arbeit, Mind-mapping	Partner-lernen	Arbeitsblatt (A1) mit Mindmap, Hefte der Schüler zum Formulieren einer Begriffs-bestimmung	**A1.1:** ausgefülltes Arbeitsblatt, Erwartungshorizont
2. Stunde	Auswertung und Festigung	Lehrer legt Folie A1.1 zugedeckt auf und fordert Schüler auf, die Ergebnisse zu vergleichen und zusammenzutragen,	Vorlesen der Arbeits-ergebnisse, mitdenken, Ergänzungen auf Arbeitsblatt	Einzelarbeit, Mind-mapping, Lehrer-Schüler-Gespräch		Arbeitsblatt A1.1 als Folie, Overheadpro-jektor, Arbeits-blätter (A1) auf den Plätzen der Schüler	

8 min		ruft Schüler auf und nimmt Freiwillige dran, kommentiert die Lösung der Schüler mit Lob und Verbesserungs-vorschlägen, falls nicht richtig, Lehrer deckt Folie mit Arbeitsblatt A1.1 auf und bittet Schüler unvollständiges auf ihren Arbeits-blättern zu ergänzen			Frontal-lernen, Einzellernen		
6 min	Kontrolle, Auswertung und Festigung	Frage nach Freiwilligen, die ihre zusammengestellte Begriffsbe-stimmung aus Partnerarbeit am Tafel anschreiben Begriffsbestimmung wird von Lehrer zusammen mit Schülern der Klasse noch um fehlende	Ein Schüler geht zur Tafel, schreibt seine Begriffsbestim-mung an und liest sie laut, während des Anschreibens vor Meldungen, Ergänzungen zur Begriffs-bestimmung Schüler	Schülerarbeit einzeln an der Tafel, anderen Schüler schauen nach vorn und vergleichen in ihrem Heft mit Lehrer-	Einzellernen Frontal-lernen	Tafel, Schreibhefte der Schüler mit angefertigten Begriffs-bestimmungen	

		Inhalte ergänzt, Lehrer verbessert an Tafel	übernehmen Begriffs-bestimmung zur tiergestützten Pädagogik in ihr Heft	Schüler-Gespräch Schüler-Einzel-Arbeit im Heft	Einzellernen		Begriffsbestimmung (B1) ist im Anhang der Unterrichtsplanung zu finden
21 min	Erstaneignung	Lehrkraft kündigt an, dass jetzt eine Untersuchung der bio-psycho-sozialen Wirkungseffekte auf der Tagesordnung stehen Fordert Fachschüler zur Gruppenbildung auf, teilt Texte an Gruppen aus auf denen Aufgaben-stellung steht, dazu bekommt jede Gruppe ein DIN-A3- Blatt zum Festhalten der wichtigsten Lerninhalte	zuhören, sind aufmerksam	Textarbeit, Arbeit in Gruppen	Gruppen-lernen	Text 1 (T1): physiologische Wirkungen von Tieren Text 2 (T2): psychologische Wirkungen von Tieren Text 3 (T3): soziale Wirkungen von Tieren, pro Gruppe jeweils ein DIN-A3-Blatt	**Lernziel:** **Die Schüler lernen die bio-psycho-sozialen Wirkungen von Tieren auf den Menschen kennen.** Gruppenbildung: fünf Gruppen mit je vier Personen, eine Gruppe mit fünf Personen Zwei Gruppen mit vier Personen bekommen das Thema der physiologischen Wirkungen von Tieren auf den Menschen zugeordnet, zwei Vierer-Gruppen das Thema der psychologischen Wirkungsmechanismen und eine Vierer–Gruppe und die mit fünf Personen werden die sozialen Wirkungen von Tieren untersuchen.

10 min	Festigung durch Wiederholung des bereits Gelesenem, Auswertung, Kontrolle der Lernergebnisse	Aufforderung des Anheftens der Gruppenergebnisse an die Tafel Gruppe eins bis sechs präsentiert mündlich vor der Klasse ihre Ergebnisse, jedes Gruppenmitglied spricht kurz	Eine Person aus jeder Gruppe heftet DIN A3 Blatt an die Tafel Einzelne Schüler der Gruppen tragen ihre Ergebnisse vor	Schüler-vorträge	Einzellernen	Tafel, beschriftete DIN A3 Blätter, Magnete	Reicht die Zeit nicht, werden die Gruppenarbeiten in der nächsten Stunde, nach der Hospitation bei einem Angebot der tiergestützten Pädagogik (siehe Stoffverteilungsplan Punkt 9.4), beendet Ziel ist es, dass jeder Lernende nach Beendigung der Präsentation eine Kopie der besten Gruppenergebnisse zu jedem Themenbereich (physiologische, psychologische, soziale Wirkungen von Tieren) bekommt.

T1: Tafelbild 1

Was können Kinder auf Jugendfarmen mit Tieren tun? Welche Aktivitäten sind möglich? Haben diese Aktivitäten pädagogische Auswirkungen auf Kinder?

Tiere versorgen

- **Hühner, Pferde und Hunde füttern**
- **für den Auslauf von Hunden und Pferden sorgen (Reiten, „Gassigehen")**
- **Trink- und Futtergefäße reinigen, Behausungen von Tieren reinigen**
- **helfen ein Grab für verstorbene Tiere auszuheben (nur für genügend emotional stabile Kinder geeignet)**

Fazit: Haben diese Tätigkeiten eine Erziehungs- oder Bildungsfunktion?

Kinder übernehmen Verantwortung für die Pflege, das Wohlergehen von Tieren, Kinder werden beim Reparieren und Bauen von Behausungen von Tieren in handwerklichen sowie kreativen Fähigkeiten geschult (erhalten handwerkliche Kompetenzen). Kinder erhalten mehr Bewegung, z. B. durch das Ausführen eines Hundes.

Kontakt zu Tieren aufnehmen

- **über das Streicheln, sich an liebe Tiere anschmiegen**
- **mit Tieren sprechen**

Fazit: Was bewirken diese Tätigkeiten?

Kinder erhalten Geborgenheit, Aufmerksamkeit, Wärme und Liebe durch das Tier, sie werden angenommen, Kinder erhalten Zuneigung, die sie vielleicht von anderen Menschen kaum bekommen.

Tiere beobachten

- **ihr Verhalten und die Lebensgewohnheiten beobachten**
- **die Geburt eines Jungtieres mitverfolgen**
- **das Älterwerden des Tieres, anhand äußerer Merkmale, wahrnehmen**

↓

Fazit: Haben diese Tätigkeiten eine Erziehungs- und Bildungsfunktion?

Kinder lernen tierarttypisches Verhalten kennen sowie biologische Prozesse, wie die Geburt.

Merke:

Tiere können die soziale, körperliche und kognitive Entwicklung von Kindern allgemein fördern:
Tiere können Kindern zum Erlernen neuer naturwissenschaftlicher Wissensinhalte und zu mehr handwerklich-kreativen Fähigkeiten verhelfen.
Tiere können Kinder emotional durch ihre Nähe und durch Körperkontakt unterstützen. Tiere können Kinder zu mehr körperlicher Aktivität anregen.

A1: Arbeitsblatt 1 (leeres Aufgabenblatt, welches den FachschülerInnen gereicht wird). Aufgabenstellung:

1. Ergänzen Sie, in Partnerarbeit, die offenen Positionen der Mindmap, mit Hilfe bereits gemeinsam erarbeiteter Unterrichtsinhalte und Ihrem Vorwissen, zum Thema „Tiergestützte Pädagogik"!

Dabei ist es, wie in der Mindmap ersichtlich, wichtig, dass Sie sich fragen, WER an der tiergestützten Pädagogik alles beteiligt sein kann, WO (Orte) diese stattfinden kann, WELCHE Aktivitäten innerhalb einer tiergestützten Pädagogik Thema sein können, WIE ein Tier dabei genutzt werden kann und WELCHE Intention eine tiergestützte Pädagogik verfolgt?

2. Formulieren Sie im Anschluss eine Begriffsbestimmung für die tiergestützte Pädagogik!

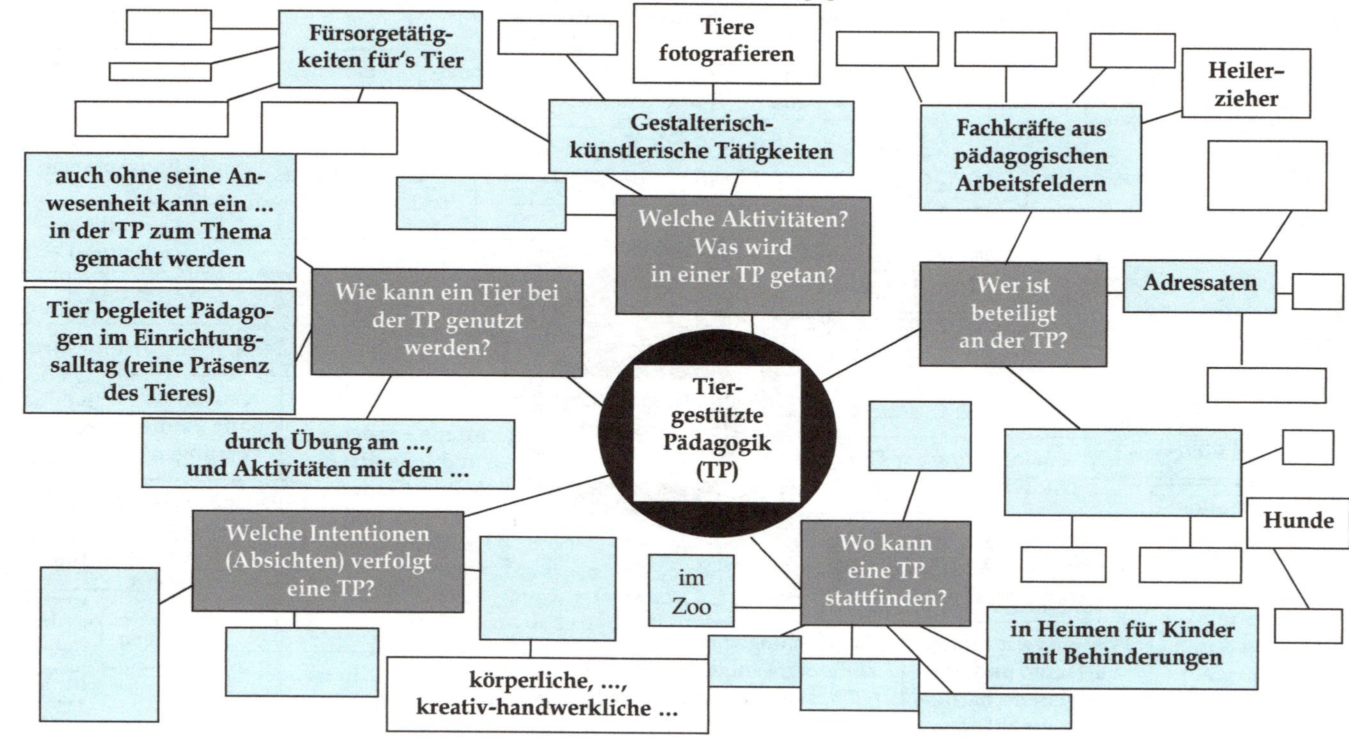

A1.1: Arbeitsblatt 1 (ausgefülltes Arbeitsblatt, Erwartungshorizont). Aufgabenstellung:

1. Ergänzen Sie, in Partnerarbeit, die offenen Positionen der Mindmap, mit Hilfe bereits gemeinsam erarbeiteter Unterrichtsinhalte und Ihrem Vorwissen, zum Thema „tiergestützte Pädagogik"!

Dabei ist es, wie in der Mindmap ersichtlich, wichtig, dass Sie sich fragen, WER an der tiergestützten Pädagogik alles beteiligt sein kann, WO (Orte) diese stattfinden kann, WELCHE Aktivitäten innerhalb einer tiergestützten Pädagogik Thema sein können, WIE ein Tier dabei genutzt werden kann und WELCHE Intention eine tiergestützte Pädagogik verfolgt?

2. Formulieren Sie im Anschluss eine Begriffsbestimmung für die tiergestützte Pädagogik!

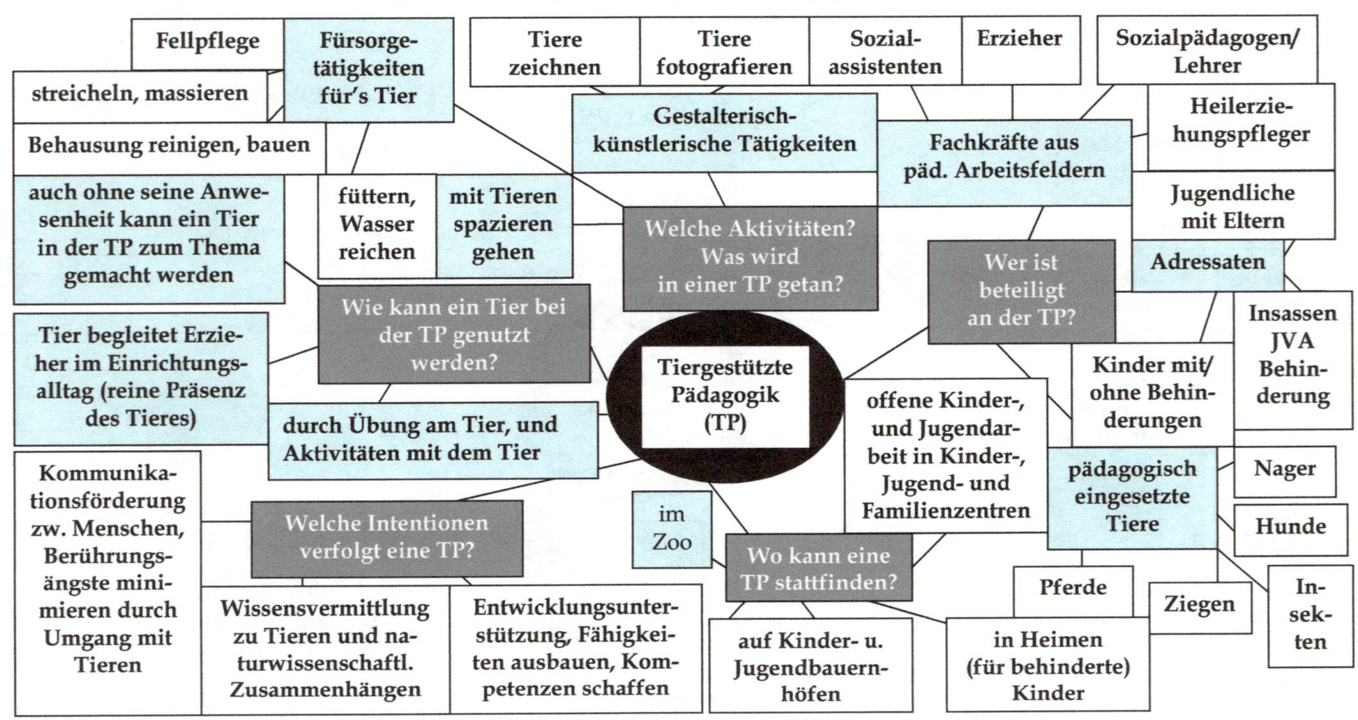

B1: Begriffsbestimmung zur tiergestützten Pädagogik (gemeinsam mit Fachschülern erarbeitet)

Eine tiergestützte Pädagogik, welche u.a. im schul-, sozial- und heilpädagogischen Bereich, in verschiedenen Angebotsformen, wie z. B. in Arbeitsgemeinschaften stattfinden kann, zielt im Allgemeinen darauf ab, meist Kinder und Jugendliche (mit und ohne Behinderung) in ihrer Entwicklung zu unterstützen und ihnen zu helfen, altersgerechte körperliche, soziale, naturwissenschaftliche, kreativ-ästhetische und kommunikative Kompetenzen auszubilden. Auch mathematische Kompetenzen lassen sich mit Hilfe einer tiergestützten Pädagogik fördern.

Die Adressaten der tiergestützten Pädagogik können innerhalb verschiedener tiergestützter pädagogischer Angebotsformen ebenso einen artgerechten Umgang mit Tieren, wie z. B. Hunden, Pferden, Kaninchen oder Ziegen lernen, naturwissenschaftliche Wissensinhalte in Zusammenhang mit Tieren erschließen und in der Fellpflege, der regelmäßigen Fütterung und der Behausungsreinigung für das Tier fürsorgerisch tätig werden. Dabei kann eine tiergestützte Pädagogik, direkt unter Einbezug eines oder mehrerer Tiere, in pädagogischen Aktivitäten stattfinden. Tiere können aber auch einfach nur „Gegenstand" einer Pädagogik sein, von dem bestimmte Aktivitäten, wie z. B. das Geschichtenerzählen über Tiererlebnisse oder das Zeichnen eines Tieres ausgehen.

Ergänzung: Hinter einer tiergestützte Pädagogik steht stets ein Konzept mit einer spezifischen Intention und Zielstellung (z. B. der Förderung bestimmter kindlicher Fähigkeiten), sie wird dokumentiert und evaluiert und es ist wünschenswert, wenn sie von einer pädagogischen Fachkraft ausgeführt wird, die methodisch-fachliche Kompetenzen im Themengebiet besitzt (d.h. dafür genügend qualifiziert ist).

T1: Text 1

Aufgabenstellung - Gruppenarbeit:

1. Erarbeiten Sie sich in der Gruppe, mit Hilfe des Textes, die physiologischen Wirkungsmechanismen, die Tiere im Menschen freisetzen können!
2. Halten Sie die Ergebnisse anschaulich auf einem DIN A3 Blatt fest und präsentieren Sie sie im Anschluss der Klasse (Jeder Schüler der Gruppe soll bei der Präsentation etwas aus den erarbeiteten Inhalten mündlich wieder geben.)!

Physiologische Wirkungen von Tieren auf den Menschen

Durch die Mensch-Tier-Interaktion, wie Körperkontakt und Streicheln sowie durch die bloße Anwesenheit eines Tieres, können Risikofaktoren, die das Herz-Kreislaufsystem belasten, wie zu hoher Blutdruck, minimiert werden (vgl. Nestmann 1994, S. 71).
Dabei ist vor allem die Senkung des Blutdruckes zu nennen, die mit einer sinkenden Herzfrequenz und generellen Stabilisierung des Herz-Kreislaufsystems einhergehen. Dies wies Levinson durch eine Untersuchung an Kindern nach, die vor einem Lehrer in einem Raum aus einem Märchenbuch vorlesen sollten. War kein Hund anwesend oder wussten die Kinder nicht, dass er anwesend war, stieg ihr Blutdruck während der Stresssituation hoch an und blieb auch eine ganze Zeit danach so hoch. Wussten sie, dass sich ein Hund mit im Raum befindet oder sahen sie ihn mit eigenen Augen, waren ihre Blutdruckwerte tiefer (vgl. Levinson 1969/Levinson 1972, zit in: Nestmann 1994, S. 66/71).
Otterstedt weist in ihrer Veröffentlichung „Tiere als therapeutische Begleiter" auf eine jüngere amerikanische Studie der Pharmakologin Karen Allen hin, die die Auswirkungen von Katzen und Hunden auf stressbedingte Hypertonie erforscht hat. Dabei wurden 48 Frauen und Männer, die den Beruf eines Börsenmaklers hatten, untersucht. Alle gingen ihren beruflichen Verpflichtungen von zu Hause aus nach. Alle waren wegen ihrer schon zuvor diagnostizierten Hypertonie in ärztlicher Behandlung. Die Hälfte ihrer Probanden schaffte sich zu Haus ein Hund oder eine Katze an, die Vergleichsgruppe dazu hatte kein Haustier. Bei den Tierbesitzern besserte sich die Blutdrucksymptomatik nach einem halben Jahr signifikant durch viel niedrigere Werte, bei der Untersuchungsgruppe ohne Haustier zeigten sich kaum Veränderungen (vgl. Otterstedt 2001, S. 28).

Zu den nachgewiesenen hilfreichen und gesundheitsfördernden physiologischen Tiereffekten zählen auch mögliche positive biochemische Veränderungen und hormonelle Prozesse im menschlichen Körper. Wenn z. B. ein Kind Freude am ausgelassenen Spiel mit einem Hund hat und dabei lacht, kann dass die Stimmung anheben, das Immunsystem wird stabilisiert sowie Schmerzzustände im Körper werden verringert (vgl. Nestmann 1994, S. 71).

Durch Körperkontakt, wie z. B. durch das Streicheln einer Katze, oder durch die bloße Anwesenheit eines Tieres, entkrampfen sich nachweislich auch die Muskeln im Organismus bei Mensch und Tier und Stress wird abgebaut (vgl. Greiffenhagen 1991, S. 124/vgl. Ryder 1973, zit. in: Nestmann1994, S. 68).

Tiere, wie z. B. ein Hund, können das menschliche Gesundheitsverhalten enorm verbessern, denn durch das Spazierengehen mit dem Hund bewegt man sich an der Luft, die Sauerstoffzufuhr im Körper wird verbessert, man trainiert durch Bewegung seine Muskulatur und es kommt zu einer allgemeinen Aktivierung der Motorik im Körper. Zudem wird mehr Wert auf die Verringerung des Nikotins- sowie Alkoholkonsums gelegt. Durch Bewegung kann man ebenso Übergewicht entgegen wirken (vgl. Nestmann 1994, S. 71).

Zudem fördern tierische Begleiter die Beweglichkeit von oft körperlich eingeschränkten alten Menschen. Scharf weist darauf hin, egal ob Heimbewohner im Rollstuhl sitzen oder am Stock gehen, Tiere schaffen es oft, sie körperlich zu aktivieren. Dabei gehen die alten Menschen mit ihrer Gehhilfe schneller, wenn sie das lieb gewonnene Tier sehen, um ihm eine Belohnung aus ihrem Zimmer zu holen und es nicht zu verpassen (vgl. Scharf 2007, S. 20).

Tiere regen zudem eine geordnete Tagesstruktur an.

> *Mit einem Sinn für geordnete, regelmäßige Tagesabläufe, pünktliche Pflege- und Fütterungszeiten hilft das Tier, einen langen und langweiligen Tag in sinnvolle Einheiten zu gliedern.*
>
> (Greiffenhagen 1991, S. 124)

Ein geordneter Tagesablauf ist für jeden Menschen wichtig, aber besonders auch für Alte und Kranke.

Vor allem bei alten Menschen kann eine notwendige hygienische Versorgung und Pflege eines Tieres ebenfalls zu einer Anregung des gesamten eigenen physiologischen und psychosozialen Aktivitätspotentials führen und dazu beitragen, dass man soziale Isolation durchbricht und durch die Handlungskompetenz, die man durch ein Tier erfährt, zu mehr Selbstsi-

cherheit gelangt, wodurch man weniger Schwierigkeiten hat, mit anderen Menschen in Kontakt zu treten (vgl. Greiffenhagen 1991, S. 118).
Hier sieht man, dass Tiereffekte, die sich auf die menschliche Physis auswirken, eng mit psychologischen und sozialen Wirkungen verwoben sind und sich wechselseitig bedingen.
Zum Beispiel kann auch der Appetit, durch eine Vorfreude auf das Tier, durch die Ausschüttung von Botenstoffen im Gehirn und durch eine motivierte aktivierende Atmung, angeregt werden (z. B. innerhalb eines Besuchsdienstes im Altersheim). Auch bei körperlichen Einschränkungen und Erkrankungen kann ein Tier helfen schneller zu genesen, da auch der Wunsch für ein baldiges Zusammentreffen mit einem Tier fit sowie aktiver zu sein und der Glaube daran Selbstheilungskräfte im Körper anregen kann (vgl. Otterstedt 2001, S. 31).

T2: Text 2

Aufgabenstellung - Gruppenarbeit:

1. Erarbeiten Sie sich in der Gruppe, mit Hilfe des Textes, die psychologischen Wirkungsmechanismen, die Tiere für den Menschen haben können!
2. Halten Sie die Ergebnisse anschaulich auf einem DIN A3 Blatt fest und präsentieren Sie sie im Anschluss der Klasse (Jeder Schüler der Gruppe soll bei der Präsentation etwas aus den erarbeiteten Inhalten mündlich wiedergeben.)!

Psychologische Wirkungen von Tieren für den Menschen

Haustiere fördern das emotionale Wohlbefinden. Denn bei ihnen muss sich ein Mensch nicht verstellen und ist somit entspannter, denn er wird so angenommen, wie er ist, egal ob dick, dünn, krank, behindert, arm oder reich, und kann, z. B. durch einen Hund, jahrelange kontinuierliche Zuneigung erfahren. Menschen können Trost in Tieren finden, wenn sie traurig sind sowie Ablenkung von quälenden Gedanken, Krankheitssymptomen und Erinnerungen. Haustiere können Menschen Geselligkeit schenken, Nähe und Berührungen, die gut tun (vgl. Nestmann 1994, S. 70f.).
Tiere können uns Gefühle von Wichtigkeit, Attraktivität sowie Unersetzlichkeit schenken, indem Menschen Verantwortung für die Pflege bzw. Versorgung der Tiere übernehmen. Dadurch erfahren Menschen eine eigene psychosoziale Aufwertung, weil sie von den Tieren tagtäglich gebraucht werden, sie sind für eine Sache verantwortlich und üben sich in alltäglicher Handlungskompetenz (vgl. ebd., S. 70).
Die Freude der Tiere und die konstante Wertschätzung verstärken noch die Selbstwirksamkeitserfahrungen. Diese können wiederum zu einem positiven Selbstbild, Selbstsicherheit und einem verbesserten Selbstwertgefühl beitragen. Olbrich erlangte in einer Besuchsstudie mit Hunden in einem Altenheim gleiche Ergebnisse. Dabei verweist er auf stabile soziale aber auch auf wichtige psychologische Wirkungen hin und beschreibt, dass der Kontakt zu Tieren und die Interaktion der alten Menschen mit ihnen zu mehr Selbstständigkeit (im Sinne von Handlungs- und Bewältigungskompetenz) sowie einer größeren Selbstsicherheit führen (vgl. Olbrich 1989, zit. In: Nestmann 1994, S. 70).
Auch durch Probleme in der Erziehung eines Tieres können Menschen dazu angehalten werden, Bewältigungsstrategien mit Kreativität zu entwickeln und diese umzusetzen. Kann der Mensch ein Erziehungsproblem

eines Hundes oder einer Katze beseitigen, fühlt er sich kompetenter, er traut sich mehr zu. Mit der Zeit aktiviert er in sich eingeschlossene Ressourcen zur Freisetzung und muss konsequent in seinem eigenen Verhalten gegenüber dem Tier sein. Das alles gibt einem Menschen das Gefühl von Kontrolle über seine Umwelt und seine eigene Person. Ein Haustier, z. B. ein Hund, kann ebenso das Gefühl, sich sicher und entspannter zu fühlen, stärken und Angst nehmen, indem er den Menschen beschützt oder das Grundstück bewacht (vgl. Nestmann 1994, S. 71).

Sebkova berichtete Ende der 70er Jahre, im Rahmen einer Dissertation in Großbritannien, von einem angstreduzierenden Zustand beim Menschen durch die Wirkung von Hunden (vgl. Sebkova 1977 zit. in: Greiffenhagen 1991, S. 43).

Tiere leisten ebenso Erinnerungsarbeit an Ereignisse und Erlebnisse mit Tieren im Leben von alten und dementiellen Personen. Damit werden bei ihnen mentale Fähigkeiten angeregt. Dies kann, zum Beispiel durch einen regelmäßigen Tierbesuchsdienst in Altenheimen erreicht werden (vgl. Scharf 2007, S. 17).

Nicht alle Menschen werden, aufgrund ihrer inneren und äußeren Eigenschaften, wie ihrer Hautfarbe, Religionszugehörigkeit oder Behinderung, von anderen Menschen oder Gruppen angenommen und finden sich deplaciert in einer Gruppe wieder. Tiere können das Gefühl sozialer Integration erfahrbar machen. Treue Haustiere und Assistenztiere für Behinderte, die sie so akzeptieren, wie sie sind wie, ermöglichen, z. B. Menschen mit körperlichen und seelischen Einschränkungen, Erfahrungen der Nähe, der Geborgenheit, der Übereinstimmung und des Nicht-allein-sein-Müssens zu machen. Sie helfen ihnen, wieder ein Stück mehr ins Leben zurückzufinden, mit ihrer Hilfe den Alltag besser bewältigen zu können und sich dadurch integrierter und kompetenter zu fühlen (vgl. Hornsby 2000, S. 4–96).

Ein Tier kann durch sein stilles Zuhören, dem Erlauben einer affektiven Entladung und des ungehemmten emotiven Ausdrucks (z. B. einfach mal weinen zu können) helfen, Regressions-, Projektions- und Entlastungshilfen für Menschen bereit zu stellen (vgl. Nestmann 1994, S. 71).

Entlastung von inneren Spannungen und Aggressionen können vor allem bei aggressiven und hyperaktiven Kindern durch ausgeglichene Berührungen und Kommandoarbeit mit Hunden, unter Verwendung eines sensiblen Sprachgebrauches, erreicht werden (vgl. Vanek-Gullner 2007, S. 54–59).

Eine im Jahr 2006 veröffentlichte Forschungsarbeit von Bergler und Hoff beschäftigte sich mit den Faktoren eines günstigen Einflusses eines Hundes, bezüglich schulbezogener Lern- und Sozialkompetenzen, unter Beachtung der Qualität einer Hund-Kind-Beziehung. Dabei stellten sie durch Befragungen von Müttern fest, dass Kinder mit einer intensiven Beziehung zu ihrem Hund, im Vergleich zu denjenigen mit einer weniger intensiven Verbindung zum Tier, aggressionsgehemmter und sozial kompetenter im Schulalltag reagierten, ausgeglichener waren, eine höhere Anpassungsfähigkeit im schulischen Rahmen sowie ein größeres Verantwortungsbewusstsein und Selbstbewusstsein aufweisen (vgl. Bergler/Hoff 2006, S. 11). Letztlich kann auch angenommen werden, dass Tiere durch die Vermittlung des Gefühls des Gebrauchtwerdens, durch die emotionale Zuwendung, ihre mögliche Identifikationsfähigkeit, z. B. bei psychosozialen Schwierigkeiten, die Geduld und Akzeptanz, die sie einem Menschen entgegenbringen, durch die Förderung einer Tagesstruktur, ihre Aktivitäts- und Kontaktförderungsfunktion u.v.m., einem Menschen, der z. B. unter Depressionen leidet, einen Lebenssinn geben und somit auch antidepressiv und antisuizidal wirken (vgl. Nestmann 1994, S. 71).

T3: Text 3

Aufgabenstellung – Gruppenarbeit:

1. Erarbeiten Sie sich in der Gruppe, mit Hilfe des Textes, die sozialen Wirkungsmechanismen, die Tiere für den Menschen haben können!
2. Halten Sie die Ergebnisse anschaulich auf einem DIN A3 Blatt fest und präsentieren Sie sie im Anschluss der Klasse (Jeder Schüler der Gruppe soll bei der Präsentation etwas aus den erarbeiteten Inhalten mündlich wieder geben.)!

Soziale Wirkungen von Tieren

Die Form der tierischen Unterstützung zeigt, im Gegensatz zu menschlichen sozialen Unterstützungshandlungen, durchaus einige Vorteile. Menschen neigen gehäuft dazu, sich gegenseitig zu bewerten und zu kritisieren, Tiere dagegen zeigen dem Menschen gegenüber oft bedingungslose Akzeptanz auf. Übermäßige Kritik und Beurteilung, vor allem ungerechte und negativ konstituierte, können für Kinder bedrohlich wirken und sie selbst verunsichern. Egal, wie sie sind, sozial zugeschriebene Eigenschaften und Bewertungen mit oft daraus resultierenden Abwertungen durch Mitmenschen, erfahren sie durch Tiere nicht.
Menschen werden durch so manche tierischen Begleiter bedingungslos angenommen und geliebt und dies zeichnet die Güte sowie Freude aus, die von Tieren auf Kinder ausgehen kann (vgl. Endenburg 2003, S. 124).
Das Psychologenehepaar Corson wies in einer Studie mit 50 Patienten in einer psychiatrischen Klinik mit Hunden und Katzen nach, dass Tiere eine Art soziale „Katalysatorfunktion" besitzen und helfen können, auf diesem Weg mit anderen Menschen in Kontakt zu kommen und mit ihnen zu kommunizieren. Diese Studie führten die Corsons zusammen mit Medizinern, Therapeuten, Pflegern etc. durch. Im Mittelpunkt der Studie, im Bezug auf die Wirkung von Tieren, standen solche Patienten, bei denen bisherige Behandlungsversuche, verschiedenster Art, versagt hatten. In der Studie wurden bei fünf Personen ihre Beobachtungen sehr genau auf Video dokumentiert. Auch fünf Interviewstudien wurden in diesem Rahmen durchgeführt. Bei den Patienten zeigten 47 von 50 eine erhebliche Besserung im Aktivitätsniveau, Sprachvermögen und Sozialverhalten. Tiere fördern die Kontaktfähigkeit von Menschen und über sie kann man auch oftmals schneller Kontakt zu Personen aufnehmen, die sehr ängstlich, schüchtern und zurückgezogen sind. Für viele Patienten mit psychiatrischen Störungen wurde ein Tier zum positiven Drehpunkt ihrer Situation nach ei-

nem langen Zustand ihrer oft schlechten gesundheitlichen Verfassung (vgl. Corson S. A./Corson, E. u.a. 1975/1977 zit. in: Greifenhagen 1991, S. 172–177).

Zudem kann die Anwesenheit eines Tieres selbst einen sozialen Kontakt an sich darstellen. Viele alleinlebende Menschen fühlen sich nicht so einsam, wenn ein Tier mit ihnen lebt, das ihnen zuhört oder einfach nur da ist (vgl. Nestmann 1994, S. 71).

Dass Haustiere, wie z. B. Hunde, nicht nur bei kranken Menschen, sondern auch allgemein eine sozialitäts- und kommunikationsfördernde Wirkung haben, besagt auch eine zweiteilige britische Studie aus den 80er Jahren durch den Briten Messent, in der Spaziergänger im Hyde Park in London mit einem Hund als Untersuchungsobjekte viel öfter angesprochen wurden und zwischen ihnen und z. B. anderen Hundebesitzern mehr Kommunikation stattfand, als bei den selben Personen ohne Hund (vgl. Messent 1983, S. 37ff./vgl. Messent 1985, zit. in Nestmann 1994, S. 69).

So ist anzunehmen, dass ein allein stehender, sozial zurückgezogener Herr, der wenig soziale Kontakte zur Außenwelt erlebt, durch das tägliche Ausführen eines Hundes nicht nur körperlich aktiviert wird, sondern über das Tier zwangsläufig eher in Kontakt mit anderen Menschen, z. B. mit anderen Hundebesitzern, gelangt und mit denen er sich, u.a. über die Eigenschaften und Bedürfnisse der Tiere, austauschen kann.

Lebenslange soziale Bindungen und Kontakte mit anderen Menschen sind wichtig, denn sie bilden *„die Grundlage für die Regulation von Emotionen, für emotionale Intelligenz, Empathie und soziale Kompetenz im gesamten Lebenslauf."* (Beetz 2003, S. 77)

Die Förderung solcher Entwicklungskomponenten sind aber auch gerade für das Kinder- und Jugendalter von großer Bedeutung, um Lebensanforderungen bewältigen zu können, gesunde Beziehungen zu Menschen zu pflegen und aufrecht zu erhalten und um harmonisch mit sich selbst und anderen leben zu können. Verbesserte allgemeine und schulbezogene Sozialkompetenzen, durch eine intensive Beziehung zu einem Hund, wiesen Bergler und Hoff in einer Studie nach bei 13- bis 15 Jährigen nach. Dazu zählten ein höheres Ausmaß an Fürsorglichkeit, Toleranz, Empathie und weniger Aggressivität im Umgang mit anderen. Kinder, die eine enge Beziehung zu ihrem Hund hatten, hatten weniger Probleme, mit Mitschülern in einem Team zusammenzuarbeiten und waren Argumenten von anderen gegenüber aufgeschlossener als die Vergleichsgruppe (vgl. Bergler/Hoff 2006, S. 9–15).

Haustiere übernehmen mitunter auch, innerhalb von Partnerschaften und ganzen Familien, wichtige Funktionen. Sie geben oft Anlass zum Miteinandersprechen, um sich gegenseitig von Erlebnissen mit dem Tier zu erzählen

oder sich untereinander über die Aufgabenverteilung in Pflege und Fütterung zu einigen. Gemeinsame Familienausflüge mit einem Hund können sich positiv auf das Zusammengehörigkeitsgefühl der Familienmitglieder auswirken, vertiefen die sozialen Verbindungen untereinander und zum Tier. Auch bei der Streitschlichtung zwischen Menschen können Tiere helfen. Wenn zum Beispiel Kinder wissen, dass sie mit lautem Schreien dem Hund, mit von Natur aus empfindlichen Ohren, schaden oder mit Drohgebärden das Tier verunsichern oder „aufhetzen" können, hilft dieses Wissen, teilweise aus Rücksicht mit dem Tier, leiser zu sprechen sowie sich im Aggressionspotential zurückzunehmen (vgl. Nestmann 1994, S. 71).
Auch werden Personen, welche Haustiere besitzen, von anderen sympathischer und positiver wahrgenommen als Nicht-Haustierbesitzer. Tierbesitzern werden zudem öfter Attribute, wie Offenheit, Unverkrampftheit, Attraktivität zugeordnet, als Menschen, die kein Tier besitzen (vgl. Agsten 2009, S. 122/vgl. Nestmann 1994, S. 71).

Zeitfracht Medien GmbH
Ferdinand-Jühlke-Straße 7
99095 Erfurt, Deutschland
produktsicherheit@kolibri360.de